教育部人才培养模式创新实验区系列教材

国际经济与贸易专业

本教材共选取15个重要贸易伙伴，即欧盟、美国、日本、韩国、澳大利亚、巴西、印度、俄罗斯、印度尼西亚、加拿大、菲律宾、南非、墨西哥、土耳其和阿根廷，其中既有欧、美、日等发达经济体，更有巴西、印度、俄罗斯、南非等新兴经济体和发展中国家。对于每一个贸易伙伴，既有贸易管理体制和出口政策的介绍，又有对其进口政策尤其是非关税政策的深度解读；既有一般商品贸易政策，同时涉及服务和知识产权贸易以及与贸易有关的投资政策。

国别贸易政策

Foreign Trade Policies toward Different Countries and Regions

吴朝阳 主编

东北财经大学出版社
Dongbei University of Finance & Economics Press
大连

图书在版编目（CIP）数据

国别贸易政策／吴朝阳主编．—大连：东北财经大学出版社，2012.11
（教育部人才培养模式创新实验区系列教材·国际经济与贸易专业）
ISBN 978-7-5654-1016-1

Ⅰ.国…　Ⅱ.吴…　Ⅲ.国际贸易政策-高等学校-教材　Ⅳ.F741

中国版本图书馆 CIP 数据核字（2012）第 245096 号

东北财经大学出版社出版
（大连市黑石礁尖山街 217 号　邮政编码　116025）
教学支持：（0411）84710309
营 销 部：（0411）84710711
总 编 室：（0411）84710523
网　　址：http://www.dufep.cn
读者信箱：dufep@dufe.edu.cn
大连美跃彩色印刷有限公司印刷　东北财经大学出版社发行

幅面尺寸：185mm×260mm　字数：278 千字　印张：13 1/4
2012 年 11 月第 1 版　2012 年 11 月第 1 次印刷

责任编辑：孙　平　况淑芬　责任校对：贺　新
封面设计：冀贵收　版式设计：钟福建

ISBN 978-7-5654-1016-1
定价：26.00 元

总　序

目前，我国高校本科专业人才培养过程中普遍存在三大问题：一是在大众化教育背景下如何搞好个性化人才培养的问题。许多本科专业由于扩招而难以实施因材施教，在人才培养过程中搞“一刀切”，按同一标准培养具有完全不同个性、特长和综合素质的学生。若此，如果按照低标准进行人才培养，则难以发掘优秀学生的创新精神；如果按照高标准培养，大多数学生又无法顺利完成学业。因而，提高人才培养质量成为我们必须认真面对的重大课题。二是如何解决学生的学习动力问题。不少大学生的学习心理状态是“要我学”，而不是“我要学”，还有一些学生不知道“应该学什么”和“如何学”，大学生的学习质量难以提高。三是没有解决好“人才培养要求与实践脱节”的问题，学校培养的人才不能迅速适应用人单位的工作岗位需要。

为了解决上述三大问题，江西财经大学国际经贸学院近年来在国际经济与贸易本科专业积极探索“以职业特质为导向的‘三三制’人才培养模式”，并成功获批为教育部2007年度人才培养模式创新实验区建设项目。该项目的核心是两个“三三制”：第一个是核心课程考核的“三三制”，即在核心课程考核中第一次面试成绩占1/3，课堂教学和方案设计内容考核成绩占1/3，第二次面试成绩占1/3，从而达到科学测评学生的知识掌握能力和职业适应能力的目的；第二个是人才培养总效果检验的“三三制”，即在人才培养总效果检验的“三次”实践活动中，职业岗位模拟成绩占1/3，职业综合能力测评成绩占1/3，岗位实战演练成绩占1/3，从而使学生的实践能力得以科学评价和大幅提高，克服学生“高分低能”现象。

目前，该项目进展顺利，改革效果逐渐凸显。作为项目的核心内容之一，江西财经大学国际经贸学院组织编写了本套教材。该套教材的特色在于突出“职业特质导向”、“创新性”和“启发性”。其中，“职业特质导向”主要体现在教材顺应“以职业为导向、以能力为本位、以学生为中心”的发展趋势，以国际经贸职业特质和岗位素质要求为先导，确定每本教材各章节名称与知识点。“创新性”主要体现在教材的体例、行文风格等方面追求灵活、生动和实用。“启发性”主要体现在教材力求通过情景设定、案例分析、专栏、思考题等内容设计给学生提供足够的思考空间。

教材的正式出版得益于教育部人才培养模式创新实验区建设项目的资助，得益于东北财经大学出版社的大力支持。本套教材汇聚了全院教师的智慧，是各位参编教师在创新创业型国际经贸人才培养过程中长期积淀的结晶，也是对学院多年来国际经济与贸易专业人才培养能力的一次检验。由于时间有限，各参编教师教学科研任务较为繁重，同时也是第一次突破常规教材编写模式并较大规模地编写系列教材，因而编写质量肯定难以尽如人意。然而，作为一种尝试，我们已走出了第一步，期冀在同行们的批评指正之中，我院能在今后更长的时间里不断进步，争取以更好的成果飨奉读者。

是为序。

袁红林

2012 年 1 月于江西南昌

前言

近年来，我国出口频遭贸易壁垒。其原因主要在于三个方面：其一，我国已成为世界第一出口大国，“木秀于林，风必摧之”；其二，当前世界经济仍未走出危机泥潭，外部需求不足导致贸易保护主义重新抬头；其三，许多新兴经济体在与我国的经济交往中普遍存在贸易失衡、产业和出口商品结构雷同等问题，并与我国整体上呈竞争关系。在此背景下，我国要继续发挥优势，稳定出口，必须更好地适应国际市场。考虑到微观国际贸易活动一般处于多边、区域和单边三层次贸易规制之下的事实，我国在深入研究并主动顺应WTO和各类RTA规则的同时，还应进一步加强对各主要贸易伙伴具体贸易政策的熟悉和把握。这对于可能从事外贸经营和管理的高校学生而言尤显必要。

本教材共选取15个重要贸易伙伴，即欧盟、美国、日本、韩国、澳大利亚、巴西、印度、俄罗斯、印度尼西亚、加拿大、菲律宾、南非、墨西哥、土耳其和阿根廷。其中既有欧、美、日等发达经济体，更有巴西、印度、俄罗斯、南非等新兴经济体和发展中国家。对于每一个贸易伙伴，不仅有贸易管理体制和出口政策的介绍，更为重要的是对其进口政策尤其是非关税政策的深度解读；既有一般商品贸易政策，同时涉及服务和知识产权贸易以及与贸易有关的投资政策。

作为教育部“以职业特质为导向的‘三三制’人才培养模式创新实验区”的配套项目，本教材力图突出如下特色：

（1）职业特质导向。本教材的受众明确定位为高校国际经贸类专业学生，职业特性决定该类学生无论是从事微观外贸经营还是宏观外贸管理都必须对我国主要贸易伙伴的外贸管理体制和具体外贸政策有较为深入的了解。教材选取的15个经济体是我国最为主要的出口目的地和进口来源地，涵盖了我国90%以上的外贸进出口。通过对本教材的学习，能够很好地满足上述职业特质要求。

（2）创新性、实用性和启发性。教材尝试性地对我国主要贸易伙伴外贸政策进行系统介绍，各章密切联系特定经济体对外经贸政策实际，尤其重视其动态变化和最新进展，弱化理论解说，突出内容的实用性，同时通过学习目的凝练、开篇案例情景设定以及章末延伸阅读和复习思考题给学生提供足够的思考空间。

（3）深度与广度相结合。教材在对我国各主要贸易伙伴外贸管理体制及具体贸易政策进行深度挖掘的同时，兼顾相关知识点的系统介绍，尤其是对重要知识点以专栏形式予以突出，以此拓展所涉外经贸知识的广度。

本教材不仅适合国际经济与贸易、国际市场营销等本科专业学生使用，对国际贸易、世界经济等专业的硕士研究生以及从事外经贸管理的专业人士也具有一定的参考价值。

该教材由吴朝阳博士提供框架设计、主要素材并负责修改和总撰工作。各章初撰具体分工如下：第一、二章由艾建华、李霖负责；第三、四章由陈娅兰、余菲负责；第五至十章由李霖负责；第十一至第十五章由余菲负责。本教材的出版得到教育部人才培养模式创新实验区建设项目的资助。编写过程中江西财经大学国际经贸学院袁红林院长、现代商务研究中心主任黄建军教授提出了许多宝贵意见。东北财经大学出版社孙平先生在本教材的编写思路、内容安排乃至文字处理等方面提出了许多中肯建议，花费了大量心血，在此一并致谢！

本书参阅了大量国内外相关教材、专著、论文、报道、报告以及各主要经济体相关网站资料。相关引用情况文中已一一列明，如有遗漏，敬请谅解。由于编者水平有限，书中错误、不足之处在所难免，敬请各位专家、学者不吝赐教。

吴朝阳

2012 年 11 月

目　录

第一章　欧盟的贸易政策

学习目标

通过对欧盟贸易政策的全面学习，应了解欧盟贸易概况，熟悉欧盟实施单边及多边贸易政策的历史进程，掌握欧盟区域贸易政策及对外贸易政策，重点掌握对外贸易政策中的进出口管理政策、关税制度以及原产地制度。

开篇案例

欧盟最新 REACH① 法规

REACH 法规作为整个欧盟化学品规制的框架性法规，一经出台便引起了世界各国的关注。从 REACH 法规对企业的要求来看，其核心集中在注册义务。根据欧盟 REACH 法规的规定，截至 2008 年 12 月 1 日，化学品预注册结束。完成了预注册的物质可享受一定时限的注册过渡期，同时使企业有更多的时间来组织和选择可用数据，共享现有数据。未完成预注册的物质，原则上不能进入欧盟市场，也不可在欧盟境内生产，直至完成正式注册。REACH 对出口量处于不同吨位段的出口商或生产商规定了不同的正式注册期限，出口量大的企业最早在 2010 年 11 月 30 日前就必须完成正式注册，而出口量小的企业过渡期较长，最晚可至 2018 年 5 月 31 日。

分析：中国生产商和出口商需注意正式注册的时间节点，同时应注意预注册并不意味着必须正式注册。未进行预注册的中国出口商或生产商，可以参考 REACH 法规对化学物质新出口商的相关规定及时进行补救。于 2008 年 12 月 1 日以后首次生产或进口 1 吨或以上物质的欧盟生产商或进口商，可在以下期间继续对欧出口：有关物质的制造或进口总量超出 1 吨下限后起计的 6 个月内；或办理预注册较适用注册限期提早至少 12 个月，也可以在正式注册之前。就注册而言，REACH 法规是欧盟内部的法律，只约束欧盟境内的生产销售企业，中国企业无须承担注册义务，但这会导致中国企业只能向注册过的欧盟进口商出口，造成了出口的限制。欧盟在制定 REACH 法规时也注意到了这个问题，专门规定非欧盟制造商可以通过设置“唯一代表”进行注册。由于不同类型的产品在 REACH 法规下应尽的义务不同，因此中国企业在注册问题上应当做到具体问题具体分析，特别是上游企业和下游企业更应区别对待。在现阶段，产品为纯粹化工产品的化工行业上游企业（如石油化工原料及产品、化妆品原料、染料、化工助剂、涂料、胶粘剂等的制造企业），

---

① REACH（Registration，Evaluation，Authorization and Restriction of Chemicals），即化学品注册、评估、许可和限制，是欧盟对进入其市场的所有化学品进行预防性管理的法规。

其制造的产品属于 REACH 法规定义的"物质"或"配制品"，如果这些产品是直接出口欧盟，那么此类物质是需要注册的；而使用化学品作为原材料的下游企业情况相对复杂，它们的产品属于 REACH 法规定义的"物品"，是否要注册，需考察其产品中是否含有"有意释放物质"①，若满足一定的要求，则属于需要注册之列，反之则不然。此外，根据 REACH 法规，高度关注物质（SVHC）的使用与销售均需取得授权。各企业应及时跟进 REACH 法规实施动态，逐步淘汰危害性强的化学物质，使用较为无害的产品代之。

资料来源 陈会明：《欧盟 REACH 法规概论》，北京，化学工业出版社，2007。

第一节 中国与欧盟双边经贸概况

20 世纪 50 年代，欧共体开始经济一体化进程。1968 年 7 月 1 日，欧共体实现关税同盟，1993 年欧共体建立了欧洲统一大市场。1999 年 1 月 1 日，欧洲单一货币正式启动，标志着欧洲经济货币联盟的建立。2004 年 5 月 1 日，塞浦路斯、捷克、爱沙尼亚、匈牙利、拉脱维亚、立陶宛、马耳他、波兰、斯洛伐克和斯洛文尼亚共 10 个国家正式加入欧盟，欧盟成员扩大为 25 国。2007 年 1 月 1 日，保加利亚和罗马尼亚正式成为欧盟成员国，欧盟成员扩大至 27 国。

2011 年 1—6 月，欧盟货物贸易持续较快增长。据欧盟统计局统计，1—6 月欧盟货物贸易进出口 22 179.1 亿美元，较上年同比增长 21.7%。其中，出口 10 443.4 亿美元，同比增长 25.4%；进口 11 735.6 亿美元，同比增长 25.0%；逆差 1 292.2 亿美元，同比增长 21.7%。

分国别（见表 1—1 和表 1—2），2011 年 1—6 月欧盟对美国、中国、瑞士、俄罗斯和土耳其的出口额分别占其出口总额的 17.1%、8.8%、7.8%、6.7%和 5.1%，为 1 786.8 亿美元、917.8 亿美元、816.5 亿美元、699.0 亿美元和 526.9 亿美元，同比增长 21.7%、30.7%、25.2%、44.7%和 44.4%；自中国、美国、俄罗斯、瑞士和挪威的进口额分别占欧盟进口总额的 16.7%、11.0%、11.0%、5.5%和 4.7%，为 1 962.4 亿美元、1 295.8亿美元、1 291.5 亿美元、642.5 亿美元和 553.1 亿美元，同比增长 18.5%、21.9%、40.6%、16.4%和 29.2%（见表 1—3）。欧盟前五大逆差来源地依次是中国、俄罗斯、挪威、日本和哈萨克斯坦，逆差额分别为 1 044.6 亿美元、592.5 亿美元、232.1 亿美元、153.8 亿美元和 119.0 亿美元，同比增长 9.6%、36.1%、41.7%、4.4%和 60.9%；顺差主要来自美国、土耳其、瑞士、阿联酋和中国香港，分别为 491.0 亿美元、182.2 亿美元、174.1 亿美元、153.2 亿美元和 140.2 亿美元，同比增长 21.1%、94.6%、73.3%、11.2%和 45.7%。

分商品看，机电产品、化工产品和运输设备是欧盟的主要出口商品，2011 年 1—6 月出口额分别占欧盟出口总额的 27.7%、14.8%和 14.7%，为 2 895.5 亿美元、1 544.0 亿美元和 1 531.1 亿美元，同比增长 26.6%、14.1%和 27.8%。另外，矿产品、贵金属及制

① 在正常及合理可预见的使用条件下有意释放的物质，此物质的释放是该物品的一项功能；物质在物品中的总含量≥1t/a 每制造商或进口商。

品、植物产品和动物产品的出口额增长较为突出，分别同比增长46.5%、39.3%、37.0%和37.0%。矿产品、机电产品和化工产品是欧盟进口的前三大类商品，2011年1—6月进口额分别为3 529.5亿美元、2 421.1亿美元和968.6亿美元，同比增长38.0%、16.0%和20.4%。另外，贱金属及制品，塑料、橡胶和植物产品的进口额增长较快，分别同比增长43.3%、32.4%和34.2%。

表1—1　**欧盟对主要贸易伙伴出口额（2011年1—6月）**　单位：百万美元

国家和地区	金额	同比（%）	占比（%）
总值	1 044 341	25.4	100.0
美国	178 676	21.7	17.1
中国	91 775	30.7	8.8
瑞士	81 652	25.2	7.8
俄罗斯	69 897	44.7	6.7
土耳其	52 685	44.4	5.1
挪威	32 097	21.5	3.1
日本	32 059	19.0	3.1
印度	28 193	32.2	2.7
巴西	23 345	21.4	2.2
韩国	21 544	28.3	2.1

资料来源　根据国别贸易报告——欧盟2011年第3期整理所得。

表1—2　**欧盟自主要贸易伙伴进口额（2011年1—6月）**　单位：百万美元

国家和地区	金额	同比（%）	占比（%）
总值	1 173 564	25.0	100.0
中国	196 238	18.5	16.7
美国	129 576	21.9	11.0
俄罗斯	129 150	40.6	11.0
瑞士	64 247	16.4	5.5
挪威	55 310	29.2	4.7
日本	47 441	13.9	4.0
土耳其	34 462	27.1	2.9
印度	28 604	32.9	2.4
巴西	25 985	32.4	2.2
韩国	25 366	-0.6	2.2

资料来源　根据国别贸易报告——欧盟2011年第3期整理所得。

表1—3　　欧盟贸易差额主要来源（2011年1—6月）　　单位：百万美元

国家和地区	2011年1—6月	上年同期	同比（%）
总值	-129 223	-106 147	21.7
主要逆差来源			
中国	-104 463	-95 320	9.6
俄罗斯	-59 253	-43 549	36.1
挪威	-23 213	-16 380	41.7
日本	-15 382	-14 727	4.4
哈萨克斯坦	-11 902	-7 396	60.9
主要顺差来源			
美国	49 101	40 538	21.1
土耳其	18 224	9 366	94.6
瑞士	17 405	10 042	73.3
阿联酋	15 315	13 772	11.2
中国香港	14 016	9 620	45.7

资料来源　根据国别贸易报告—欧盟2011年第3期整理所得。

具体到中欧双边贸易，2011年1—6月中欧双边贸易额为2 880.1亿美元，同比增长22.1%。其中，欧盟对中国出口917.8亿美元，同比增长30.7%；自中国进口1 962.4亿美元，同比增长118.5%；欧盟逆差1 044.6亿美元，同比增长9.6%。中国是欧盟第二大出口贸易伙伴和第一大进口来源地。从中欧贸易商品结构来看，机电产品、运输设备和化工产品是欧盟对中国出口的主要产品，2011年1—6月三类产品出口额合计占欧盟对中国出口总额的69.6%，分别为359.8亿美元、201.3亿美元和77.2亿美元，同比增长30.4%、28.8%和31.5%。另外，矿产品的出口额增长最为突出，增幅达96.2%（见表1—4）。欧盟自中国进口的主要商品为机电产品，纺织品及原料和家具、玩具、杂项制品，2011年1—6月三类产品进口额合计占欧盟自中国进口总额的67.4%，分别为918.6亿美元、232.7亿美元和171.3亿美元，同比增长17.3%、20.9%和16.2%，这些产品在欧盟进口市场中分别占有37.9%、36.5%和67.9%的份额。另外，欧盟自中国进口的贱金属及制品和化工产品的进口额增长突出，分别同比增长37.4%和34.0%，但运输设备的进口额同比减少10.2%（见表1—5）。

表 1—4 **欧盟对中国出口主要商品构成（类）（2011 年 1—6 月）** 单位：百万美元

海关分类	HS 编码	商品类别	2011 年 1—6 月	上年同期	同比（%）	占比（%）
类	章	总值	91 775	70 238	30.7	100.0
第 16 类	84—85	机电产品	35 982	27 589	30.4	39.2
第 17 类	86—89	运输设备	20 125	15 623	28.8	21.9
第 6 类	28—38	化工产品	7 721	5 873	31.5	8.4
第 15 类	72—83	贱金属及制品	7 662	6 595	16.2	8.4
第 18 类	90—92	光学、钟表、医疗设备	4 481	3 163	41.6	4.9
第 7 类	39—40	塑料、橡胶	3 936	3 506	12.3	4.3
第 10 类	47—49	纤维素浆；纸张	2 063	1 442	43.1	2.3
第 5 类	25—27	矿产品	1 749	892	96.2	1.9
第 11 类	50—63	纺织品及原料	1 396	1 005	39.0	1.5
第 4 类	16—24	食品、饮料、烟草	1 174	778	50.9	1.3

资料来源 根据国别贸易报告——欧盟 2011 年第 3 期整理所得。

表 1—5 **欧盟自中国进口主要商品构成（类）（2011 年 1—6 月）** 单位：百万美元

海关分类	HS 编码	商品类别	2011 年 1—6 月	上年同期	同比（%）	占比（%）
类	章	总值	196 238	165 558	18.5	100.0
第 16 类	84—85	机电产品	91 855	78 290	17.3	46.8
第 11 类	50—63	纺织品及原料	23 271	19 247	20.9	11.9
第 20 类	94—96	家具、玩具、杂项制品	17 127	14 737	16.2	8.7
第 15 类	72—83	贱金属及制品	13 224	9 623	37.4	6.7
第 6 类	28—38	化工产品	8 544	6 377	34.0	4.4
第 17 类	86—89	运输设备	7 274	8 099	-10.2	3.7
第 12 类	64—67	鞋靴、伞等轻工产品	6 431	5 396	19.2	3.3
第 7 类	39—40	塑料、橡胶	6 242	4 846	28.8	3.2
第 18 类	90—92	光学、钟表、医疗设备	4 873	4 043	20.5	2.5
第 8 类	41—43	皮革制品、箱包	4 270	3 557	20.0	2.2

资料来源 根据国别贸易报告——欧盟 2011 年第 3 期整理所得。

第二节 欧盟贸易政策体系

贸易政策主要涉及货物贸易、服务贸易、知识产权、投资、竞争、环境等领域，还包括与该体系相联系的一些经济政策以及“非经济”政策。根据 WTO 规则，贸易政策集中于与贸易有关的政策措施，主要包括货物和服务贸易政策、与贸易有关的投资政策以及与贸易有关的知识产权政策。此外，随着多边贸易体系的深入发展，新的议题不断被引入，贸易政策还将涉及投资政策、竞争政策、环境政策、劳工政策等领域。这与许多国家/地区的实践也是相吻合的，包括下面将要详细加以说明的欧盟的贸易政策。

对欧盟而言，其贸易可分为三个层次：一是成员国内部的贸易活动；二是各成员国之间的“内部贸易”；三是各成员国与第三国之间的“对外贸易”。作为实施关税同盟和共同市场的结果，各成员国之间的贸易关系中取消了一切关税、数量限制和其他任何形式的贸易障碍，形成了单一关税领域和共同市场的内部贸易关系。由此，欧盟只在涉及与第三国的贸易关系中才适用关税、非关税措施、国际协定等一般国际贸易政策和措施。

贸易政策是根据经济发展的总体目标与实际需要而制定的。欧盟的贸易政策也与经济一体化以及欧洲联合的大目标联系在一起。因此，欧盟的贸易政策也就反映了经济一体化发展、欧洲联合以及加强欧盟的国际政治、经济地位的要求。归纳起来，欧盟的贸易政策大体包括下述四个方面：

第一是市场保护政策。欧盟贸易政策的重要内容之一就是市场保护政策，目的是保证成员国产品能够在欧盟市场上畅通无阻。这方面政策包括关税同盟政策、共同农业政策中的农产品贸易保护政策等。这类政策的核心是消除内部产品流通障碍，并且尽量阻止外部产品的进入。

第二是维护市场秩序政策。这一类政策的任务有两方面：一方面是针对内部产品竞争的，如欧盟的竞争政策，目的在于保证成员国厂商的公平竞争，防止垄断市场的行为发生；另一方面是针对外部产品竞争的，如欧盟的反倾销政策。这种政策极具贸易保护主义色彩，并且有很强的隐蔽性。其任务就是在关税保护不能奏效时，利用反倾销程序将外部产品的竞争限制在可以接受的限度以内。

第三是统一市场政策。尽管《罗马条约》将商品自由流通列为一个重要目标，然而在相当长的时间里，欧盟内部市场仍然是被分割的，影响了商品的自由流通和一体化的发展。统一市场政策就是因此而提出的。《欧洲单一文件》① 首次提出统一市场政策，制定了一系列政策措施，确保了内部市场的统一。

第四是对外贸易关系政策。欧盟是世界上最大的贸易集团，同各种类型的国家保持着广泛的贸易关系。然而关系有远有近，有疏有密；既有保持与美国、日本等国家密切贸易关系的必要，又有发展与第三世界发展中国家贸易关系，保证原材料供应与产品销售市场稳定的需要，更有扩大欧盟在世界经济重要地区的经济存在而与世界上经济高速发展地区加强经贸关系的要求。欧盟的对外贸易关系政策就是为完成上述任务而制定的。

在50多年的一体化进程中，欧盟逐步建立和完善了一系列共同政策。《欧洲联盟运行条约》② 第133条是欧盟实施共同贸易政策的法律依据。2003年2月1日生效的《尼斯

---

① 1986年欧共体各成员国政府首脑在卢森堡签署了旨在建立欧洲统一大市场的《欧洲单一文件》，该文件加强了欧洲议会对欧共体立法的影响。

② 《欧洲联盟运行条约》，是由《里斯本条约》采取欧盟传统的修订条约的方式，修订了《欧洲联盟条约》与《欧洲共同体条约》而形成的条约。

条约》将共同贸易政策扩大到服务贸易、知识产权和投资领域。2007 年 12 月 13 日，欧盟 27 国签署了《里斯本条约》，该条约历时 2 年，终于在 2009 年 11 月获得了欧盟所有成员国的批准（议会批准或全民公投），并于 2009 年 12 月 1 日生效。

根据《里斯本条约》，欧洲理事会成为欧洲联盟的正式机构，欧洲理事会设立常任欧盟理事会主席职位，取消该职位原来每半年由轮值主席国轮替的机制，主席由欧洲理事会以特定多数选举产生，任期两年半，可以连任；将目前的欧盟负责外交与安全政策的高级代表和欧盟委员会负责对外关系的委员这两个职权交叉的职务合并，设立欧盟外交与安全政策高级代表一职，全面负责欧盟对外政策。欧盟在制定共同贸易政策（包括对外开展贸易协定谈判）时，首先需由欧委会提出相关建议，再由欧盟理事会做出决定，或与欧洲议会经过“共同决策程序”来决策。据统计，在《里斯本条约》之前，欧盟使用共同决策程序的领域占欧盟决策领域的 75%，而在《里斯本条约》改革之后，增加了 40 多个适用共同决策程序的领域，共同决策程序领域扩展至 95%。

第三节　欧盟区域内贸易政策

区域内贸易政策是欧盟贸易政策的特色，本节从共同农业政策、共同渔业政策及竞争政策等方面分析欧盟区域贸易政策的演变与发展，深入解读欧盟区域贸易政策。

一、共同农业政策

欧共体成立之初便开始实施共同农业政策（Common Agricultural Policy，CAP），目的是刺激农业生产，保障粮食供应和提高农业收入。随着农业劳动生产力的提高及农业人口的减少，农业生产出现严重过剩。欧盟从 20 世纪 90 年代开始对共同农业政策进行系统改革，其重心转为克服生产过剩和保护土壤。

共同农业政策作为欧盟两大经济支柱之一，最早源于 1957 年《罗马条约》第 39 条。1960 年欧盟委员会正式提出建立共同农业政策的原因包括：

首先，价格波动是市场规律，但农业生产对市场价格波动过于敏感。这是因为农业生产大多是以家庭为单位的小规模经济，难以承受市场价格波动的打击。因此，市场价格波动对农业生产的稳定性形成威胁，市场下跌时会导致农户破产和退出农业生产领域，继而影响粮食的供应。如果在别的产业，生产萎缩引起生产下降还不会招致不可承受的后果，而民以食为天，社会和政府都不能允许粮食供应的稳定性受到破坏。

从另一方面来讲，农业的特殊性还表现在生产严重受季节和气候影响，而且农业投资回收周期长，生产资料在一年之中闲置时间长，无形损耗严重，导致利润率低下，因此农民一向是社会中的低收入阶层。然而，农业又是必不可少的产业，因此政府不得不对农民提供各种补贴，稳定农民收入，这也是实现社会稳定和公平的必要措施。

其次，共同农业政策的制定也是欧共体各国利益斗争的结果。由于欧共体各成员国在自然条件和农业发展水平、政策以及农业在国民经济中的比重等方面存在着明显的差异，对共同农业政策的态度也不尽相同。法国是欧共体最大的谷物和肉类生产者，荷兰的畜牧业很发达，意大利一方面需要共同农业政策扩大它的水果和蔬菜等农产品市场，另一方面也希望通过农业一体化获得财政资助来改善本国不合理的农业结构，所以这三国极力主张制定共同农业政策，建立农业共同市场。

专栏1—1　　欧共体农业政策背景

20世纪50年代欧共体6国共有1 750万农业人口，但是粮食生产仅能满足六国85%的需求。当时6国的大多数农场都很小，平均规模仅为美国农场的1/20，生产率低下。所以，1957年欧共体奠基者们制定共同农业政策的目的是利用共同农业政策，凝聚各成员国力量，集中解决农业问题。《罗马条约》第39条第1款明确规定了共同农业政策的目标：（1）通过促进技术进步，保证农业生产的合理发展和所有生产要素特别是劳动力的最佳使用，以提高劳动生产率；（2）通过增加农业劳动者的个人收入来保证农业人口享有一个良好的生活水平；（3）稳定农产品市场；（4）保障农产品的充足供应；（5）保证以合理的价格向消费者提供商品。

资料来源　根据国别贸易投资环境报告——欧盟2011年第1期整理所得。

欧盟农业部长理事会是共同农业政策的主要决策机构。各国的农业部长们在农业部长理事会中磋商的其实是政策交易，每个农业部长都要捍卫自己国家的利益，某个成员国在某项农业政策上做出妥协的同时往往要在另一项措施中得到补偿。

农产品共同市场与其他共同市场不同，同种产品间差异小，因此要实现自由流通，必须建立统一的价格体系。这一机制就是共同农业政策运行的核心——价格机制。价格机制主要由三部分组成：目标价格、干预价格和门槛价格。

（1）目标价格。它是生产者希望获得的价格，在一定程度上则起着保护消费者利益的作用。农产品目标价格每年定一次。目标价格由于包括储藏费和运输费，会因地区不同和运费不同而变化，故只供生产者和消费者参考。

（2）干预价格。干预价格也称保证价格或支持价格，是生产者每年出售农产品可以得到的最低价格。谷物干预价格与欧共体最大的余粮区法国的奥尔姆市场条件相联系，它一般比标位价格低6%～9%。当某类农产品供过于求，出现相对过剩，市场价格低于干预价格时，设在成员国各地的干预中心有义务以干预价格收购农产品，而这种干预收购的数量在12%～20%，并随季节波动。干预价格可以有效地保证生产者收回生产成本并得到微利，保护农民的利益。

（3）门槛价格。它是对欧共体之外的国家设立的，是共同体以外农产品进入欧共体港口的最低进口价。当农产品的到岸价格低于门槛价格，就征收这两种价格之间的进口差价税。这使进口的农产品只能按欧共体内部统一规定的价格在市场上出售，从而控制农产品进出口贸易，保证内部农产品市场价格稳定和良好供应。门槛价格在共同体所有港口是统一的，但是随着季节会有所变动，执委会每天根据最低到岸价与门槛价格之间的差价确定对进口农产品征收差额税。

共同农业政策的实施基础是欧盟对农产品市场实行的干预机制因产品而异并不断做出

调整，从不同方面保证共同政策的有效实施与落实，确保农产品市场的有效运行。欧盟的农产品市场管理手段主要包括：

（1）干预收购。当共同市场上农产品价格下跌至干预价格之下时，由欧盟的干预机构按干预价格收购农产品。收购进来的农产品，或进行储藏待价格回升后重新销售，或出口到欧盟以外的其他国家，或用作社会救济和对外援助，或加工变形后成为不与原产品竞争的其他产品。

（2）贮藏补贴。在农产品上市集中季节，由欧盟向生产者或商人发放补贴，由他们负责将产品贮藏一段时间后再行上市，以避免因上市集中而可能发生的价格波动。

（3）撤出补偿。对某些种类的农产品，当其供应量超出市场需求量时，将部分产品撤出市场以稳定价格。撤出的产品或者挪作他用或者销毁，使其不能再行上市，而欧盟则以撤出价格对这一部分产品予以补偿。

（4）扩大供应。当某种农产品供不应求，价格上升超过目标价格规定的界限时，欧盟便通过释放贮藏产品、降低以至取消进口差价税和对出口农产品征收出口税等途径及办法，增加供应，以促使价格回落至目标价格以下。

（5）出口补贴。它是欧盟为促进和扩大农产品出口而采取的一种鼓励性措施。补贴额的确定因产品品种而异，相当于共同体价格与世界市场价格之间的差价。一般有两种方式：一是取其内部市场价格与其主要口岸的 FOB 价格的差价；二是通过招标择优发放。补贴所需费用由共同预算支付。

（6）进出口控制。欧盟实施进出口控制的目的在于保证其内部市场的稳定。当其内部市场价格高于世界市场价格水平时，便对进口实施控制，主要手段除关税外，一是进口配额限制，主要是糖和牛奶产品；二是征收以不同方式计算的农产品差价税。如果国际市场上的农产品价格高于其内部市场，为避免其农产品的大量外流以保证其内部农产品的有效供应，则对出口农产品征收出口税。

（7）价格补贴。针对油菜籽、向日葵籽、棉花籽等高蛋白植物，理事会为填补其内部价格与进口价格之间的差额，对所有购买其内部生产的该类产品的生产加工部门所给予的一种补贴，以便使其农产品生产和农民收入得以保持一定的水平。

（8）专款资助。它是对亚麻、蛇麻子、蚕丝等在欧盟整个农业生产中所占比例不大但对从事此类生产的农民和区域却意义重大的一些农产品所实施的一种扶持性措施，主要方式是为农民提供无息贷款和直接的收入补贴等。

2000 年以后，欧盟对共同农业政策进行了重要的调整。2003 年改革方案突出了三个优先：把农业生产的质量放在优先地位；把环境保护放在优先地位；把农业食品安全放在优先地位。2007 年 11 月 20 日，欧盟委员会发布了使欧盟共同农业政策进一步现代化，使其实施更加流畅的蓝图——CAP“健康检查”。所谓的 CAP“健康检查”，就是继续采用 2003 年改革所采取的措施，基于 2003 年改革以来总结的经验，使 CAP 能更好地适应一个拥有 27 个成员国的欧盟所面临的新的机遇与挑战。其关心的主要问题有：怎样才能使直接补贴机制更有效率、更简单化？怎样使那些一开始为一个仅拥有 6 个成员国的共同体所设置的市场支持工具适应当前情况？怎样面对来自环境变化、生物燃料、水资源管理以及生物多样性保护等方面的新挑战？2008 年欧盟农业政策改革主要有两件大事：首先是当年 7 月 2 日决定永久性结束自 1992 年开始实行的休耕政策，目的在于应对食品价格飙升。事实上，早在 2007 年秋和 2008 年春，欧盟就已经同意农户在休耕地上种植作物了。第二件事就是当年 11 月 20 日，欧盟成员国就农业补贴等共同农业政策问题达成妥协。2009 年欧盟第三次对共同农业政策进行较大调整。2009 年 1 月 19 日，欧盟颁布三项理事会规则和一项理事会决定，根据这一系列法规，首先，欧盟将逐步提高牛奶生产配额，从 2009 年起每年上调 1%，直至 2015 年完全取消；其次，为使农业生产更好地以市场为指导，此次改革重点调整共同农业政策下的补贴制度。除少数情况外，欧盟的农业补贴将进一步与产量脱钩，即不再根据产量的多少来决定农民所领取的补贴数额，建立新的单一给付制度、新的单一面积给付制度，修订过去的直接给付制度，并引入所谓的交叉遵守原则，逐步削减给予农民的直接补贴，继而转向综合考虑环保、动物福利和食品安全等因素，建立支持落后地区的农村发展项目和防范自然危害和动植物病虫害的农业风险管理基金。2010 年欧盟共同农业政策的预算为 438 亿欧元，比 2009 年高 6.4%。由于 2009 年年底奶价下跌奶农抗议，欧盟同意继续在 2010—2013 年每年补贴奶业 1 790 万欧元。

二、共同渔业政策

欧盟对渔业进行共同管理，这是因为渔业和农业一样是确保食物供应稳定的重要基础，并在缺乏就业机会地区的经济发展中发挥着重要作用。欧共体共同渔业的法律基础与共同农业政策相同，也来自《欧洲经济共同体条约》，但共同渔业政策产生于 1970 年，比共同农业政策晚得多。1983 年基本形成的欧盟共同渔业政策主要涉及欧盟捕鱼配额的分配、渔业资源的保护和鱼产品的销售等领域。两大政策间也有很大的差异，特别是共同渔业政策不对渔民支付大量补贴，因此这一政策的开支只占欧共体财政预算的 1%。

共同渔业政策的目标是稳定水产品市场，确保水产品在合理价格上的稳定供应，保护海洋渔业资源并且保护广大渔民的经济利益。欧共体的共同渔业政策主要分为四个方面。

（1）实行捕捞水域的准入及资源的保护和管理。理事会每年规定当年 100 多种鱼类准许捕捞的总量（Total Allowable Catches，TACs）。总量确定后分配给各成员国，对最低捕捞量也有限制。欧共体的捕捞区是欧共体各国海岸外 200 海里的范围。欧共体的渔民并不能完全自由地进入欧共体的水域。爱尔兰、丹麦和英国于 1973 加入欧共体时，只能进入本国海岸 12 海里的范围，限期 20 年。1983 年共同渔业政策的改革接受了 12 海里专属区的原则。西班牙和葡萄牙加入欧共体后，使欧共体的渔民增加了一倍，使欧共体渔船总吨位扩大了 50%。理事会对欧共体的渔业政策作出了进一步修改：这些国家相互允许对方船队进入本国海域捕捞，但规定捕捞总量限额，期限是到 1995 年 1 月。1994 年 12 月的渔业理事会准许西班牙和葡萄牙的渔船进入其他成员国的海域。根据目前的法规，欧盟的自由入渔规则扩大到 12 海里以外的欧盟水域，但在 12 海里以外的水域作业是要受到欧盟的渔业法规严格限制的，限制的主要目的是保护渔业资源，尤其是产卵群体资源。为了保障部分国家在其他国家海域的传统捕鱼作业利益，12 海里以内的作业过渡期相应延长到

2012 年 12 月 31 日。这些规定由各国政府监督实施，欧共体也派出视察员进行监督。

（2）设置渔业市场组织。这些组织的职能是调整供求关系，使市场供应与需求相适应，尽可能地保证渔业生产者能够获得公平的收入。对那些将自己的水产品撤出市场的渔民，渔业市场组织给予补偿，但这种补偿是递减的。欧共体水产品市场上有一个指导价格体系，对大多数鱼类指导价格固定在每个捕捞季节开始时的市场价格水平上。欧共体对鱼产品规定了目标价格和干预价格，但如果捕鱼总量超过限定捕鱼量的 20%，共同渔业管理机构即停止实行价格保护措施。欧盟渔业协会还规定为渔业产品制定最低限价。低于最低价格，不出售协会成员的产品或从市场撤回产品，并从专项“干预基金”中适当补偿生产者损失。欧共体还有一个长期计划，制定逐渐减少捕捞船队总吨位和总马力数的指标，以便恢复和保护水生动物资源。

（3）制订了促进渔业的计划。这个计划致力于捕捞船队的现代化以提高渔业部门的劳动生产力，以及开拓新的活动领域。

（4）实行共同外部关税。理事会为从区外进口水产品规定了最低进口价。为了防止进口过量冲击欧盟市场，欧盟对一些水产品制定了参考价格。如低于参考价的进口过量，欧盟将采取以下措施：①启用自主关税；②强制进口产品执行参考价格；③若关税受到关贸总协定的约束，则征收抵消税。

为了解决捕捞能力日益增长与渔业资源逐渐枯竭之间的矛盾，促进渔业可持续发展，进入 21 世纪以来，欧盟共同渔业政策发生了一些新变化，主要包括：2005 年 4 月 26 日，欧盟颁布《有关成立共同体渔业管理机构的第（EC）768/2005 号理事会规则》，该规则规定成立共同体渔业管理机构，以协调各成员国在渔业管理和产品检验方面的行为；2006 年欧盟颁布《关于欧洲渔业基金的第（EC）1198、2006 号理事会规则》，根据该规则，欧盟决定成立欧洲渔业基金（EFF），在 2007—2013 年内对欧盟渔业提供 38 亿欧元的财政资助；2009 年 4 月 22 日，欧盟委员会通过了关于未来欧盟共同渔业政策的绿皮书，分析了目前政策的缺陷并就如何解决广泛征求公众意见。

2008 年 9 月 29 日，欧盟理事会通过了关于共同渔业捕捞的新法规，即《反海洋渔业非法捕捞法》（The IUU Regulation）。新法规共 28 页，12 章 57 条，对进入欧盟的渔获物进行溯源、认证以及在国际或区域性渔业组织规定的海域对渔业捕捞活动进行合法性检查等方面均作了严格规定。该法规于 2010 年 1 月 1 日正式生效。其主要内容包括以下三方面：

第一，港口检查措施。进入欧盟成员国港口进行装卸货物、转运和港口服务的非欧盟国家渔船（第三国渔船）应在指定的港口接受检查。进港船只需在进港前 3 天通知欧盟会员国港口检查机关，并申报所装载的水产品数量、品种、捕捞日期和捕捞地点及捕捞工具。

第二，进出口水产品溯源认证措施。根据欧盟法规对出口到欧盟地区的水产品的合法性进行检查（淡水鱼、观赏鱼和部分养殖品种除外）。对于出口到欧盟的加工水产品，出口方应提交原料鱼供应者出具的、经原料鱼供应国认可的合法性证明文件。

第三，建立不合作国家名单。如果第三国从事 IUU 捕捞或购买 IUU 捕捞产品，或者没有依照欧盟该法规处理非法捕捞，欧盟则会将其列入“不合作国家名单”，该国的渔船将被禁止在欧盟港停靠，该国的水产品也将被禁止在欧盟地区市场销售。

三、欧盟的竞争、研究与技术开发政策

（一）竞争政策

欧盟制定和实施严格的竞争规则，其目的是禁止形成市场垄断，鼓励和保护市场竞争，从而使所有的企业都能在公平的市场环境中发挥自己的潜力。欧盟的竞争政策包括防止或制止企业间缔结妨碍自由竞争的协议，限制企业在市场上占据主导地位，严格审查和控制企业的兼并行为，限制国家对企业扶持。

欧盟竞争政策最早见于《罗马条约》第85—94条款。这些条款制定了竞争规则，防止或制止与共同市场精神不相符的反竞争行为。《罗马条约》第85条款禁止在企业间达成可能妨碍、限制或扭曲市场竞争的协议。企业间协议如果包含了以下内容，便属禁止之列：直接或间接地规定了商品的购买或销售价格；限制或控制生产、市场、技术开发或投资；瓜分市场或商品供应源；在相同的交易条件下对不同交易对手给予不同待遇；合同一方根据对方是否接受合同外的附加条件而决定是否签订合同。为保护欧共体的市场竞争，《罗马条约》赋予欧共体委员会强大的调查和执法权力。《罗马条约》第85条款规定，欧共体委员会可以命令交易各方立即终止违法交易，并有权课以高达相当于违法企业所属的集团在世界范围内营业额的10%的罚款。企业一旦强大到能够在市场上占有主导地位时就很容易形成垄断。欧洲法院对主导地位的定义是“对竞争者、顾客以及消费者在很大程度上能够独立施加影响的能力”。具体而言，欧洲法院规定：当有数量指标显示，或者证据表明，该企业已经占据了相关市场50%份额时，便可认定该企业已经在市场上占据了主导地位。

《罗马条约》里没有专门涉及兼并的条款。第85条款和第86条款中含有关于限制兼并的内容，但并不完整。1972年欧洲法院裁定第86条款可以用来阻止在某个市场中可能导致主导地位的兼并行为。20世纪80年代出现的兼并浪潮推动了控制兼并行为的立法。欧共体从1990年9月开始实施《兼并控制规则》。这项法律禁止跨国的可能导致形成主导地位的兼并，并赋予欧共体委员会阻止导致下列后果的大规模的跨国兼并和收购：（1）兼并后该企业在世界范围内的总营业额超过50亿欧洲货币单位；（2）兼并的企业中的两个在欧共体内的营业额超过2.5亿欧洲货币单位。但是，如果其中一企业在一个成员国里的营业额占其在欧共体范围内总营业额的2/3以上的可排除在外。

国家扶持也是欧共体竞争政策打击的目标。20世纪90年代末，各成员国政府受到越来越大的两方面相互对立的压力：一方面是要求对处于困难中的产业进行救助；另一方面是要求削减预算开支。按市场经济的法则，国家不应该干预经济，以免扭曲市场信号；政府不应该对个别企业进行扶持，以免造成对其他企业的不公平待遇。但是，在共同市场内部，成员国政府常常要考虑本国的民族利益，不能坐视本国支柱产业被挤垮，因此明里暗里的扶持总是难免的。事实上欧共体委员会约束国家扶持的政策执行得一直很宽松。

（二）研究与技术开发政策

1979年，当时任欧共体委员会委员兼研究与技术开发代表的维康特·达维农起草了一份文件，指出欧共体内部的科研力量太过分散，建议共同体实施统一的产业战略。20世纪80年代，欧共体终于创立了统一的科研计划。当时欧盟的研究与技术开发计划有几个显著特点：第一，所有的研究与技术开发计划的背后都有一个意图，那就是鼓励企业"思考欧洲"，使所有研究与技术开发计划都着眼于提高欧洲的竞争力。第二，这些计划鼓励不同成员国企业之间的合作项目，并且分担科研成本。第三，欧共体支持科研项目经费不按成员国分配，而要求科研单位通过竞争取得。第四，原则上只有处于"竞争前"阶段的基础研究项目才能够获得资助。第五，产品的开发和销售仍然由民营企业进行。欧盟层面有自己的联合研究中心。这个研究中心有五个基地，分别建在意大利、德国、荷兰、比利时和西班牙。该阶段欧盟研究与技术开发政策的策略并不是将所有的研究活动都集中到欧盟层面上来，而是要促进各成员国承担成本更高的项目而且取得可观的效益。欧洲还有一些联合项目是在欧盟的框架外进行的。研究与技术开发在欧盟当前的增长与就业战略中发挥着关键作用，同时也是欧盟其他政策中的一个重要因素。欧盟的竞争政策、贸易政策、产业政策、环境政策、能源政策、泛欧网络政策都敏感地受到研究与技术开发运行效果的影响。

20世纪90年代初，欧洲的科技落后问题开始受到高度重视，欧盟委员会和成员国的有关部门开始寻找欧共体技术落后的原因，结论主要包括：

（1）技术研发投入水平低。科研投入的强弱具体体现一个国家的研发水平与创新能力。与美国、日本相比，欧盟的研发与技术经费处于相对贫乏的地位。

（2）科技成果应用率低。欧洲的经济学家们通过研究发现，欧洲国家在一些高科技领域的研发和应用方面落后于美国和日本，美国和日本的研究成果转化率要比欧洲高。这种态势一方面由于欧洲的研究比较侧重纯科学，欧共体科研人员的科学论文是日本的3倍，而应用研究和商业应用则落后于美、日；另一方面是由于缺乏将科技成果转化为经济增长的机制，欧共体的科研成果经济效益低，那些可以带来丰厚利润的创新活动并没有因其在技术研究方面的优势而加以深化。

（3）科研缺乏统一规划。欧洲研究与开发缺乏统一规划，各成员国、各大学和研究所各自为政，常常出现重复研究，既浪费了科研资源，也造成规模效益的不足。

目前，欧盟研究与技术开发政策主要通过三种方式实施：

（1）共同分担费用的协议研究。公司、研究机构和大学通过协议组成研究联合体来共同承担欧盟的科技项目，这是最主要的方式。

（2）协商行动。对欧盟各成员国提议的有关科技项目进行协调，但不为这些项目提供经费。

（3）欧盟本身的研究活动。主要通过联合研究中心来完成，重点放在一些新的技术领域，如环境、材料和制造危害评估等。

从1984年到2002年，欧盟共制订了五个科技框架计划。2002—2006年，欧盟出台了第六个科技框架计划。2003 年，欧盟先后推出了“欧洲研究区建设”和“科学与社会”两大战略性行动计划，目标是以人为本，加大智力资源开发力度，提高欧洲知识的国际竞争力。2004 年 6 月，欧盟委员会公布了未来欧盟支持研究活动的政策，提出了六个重点目标，并提出了需集中支持的重点课题以及实现这些目标最有效的方式。2007 年 1 月，欧盟第七个框架计划启动大会在德国波恩召开，欧洲技术发展进入新的阶段。第七个研究与技术发展框架计划是欧盟 2007—2013 年期间资助研究与技术发展的主要计划，也是欧盟实现有关增长和竞争力的《里斯本议程》的重要基础。第七个框架计划将包括欧洲原子能共同体、联合研究中心、合作、集成领域、研究人员、能力六个部分。这些优先合作研发领域总投资额约为 447. 35 亿欧元。根据欧盟的设想，全部资金的具体使用方向还要经过一个逐步摸索的过程，采取逐渐增加的办法，在第七个框架计划的第一年，投资量将控制在 63 亿欧元，以后逐年调整，到 2013 年达到 136 亿欧元。

近年来，欧盟的研究与技术开发政策发生了转变，欧盟成员国的作用逐渐由直接进行创新活动向促进创新活动转变，国家科技政策与其他相关政策结合得越来越紧密。

四、内部大市场政策

尽管到 20 世纪 80 年代初欧洲经济一体化取得了巨大进展，但是《罗马条约》关于建立一个真正的统一市场，实现人员、商品、资本和服务自由流动的目标远未实现，统一市场的建立一直受到许多内外制约因素的影响。首先是各成员国为保护本国利益所设置的障碍。一体化组织存在与发展的基础是为参与各方带来利益，但是这个基础是建立在各成员国受损不等、受益不均的前提下的，特别在 20 世纪 70 年代中期的经济严重衰退时期，各成员国为了自己的利益，纷纷“以邻为壑”，强化了各种贸易保护措施，各种非关税壁垒成为关税同盟建设中的重要制约因素。其次，各成员国之间的经济差异导致条款的实施难以同步，以及意见的分歧造成决策的拖延和搁置，这些制约使得共同体在许多方面“充满矛盾和分歧”。最后，来自外部的影响和冲击。例如，20 世纪 70 年代末到 80 年代期间，美国的高利率、高财政赤字以及日本咄咄逼人的贸易攻势等，都是打乱欧洲共同体内行动步调，造成各国间经济政策离散度增高的重要因素。

为了提高欧共体的国际竞争力，赶上日本和美国，欧洲共同体执委会在 20 世纪 80 年代发出了警告，时任欧共体委员会主席的雅克·德罗尔再次提出建设欧共体内部大市场计划。欧洲内部大市场也称为欧洲单一市场，又称为欧洲统一大市场。德罗尔指出：“我们正在建设的这个大市场与每一位欧洲居民的利益相关，它是革命性的，但定能实现，因为它是绝对必要的，它所带给人们的是一个联合和富强的欧洲。”1985 年 6 月米兰首脑会议批准了欧共体委员会提交的名为《建成内部市场》白皮书。同年 12 月的卢森堡首脑会议也批准了对《罗马条约》进行补充的《欧洲单一文件》。这项文件在得到各成员国的议会批准后于 1987 年 7 月 1 日起生效。《欧洲单一文件》把欧洲单一市场定义为“一个没有内部边界的商品、人员、服务和资本能够确保自由流动的地区”，又称为实现“四大自由”的地区。曾经担任过英国工业大臣的欧共体委员会委员科克菲尔德爵士负责起草欧洲单一大市场计划。这个计划包含 289 项措施。后来这些措施大多转化为成员国法律，其中主要措施包括：

（一）拆除有形壁垒

欧共体内部市场的有形壁垒来源于内部边境的检查站，而内部边境检查站之所以需要设立是因为以下原因：各成员国增值税税率不同，通关商品需要进行登记以便事后进行退税或补税；过境农产品入境要进行价格调整，过境时需要进行登记；各国卫生标准不同，过境商品需要进行卫生检查；各国运输管理制度存在差异，运输管理部门需要对过境车辆及司机进行检查；各成员国保留了对非欧共体商品的双边贸易配额或者其他数量限制，因此要对过境的区外产品进行检查统计。有形壁垒的存在主要是因为财政壁垒和技术壁垒的存在。要消除内部市场的有形壁垒，就必须先消除财政壁垒，统一技术及卫生标准，统一各成员国对非欧共体商品的双边贸易配额和其他数量限制，统一运输管理制度。完成这些工作后，内部口岸关卡存在的必要性就会大大降低。但是，保留内部口岸边卡还有一个重要原因，就是对来自另一个成员的非欧共体公民要进行身份检查。由于这个问题，边境检查站就不得不保留。如果要完全取消共同体内部边境检查站，就必须统一欧共体的签证制度，即只要持有一个成员国的入境签证，就可以自由进入所有其他的成员国。这是消除欧共体内部市场有形壁垒必不可少的条件。这样一个签证制度随着《申根协议》的签署最后得到确立。《申根协议》模糊了欧洲国家间本来泾渭分明的界限，不仅为普通百姓提供了旅行的便利，更让这些国家的人民增强了对"欧洲人"的身份认同，可以说是欧洲一体化进程中的一座里程碑。

（二）拆除技术壁垒

技术壁垒是非关税壁垒的一类，它以技术为支撑，即商品进口国在实施贸易进口管制时，通过颁布法律、法令、条例、规定，建立技术标准、认证制度、卫生检验检疫制度、检验程序，以及包装、规格和标签标准等，提高对进口产品的技术要求，增加进口难度，最终达到保障国家安全、保护消费者利益和保持国际收支平衡的目的。欧共体拆除技术壁垒的工作从三个方面着手：一是由欧洲标准化机构统一技术标准和法规，由于欧盟各国国家法规和标准悬殊较大，显然不可能一下子就被统一标准取代。为使欧盟生产者在任何一个成员国销售其产品，而无需改变这些产品以符合不同国家的技术要求，欧盟委员会通过了协调统一原则，制定了欧盟范围内的各国均承认的技术协调法规。例如，对最低安全、卫生和环保措施制定一套各成员国均承认的技术协调法规。二是成员国相互承认技术标准，统一现有的技术标准或法规。为了减少制定欧洲统一技术标准的工作量和阻力，欧共体首先尽可能地推动成员国技术标准相互承认，即相互承认原则。根据《罗马条约》第30条，各成员国需同意接受在生产方领土上合法生产的产品和服务或卖给其他成员国。在实行相互承认其他成员国技术标准前，商品出厂后出口到其他成员国，在本国接受一次检验，到达目的国后还必须再接受一次检验。相互承认的原则要求各成员国承认其他成员国颁布的技术标准合格证的有效性，避免重复检验。三是通过技术标准或法规通报制度，避免新的技术标准或法规的产生。标准化是一个长期的过程，贸易技术壁垒只能减少到一定程度，不可能完全消除。另外，由于各成员国不断制定新的标准和法规，新的技术壁垒随时可能产生，因此，1983 年共同体委员会建立了相互通报制度来防止技术壁垒的再生。它要求各成员国管理机构和标准化机构将其准备实施的每项技术标准或法规通报给委员会及其他成员国。委员会有权将新法规或标准冻结一年，并有权修改该法规或标准，或以新指令取代之。这种相互通报制度有效地防止了新技术标准或法规差别的产生。

（三）拆除财政壁垒

共同体内部的财政壁垒是由各成员国之间不同的会计制度和税收制度造成的，主要表现在以下两个方面：第一，不同的会计制度造成了跨国经营的企业要承担额外的管理费用。由于各国实行不同的会计审计制度和税收制度，大多数跨国经营公司都必须做三套会计账目和报表，这种重复使企业的管理费用增加 10% ~30%。第二，不同的税率造成商品跨国流通的障碍。不同的征税范围、税率和征税结构会阻碍各类要素在内部市场的自由流通和竞争。因此，要想建立一个内部自由、统一的大市场，实现商品、人员、服务和资本的跨国界自由流动，就必须协调或消除各国之间税收上的差别。拆除财政壁垒的关键是税收制度的调整，因为一方面会计审计制度的统一问题相对比较容易解决，另一方面会计审计制度与税收制度密切相关，税收制度的差别如果能够缩小的话，会计审计制度的统一问题也就迎刃而解；但由于联盟内部各成员国税务系统和经济实力的悬殊，完全统一税收是一种不切实际的目标。区域税收协调通常是从关税协调、间接税协调到直接税协调。

1. 关税协调

关税协调即对于成员国之间的产品和服务的进出口可以有选择地免除关税或降低税率，对于非成员国交易则采取一致的关税政策，消除关税引起的贸易壁垒。在欧盟关税制度一体化进程中，内部关税是逐步降低直至最终取消，包括工业品和农产品在内的所有商品的关税和进口限制；对外关税则是定位四个不同税率关税区，然后逐步按规定达到统一，实施真正统一的关税自由贸易区。欧盟成员国之间的任何贸易都被认为是共同体内部贸易，这种贸易就货物的进口或出口来说不受例行海关检查、征税和收费，跨越欧洲联盟内部边界的货物转运是自由的。海关例行手续适用于从非欧盟成员国运来和运至非欧盟成员国的货物。海关例行手续主要由欧洲联盟海关条例拟定。

2. 间接税协调

跨境交易中最大的障碍还是来源于间接税的差别，商品税率的差别必然会引起竞争条件的扭曲。增值税是欧盟各国最主要的间接税，它不仅在各国税收中占有很大比例，而且其税收政策对各国的经贸活动具有重要的影响。多年来，欧盟委员会在增值税协调方面所提出的全部建议都是在一个指导原则下进行的，即废除一切影响产品和服务贸易正常进行的障碍，同等对待在各成员国之间的交易和一国内进行的交易。但是，由于各国间的增值税税率还没有达到足够的趋同，欧盟内部还没有统一的立法，所以各国增值税的征纳和管理非常复杂，导致了欧盟内部市场的分隔。欧盟增值税未来协调的重点，是税制的简单化、现代化、对现行规则执行的一致性，以及各国间的合作。但是事实证明，不可能也没有必要达成全面协调统一的增值税，一方面由于各国在税收结构上存在差异，大多数成员国实行超过一种以上的增值税税率；另一方面增值税税率关系到各成员国的财政收入，涉及国家主权问题。因此，增值税协调是非常复杂漫长的过程，而且新的协调还必须考虑到欧盟不断扩大这一新形势，欧盟必须保证公平对待所有的成员国。消费税是对某些特定商品，例如对含酒精的饮料、烟草制品和矿物燃料产品征收的税种。消费税的差异导致产品在不同国家的销售价格不同，扭曲了欧盟内部正常的市场竞争。欧盟的目标是要建立一个没有内部界限的单一市场，统一税基，统一税率，平衡税负水平。随着物价的不断变化，各种消费税的税率也在不断地协调和重新制定之中，但由于各成员国的利益驱使，消费税税率的协调进程并非一帆风顺。

3. 直接税协调

直接税协调主要以税收协定方式体现，协定不仅涉及所得税和财产税，而且涉及社会保障税、赠与税、遗产税和环保税等。欧盟直接税一体化进程，大致包括两个方面的工作：第一，消除对所得税的双重征收，使得对所得或资本征税的实际税率保持大体一致，以保证资本和人员的自由流动。欧盟广泛地实行单边免税、税收抵免以及通过成员国之间的双边税收协定消除双重征收。第二，对利息所得预扣税率的协调。

未来欧盟税收政策的走向是以各成员国之间的税收协调和合作为主，但同时保留一定程度的税收竞争。区域税收协调需要在成员国税收结构调整的基础上进行。协调并非同一，毫无疑问，各国在税收制度上的差别仍将继续存在，但差别会不断缩小。

（四）消除人员自由流动障碍

给予成员国公民在其他成员国工作的国民待遇。一个成员国国民拥有在共同体任何地方寻求就业的权力，并且在工资、工作条件和参加工会活动上享受与当地国民同等的待遇。对他国公民择业的限制要减少到最低程度。为了使得任何成员国公民在其他成员国取得国民待遇，共同体各成员国实现专业和学历互认制度。很多行业的自由职业者如医生、建筑师、工程师等，其资格在其他成员国得到承认，实现成员国之间学历和专业资格的互认。

（五）消除服务自由流动的障碍

服务业企业如银行、保险、运输、通讯业的跨境服务限制大部分被取消。建立统一的金融市场，协调各成员国建立银行分支机构的规定和管理方法，实行开业自由和提供抵押贷款的自由，建立存款保险制度，协调信贷机制等。

（六）消除资本自由流动的障碍

资本可以在共同体内部自由流动。各国的金融市场实行开放政策并建立统一的金融市场，对资本跨国流动的限制要减至最低限度。

（七）开放公共采购市场

欧盟政府采购的程序有四种，分别为公开招标、限制来源招标、磋商及竞争性谈判。若采用招标程序，第 2008/18/EC 号指令没有设置特殊规定。磋商方式下，第 2004/18/EC 号指令用例示清单的形式列举了必须事前公布和可以不进行事前公布的情形。竞争性谈判则适用特别复杂且无法通过招标实现的项目。根据 WTO 提供的欧盟 2007 年的数据，欧盟政府采购通过公开招标程序的为 73%，通过磋商程序的为 16%，通过限制性招标程序的为 11%。WTO 资料同时显示，部分成员国尚未完成欧盟层面政府采购指令的转化，而且欧盟各成员国对政府采购的具体执行规范宽窄尺度不同，给其他非欧盟成员国造成了很大困扰和障碍。

分析欧盟统一大市场计划的成效不是一件很容易的事情，因为对成员国经济产生影响的因素太多了。与此同时，全球性的经济衰退大大抵消了 1992 年产生的统一大市场的正面效应，因为很多公司的实力被全球性的衰退所削弱，无力再打入欧盟其他国家的市场。另外，统一大市场计划的影响要表现出来还要等到欧盟有关统一市场的立法充分转化为成员国立法，以及成员国的产品完全与统一后的技术标准符合后才能表现出来。这个计划至少证明，成员国是能够制定并且实施大规模的合作计划的。它创建了当时世界最大的统一市场。这个计划并未达到预期的全部目标，但正因为如此，人们更深度地寻找欧洲另外的出路，提出了各种经济改革计划。这些改革计划是在成员国内部进行的，但是得到了欧共体的积极倡导和支持。在 20 世纪 90 年代末和 21 世纪最初几年，这样的改革在欧盟一些成员国显现出最初的成功。

五、环境政策

工业化起源于欧洲，但在最初工业化繁荣发展的几十年中欧洲各国既未注意到社会后果，也未注意到生态后果，更谈不上成为政治视角的内容。到 20 世纪 50 年代环境的破坏还不太厉害，人们的环境意识也比较薄弱，环境保护远未像今天这样受到人们的广泛关注，因此《罗马条约》中没有包含环境政策的条款。20 世纪 60 年代后，随着环境问题的日益突出，欧洲各国开始致力于环境保护。欧共体也开始对《罗马条约》进行扩展性解释，逐渐行使其环境保护的职能。共同体组织虽未对环境政策和环境法的发展给予专门注意，但偶尔通过的一些决定或可被视为具有一定实践意义的环保措施，例如，1967 年《有关危险制品的分类、包装和标签的 67/548 指令》。一般认为，在《单一欧洲法》生效以前，欧共体的环境政策主要是以《罗马条约》第 100 条和第 235 条为基础的。由此，欧共体可凭借这两条进入各成员国的国内环境立法领域，以达到在共同体层面协调各成员国环境法规措施的目的。

从 20 世纪 70 年代开始，欧共体开始制定一系列环境政策，其中包括 200 多项立法。在某些政策领域，环境的影响受到特别考虑。欧共体环境政策的正式诞生是在 1972 年巴黎举行的欧共体政府和首脑会议上，与会人员强调“对于无形的价值和环境保护应给予特别的关注，以便进一步真正服务于人类”。《欧洲单一文件》是欧盟环境政策发展中的一个分水岭。它为欧盟的环境政策提供了第一个明确的法律基础。在该文件出笼之前，欧盟的环境政策必须迂回地从《罗马条约》中的某些一般性条款中间接获得法律支持。

欧盟内处理环境事务的机构包括欧洲议会、欧盟环境部长理事会、欧洲环境委员会、经济和社会委员会、地区委员会、欧洲法院和欧洲环境署。欧洲议会和欧盟环境部长理事会共同分享欧洲环境政策的立法权，代表环境保护主张的绿党已经成为欧洲议会中的重要政治力量，并在决策层次上推动欧盟有关机构考虑环境问题。欧洲环境委员会负责起草欧盟环境法律并确保法律的执行。经济和社会委员会以及地区委员会在制定欧盟环境法律时，向议会、理事会和委员会提供咨询性意见。欧洲法院负责解释欧盟的环境法律条款并受理有关环境问题的纠纷，在一些特殊情况下，也可以对欧盟决策机构是否将环境纳入其政策领域的问题进行司法审查。欧洲环境署创建于20世纪90年代中期，它出现后便成为欧盟环境政策中的重要部分。其职能主要是收集有关环境质量、环境优先考虑和环境易损性的信息，向各成员国提供欧洲整体的环境现状报告，为欧盟的决策提供可靠的环境质量依据，为公众提供环境信息。欧盟的环境政策的制定和执行原来主要由欧盟委员会环境总司负责。1985年欧盟开始实施旨在搜集和整理欧盟环境和自然环境的"科莱因计划"。"科莱因计划"是一个为期5年的试验性计划。1990年"科莱因计划"结束后，欧盟便开始筹建常设的环境监测机构，这就是欧洲环境署。

欧洲环境署的工作从1994年春季开始启动，其管理委员会由每个成员国派来的一名代表、两名欧盟委员会派来的官员和两名由欧洲议会指派的代表组成。其工作有几个优先领域，其中包括：空气和水质检测、废物管理、噪声检测、有害物质控制和海岸保护。欧洲环境署设在丹麦的哥本哈根，负责搜集和发表成员国环境状况的比较性资料，定期发表欧洲环境状况的报告，也负责制定欧盟的环境行动计划报告书。欧洲环境署建立了三个重要的系统来完成这些任务。第一个是与各国政府、国际组织和环境项目建立的联系网。第二个是建立紧密而低成本的检测报告系统，提供定时的、可比较的和协调的数据和综合评估。第三个是建立数据参考中心，提供环境方面的信息服务。在欧洲环境署还有一个重要的旁系机构，即欧洲环境信息与观测网。这个信息与观测网是在欧洲环境署统一协调下由各国的环境机构和组织组成的网络。欧洲环境信息与观测网是一个以因特网为基础的远程处理网络，与各组织机构通过因特网建立了联系，并且为这个网络提供硬件和软件设施，以保障数据和文件的交换。

欧盟环境保护遵循的原则有如下几条：

（1）防备原则。它是指如果科学上怀疑某种活动对环境可能产生不利影响，应该在不利影响发生之前采取预先防范措施，而不是等到科学上获得明确证据之后再采取补救措施。防备原则明确了科学不确定性与环境保护实际行为的关系，即当存在对环境造成严重或不可逆转的损害威胁时，不应当以科学上没有完全的确定性为理由而推迟采取保护环境的措施。

（2）预防原则。它不同于在环境损害发生后的治理，指在预测活动可能对环境产生或增加不良影响的前提下，事先采取防范措施，防止环境问题的产生或扩大，或把不可能避免的环境污染和环境破坏控制在许可的限度之内。

（3）源头原则。它是指从源头上减少污染，具体来说是指采取技术、工艺、原材料替换、管理、教育等各种方法，在废物没有产生或形成之前，尽量避免或减少废物的产生。其防治客体是有可能产生废物的产品的开发、设计、生产、储藏、运输和管理的过程，即废物的源头。

（4）污染者付费原则。它是指开发利用环境和资源或者排放污染物，对环境造成不利影响和危害者，应当支付由其活动所形成的环境损害费用或者治理其造成的环境污染与破坏。这一原则有利于合理地利用环境与资源，防止并减轻环境损害，达到公平负担，并在某种程度上可以为环境保护筹集资金，它是欧盟在确定损害责任负担方面所坚持的一项基本原则。

欧盟的环境政策发展也不是一帆风顺的。这是因为环境保护运动常常会遇到诸多障碍。这些障碍在欧盟内部的表现如下：欧盟内部环境保护标准不同；欧盟政策在成员国的有效性存在争议；欧盟环境政策常常很难贯彻实施；环境问题尚未出现缓解的迹象；环境优先的政策与其他政策难以协调；环保费用分摊问题；环境信息的获得不够充分。

第四节 欧盟对外贸易政策

一、进出口管理政策

（一）进口管理政策

欧盟的进口管理制度主要涉及共同进口原则、针对某些第三国实施的共同进口原则、配额管理的共同体程序、普惠制以及其他进口管理措施等方面。1994 年，欧盟颁布《关于对某些第三国实施共同进口原则的第（EC）519/94 号理事会规则》，规范包括中国在内的 17 个国营贸易国家除纺织品以外其他产品的进口，并规定了欧盟采取必要监管和保障措施的执行程序。来自第三国的纺织品进口由 1993 年欧盟颁布的《关于对从第三国进口某些纺织品实施共同原则的第（EEC）3030/93 号理事会规则》和 1994 年颁布的《关于对某些未签订双边协议的第三国实施共同进口纺织品原则的第（EC）517/94 号理事会规则》或欧盟与该国的双边协议进行调整。2003 年 3 月 3 日，欧盟理事会颁布了《关于过渡期中国特定产品保障机制及修改欧盟第（EC）519/94 号规则的第（EC）427/2003 号理事会规则》。该规则对中国进口产品导致的市场扰乱和重大贸易转移的确定、开展相关调查、磋商以及针对特定产品采取保障措施等做出了具体规定。

1994 年，欧盟颁布《关于建立配额管理的共同体程序的第（EC）520/94 号理事会规则》及其实施条例第（EC）738/94 号欧委会规则，成为欧盟实行统一进口配额管理制度的法律依据，内容包括相关进口配额分配办法、进口许可证的管理原则以及管理过程中的行政决定程序等。根据欧盟的配额管理规定，若某些产品在欧盟内部供应不足，或未有供应，理事会可以批准部分符合关税配额资格的产品以较低税率或零税率输入欧盟，一旦进口数量达到限额或当配额有效期届满时，欧盟便会恢复征收正常税率的关税。

（二）出口管理政策

欧盟出口管理制度主要涉及共同出口原则、出口信用保险、文化产品出口以及其他出口管理制度等方面。

欧盟 1969 年的《关于实施共同出口原则的第（EC）2603/1969 号理事会规则》确立了欧盟自由出口的原则以及采取必要监控和保护措施的执行程序。该规则适用于《欧共体条约》覆盖的所有工业和农业产品，并对建立共同农业市场的规则以及针对加工农产品的特别规则起到了补充规范作用。2009 年 10 月 19 日，欧盟颁布了《关于建立共同出口原则的第（EC）1061/2009 号理事会规则》。该规则旨在将欧盟 1969 年颁布的《关于实施共同出口原则的第（EC）2603/1969 号理事会规则》及历年修改法典化，从而使欧盟共同出口原则更具透明性和确定性。

欧盟 1998 年的《关于协调有关中长期出口信用保险主要条款的第 98/29/EC 号理事会指令》统一了欧盟各成员国有关中长期出口信用保险的构成、保险费率以及保险计划等原则和规定。最近一次更新是 2003 年 4 月 14 日欧盟颁布的第（EC）806/2003 号理事会规则。

2009 年 2 月，欧盟颁布《关于文化产品出口的第（EC）116/2009 号理事会规则》。该规则整合了 1992 年以来的修订，并集中了各成员国对文化产品出口管理的做法，这也是欧盟进出口规则法典化中的一环。

二、共同对外关税

对外实行共同外部关税是欧洲关税同盟的基本特征之一。欧盟对来自第三国的产品，无论其最后进入哪个成员国，都实施统一的关税。成员国之间进出口免除关税。从区外进口的商品在进入一个成员国时交纳关税之后，进入另一个成员国就不必再次交税。建立共同的外部关税导致了成员国针对第三国的保护措施，反过来形成了欧盟内部的优惠政策。也就是说，成员国之间的贸易和它们与第三国的贸易相比，实施了更优惠的政策。

《关于关税和统计术语以及关于共同海关关税的第（EEC）2658/87 理事会规则》是欧盟在关税方面的基本法律。欧盟以委员会规则的形式每年调整并发布新的税率表。共同关税税则主要包括以下几个方面：单方面制定的关税额以及共同体内规定的关税额；征收关税，确定配额限制和征收反倾销税；确定征税商品名称目录。2008 年 4 月 23 日，欧洲议会出台了《关于废止〈欧盟海关法典〉的第（EC）450/2008 欧洲议会和理事会规则》，对《欧盟海关法典》进行了全面修订，新法典大大简化了现有的海关程序，逐步推行海关手续电子化，方便进出口商追踪货物运送情况，并推出"一站式平台"的海关服务概念，针对不同用途（如海关、动物检验及环境等）而进行的检验将由所有部门同时同地进行。为配合新海关法典的出台和实施，欧盟早在 2007 年 5 月就出台了《关于设立欧盟海关行动计划的第 624/2007/EC 欧洲议会和理事会决定》，并据此设立了《海关 2013（2008—2013）行动计划》，计划于 2008 年至 2013 年期间分阶段实施欧盟海关环境电子化。近年来，欧洲委员会采取多项立法措施，为欧盟进出口货品实施电子报关。欧盟全面实施电子报关系统的过渡期于 2010 年 12 月 31 日结束，之后进出口者必须以电子方式向海关提交进出口货物的报关概要①。

相关进出口企业应积极跟进欧盟海关电子化进程，了解并学习欧盟进出口货物通关的新模式，以免由于不熟悉新的通关程序而导致发生货物滞港情况。

专栏 1—2　　欧盟关税

根据 WTO 统计，2009 年欧盟海关税则共有 9706 条八位税则号，90% 的税则号征收

① 根据国别贸易投资环境报告——欧盟 2011 第 1 期整理所得。

从价税，6.5%征收从量税，2.7%征收混合关税，0.8%为可变关税；季节性关税和非从价税主要适用于农产品。目前欧盟大约有4.8%的税则号（90个左右）受关税配额约束，覆盖欧盟约38%的农产品，欧盟通过进口许可证管理这些配额，如谷物和谷物产品、大米、糖、油脂、乳制品、牛肉和小牛肉、羊和羊肉、新鲜水果和蔬菜以及加工水果和蔬菜。

资料来源　根据国别贸易报告——欧盟2011年第1期整理所得。

三、原产地规则

原产地规则适用于鉴定什么样的产品属于当地产品，而不是进口产品。跨国公司的发展及生产的国际化使得鉴别产品的原产地变得越来越困难，为此欧盟制定了一套复杂的原产地规则。

欧盟原产地规则分为基本规则和特殊规则两大类。其中基本规则又分为优惠原产地规则和普惠制原产地规则。2010年11月18日，欧委会通过修改普惠制原产地规则。新规则对原有普惠制原产地规则进行了实质性修改，特别体现在“充分的制作和加工”以及“区域性累计”等重要规则的确定方面，新规则考虑了不同部门产品的特殊性和不同的加工要求，更加关注最不发达国家的需求，这些国家可以将更多的加工产品作为原产地的产品出口。新规则还改变了原有规则的实施程序，从2017年起将引入新的“登记出口商原产地直接申报系统”，届时现有的出口国政府出具原产地证明将改为由出口商通过电子系统直接出具声明。此次修订旨在简化规则，使受惠国，特别是最不发达国家，能够更大程度地享受普惠制带来的优惠。新规则于2011年1月1日实施。

欧盟的原产地规则作为一种贸易政策，在引进技术、吸引外资、保护国内产业、增加就业等方面具有独特功能。欧盟原产地规则在吸引外资上的作用集中体现在欧盟对加工产品的特殊原产地规则——“当地含量要求”的应用。依据该规定，从第三国进口部件在欧盟加工的产品必须吸收足够的欧盟部件，即在欧盟生产的部件，才能取得欧盟产品的资格，否则即使产品的整个装配活动是在欧盟内完成的，产品也只能以第三国产品的身份，在服从欧盟的关税或数量限制或其他贸易限制的条件下进入欧盟。欧盟通过“当地含量要求”迫使出口商被动在欧盟投资生产产品，引进高科技，带动欧盟内部产业发展，实现结构调整和升级。欧盟将特殊原产地规则与“当地含量要求”在反规避中结合运用，具有产业导向和产业保护的双重性质。

四、反倾销政策

根据欧盟的定义，“倾销”分为两种情况：第一种情况为商品以低于生产成本的价格出口；第二种情况是同一种商品在不同市场以不同的价格出售，即出口价格低于产品的国内销售价格。欧盟反倾销法是欧盟对外贸易保护政策的重要组成部分，由此奠定的欧盟反倾销程序已成为欧盟同第三国或非欧盟成员国交往中经常使用的贸易保护手段，其目的在于通过对来自非欧盟成员国进口产品征收反倾销税，限制或抑制所涉产品的倾销行为和由此带来的损失，确保欧盟同类产品工业部门和厂商在市场中的竞争力。

1990年起欧盟实行统一的反倾销措施，自此以后，欧盟每年提起100多起反倾销诉讼，平均有14起最后判定成立并实行反倾销措施。反倾销措施涉及最多的行业是化工和电子行业，其次是钢铁、汽车、打字机、复印机、纺织品、水泥、装卸车及花卉。欧盟的执行部门可根据相关行业的组织要求提出对某国进行反倾销措施。同时，该组织必须能够代表相关行业大多数受害厂家，向执行部门提出反倾销的要求。这些厂家可以是某一个成员国的，也可以是几个成员国的。欧盟委员会受理申请后即开始进行调查，调查过程往往持续一年半以上。在调查结束前欧盟可以对被调查进口产品征收临时关税。有许多反倾销调查往往是在对方做出价格承诺后终止。

在对进口产品进行倾销行为调查时，欧盟将非欧盟成员国分为两大类：一类是市场经济国家，另一类是非市场经济国家，并以此决定倾销商品的倾销幅度和正常价值的不同测定方式。对来自市场经济国家的进口产品参照其国内同类产品的售价来确定正常价格，若某一产品出口价低于国内市场同类产品出售价，这些产品被视为有倾销现象，而是否进行反倾销调查程序、征收反倾销税，则取决于欧盟同类工业部门厂商是否提出相应的申请。同第一类不同，对来自非市场经济国家的进口产品确定其正常价格时，欧盟不是参照原出口国同类产品的市场出售价，而是选择生产同类商品的某一市场经济国家作为替代国，以此确定欧盟从非市场经济国家进口产品的正常价格和倾销幅度。

欧盟反倾销政策重点从以下几个方面考虑：

（1）欧盟进口商品的数量。欧盟重视进口商品绝对数量是否显著增长，或者相对欧盟的生产和消费比例显著提高。由此可见，欧盟重视进口商品数量的绝对值，更关注进口商品的市场占有率及其变化。欧盟并不是依据单个出口商的情况单独计算，而是以所涉有关商品在欧盟的总的份额进行累积计算。如果有多个倾销出口商，欧盟则累积计算这些出口商造成的损害。如果同时有多个出口国倾销，通常也累积计算倾销幅度，除非其中一国倾销商品客观上与其他被调查的国家不具有可比性。这种方法对于小出口商明显不利，因为单独计算其出口量根本不至于造成损害。

（2）倾销商品对价格的影响。欧盟考虑的重点是，倾销进口商品是否造成共同体相同商品价格的大幅度降价，或者要大幅度降价，或者是否在相当程度上妨碍了本应进行的提价。

（3）倾销对进口国同类商品的冲击。审查倾销进口商品对共同体产业所引发的后果，应对所有相关的经济因素进行评估，如共同体产业是否能从倾销后果中恢复的事实。

（4）对欧盟倾销出口的增长率。

（5）在原产国或出口国存在，或者可预见的将来可使用的出口能力，以及将对欧盟导致出口的可能性。当现有资料表明损害的威胁可能发展成为实际损害时，便可认定严重威胁的存在。

2009年12月，欧盟颁布《关于保护欧盟产业免受非欧盟成员国倾销产品进口的第（EC）1225/2009号理事会规则》。该规则以《关于保护欧盟产业免受非欧盟成员国倾销产品进口的第（EC）384/1996号理事会规则》为基础经数次修订而成，但改革议案不会对市场经济待遇调查的严格期限及详尽资料规定有所影响，出口生产商仍须对市场经济待遇和反倾销调查问卷作出回应。

2010 年欧盟对华新发起 8 起反倾销调查案件，与 2009 年的 7 起相比有所增加。截至 2010 年 12 月 31 日，欧盟共对中国产品发起 158 起反倾销调查案件，对 50 余类输欧中国产品征收反倾销税。

五、反补贴政策

补贴是指一国政府或任何公共机构向某一企业或某一产业提供财政捐助或对价格、收入的支持，直接或间接增加从其领土输出某种产品或减少向其领土内输入某种产品，或者因此对他国利益造成损害的政府性行为或措施。其表现形式包括：资金直接转移，如政府赠予、贷款；潜在资金转移，如贷款担保；政府对本应收取的资金给予豁免，如减免税收；政府提供一般基础设施之外的其他服务或商品，或政府购买商品；任何其他形式的收入支持或价格支持。补贴会对贸易和生产产生有害影响，它扭曲了资源的分配，使生产不根据市场原则进行。尤其对国际贸易而言，对出口产品的补贴使得出口产品的价格低于在国内销售的价格，从而对进口国的国内产品构成不正当竞争。

欧盟定义补贴的提供者是指原产国或出口国政府，欧盟一直执行反补贴政策。欧盟反补贴基础条例（第 2026/97 号条例）第 10 条规定，若确定产品的共同体产业向欧盟委员会提交书面申诉，则发起反补贴程序。然而，在特殊情况下，即使没有代表欧盟产业的书面指控，委员会也可以主动发起反补贴程序。在没有人提出申诉时，一成员如果拥有补贴对共同产业造成损害的证据，则应把该证据交给委员会。委员会负责分析提交的申诉书，以便确定申诉是否满足必要的要求。相比反倾销措施，反补贴措施的使用一直较为节制。

2009 年 7 月 11 日，欧盟颁布《关于保护欧盟产业免受非欧盟成员国补贴产品进口的第（EC）597/2009 号理事会规则》。该规则以《关于保护欧盟产业免受非欧盟成员国补贴产品进口的第（EC）2026/1997 号理事会规则》及其在 2002 年和 2004 年的两次修订为基础，对补贴认定中的重要概念等实质性问题予以确定，并细化了申请、认定、实施等程序问题。欧盟此举旨在法典化反补贴相关法律，并提高法规的透明度和有效性。

2010 年欧盟首次对我国发起反补贴调查，共计 2 起。

六、保护措施

由于欧盟共同贸易政策仍不完善，在一定情况下，成员国可以对商品进口采取保护措施。保护措施是指当本国的出口受到阻碍而使得本国工业受到严重损害，或者可能受到严重损害时，有关当局对进口商品设置短期的临时性限制。

根据《1997 年阿姆斯特丹条约》第 134 条，如某些成员国在欧盟法律法规的框架下制定的贸易措施受到来自第三国贸易流向的影响，或某些成员国在同一问题上所制定的贸易措施不同，从而给一成员国或多个成员国带来经济困难时，欧盟委员会可提出相应的促进成员国合作的具体方式，以消除或缓解成员国间贸易措施所致的冲突。若提出的相应合作方式仍未抑制或缓解成员国间的贸易冲突，欧盟委员会可授权受损一方采取必要的对应保护措施，其条件和细节则由欧盟委员会确定。在紧急情况下，成员国请求欧盟委员会授权采取必要的保护措施。在申请获得批准后，欧盟委员会采取相关保护措施，限制进口，并随后通告其他成员国。欧盟委员会也可随时做出决定，要求有关成员国修改或取消这些贸易保护措施。

在贸易保护方面可采取的措施有：

（1）规定自由进口货单。对不能自由进口的商品可实施进口监督和配额管理。

（2）对进口进行监视。在这方面，它分欧盟监视和成员国监视两大类型：欧盟监视是将某些敏感商品向各成员国通报，成员国将有关产品进口数量、进口价格和进口后果等情况向欧盟委员会报告，并由成员国代表组成的咨询委员会磋商和调查后宣布调查结果，或做出相应的决定，限制进口；成员国监视主要指限制第三国或非欧盟成员国产品在欧盟内的自由流通，以避免经过其他成员国转口至本国，若认为来自第三国或地区的某类产品已达到一定数量或价格过低时，有关成员国可请求欧盟委员会批准同意采取保护措施，经批准，可禁止某类产品经过其他成员国进入本国市场，或通过进口许可证制度进行监视，监视期限一般在半年以上。

（3）统一配额和数量限制。配额是指在一定时期内对某类产品进口实行数量或金额的限制，在规定的数量和金额内可申请进口许可，超过规定数量的产品则不让进口。根据成员国对外贸易和国内生产总值及人口情况，欧盟理事会在每年 12 月 1 日前确定下年度成员国对有关商品的进口配额，在此基础上，成员国对有关商品进口实行数量限制。

（4）强化反倾销程序和反歧视措施。针对来自第三国或非欧盟成员国产品的反倾销和反补贴程序被看做欧盟最重要的贸易保护措施，并越来越成为欧盟限制第三国产品进口的重要手段。

第五节 欧盟贸易实施的三个维度

《欧共体条约》第 2 条规定了贸易政策的总体目标：推动经济活动发展，提高就业和竞争力，加强环境保护。在对外贸易方面，鉴于对贸易的依赖性，欧共体总体上主张自由贸易政策。《欧共体条约》第 133 条规定："通过建立关税同盟，按照共同利益为世界贸易的协调发展，为逐步取消国际贸易方面的限制，以及为削减关税壁垒作出贡献。"《里斯本条约》进一步补充为"……逐步消除国际贸易和外国直接投资方面的限制，降低关税和其他壁垒"。但欧盟贸易政策保护内部市场的目标也是十分明显的，典型的包括共同农业政策、反倾销等贸易措施以及一系列的关税、非关税措施等。如对于 1994 年的部长理事会 522/94 号条例，其对共同体反倾销规则修正的结果"使欧共体反倾销法更富有保护主义色彩"。

欧盟对外贸易政策可以分为三个维度：多边、双边/区域、单边。对于多边模式和双边/区域模式的优劣和相互关系，仁者见仁，智者见智。对于多边模式，大多数人都认同其在消除关税和非关税壁垒方面所取得的成就，认为虽然多边贸易谈判非常复杂，但这意味着更大的收益，因而呼吁在多边框架下作出全面的承诺。但多边主义也不是万能的，这主要是由于多边贸易谈判的耗时费力。支持双边/区域主义的并不反对多边路线，而是寻求更为实用的模式。自由贸易区虽然会扭曲贸易（“贸易转移效应”），但也会产生“贸易创造效应”，而且随着时间的推移，会带来更为开放的贸易，从而推动多边贸易自由化。因而，双边/区域模式是多边模式的有利补充。另外，值得注意的是，多边主义并不能为政治上的同盟国提供更为优惠的贸易待遇，而诸多的双边/区域协议均体现了政治和外交上的考虑。反对双边主义的观点则立足于对发展中国家和地区的不利之处。总之，多边模式和双边/区域模式之间并不存在固有的矛盾，双边/区域模式是多边模式的补充而非替代物。在多边与双边/区域之间，欧盟的首选仍然是通过 WTO 获取最大的利益，但欧盟会寻求能够实现利益最大化的模式。例如，在投资、公共采购、服务和市场准入方面，欧盟通过经济合作协议（如《科托努协议》）下的承诺来实现，这比 WTO 项下的承诺更多。

一、多边贸易政策

欧共体并非 GATT 的创始缔约方，但其成员则全部是 GATT 的创始缔约方，之后欧共体才成为 GATT 的缔约方和 WTO 成员。从 20 世纪 60 年代初开始的 GATT 历次回合中，均由欧委会与 GATT 其他缔约方举行多边或双边谈判。除了个别机构之外（如预算委员会），欧共体几乎参加了所有 GATT 机构的活动并参与以协商一致方式进行的各种决策。欧共体以其自身的名义作为 GATT 的缔约方行使所有的权利，履行 GATT 项下几乎全部的义务。从 20 世纪 60 年代开始，所有的 GATT 缔约方均接受了这一事实，在针对欧共体成员国的争端解决程序中大多数也是针对欧共体。其他 GATT 缔约方同意了欧共体取代其成员国承担 GATT 项下权利和义务的事实。从 20 世纪 70 年代开始，GATT 框架下达成的大多数协议都是由欧共体单独接受和认可，这体现了共同体在贸易方面的排他性权利。唯一的例外是东京回合多边贸易谈判达成的两项协议（东京回合《技术性贸易壁垒协议》和《民用航空器贸易协议》），以及与欧洲煤钢共同体产品相关的部分关税议定书，由欧共体与其成员国一道以混合缔约方的形式缔结。因此，可以说，欧共体在 GATT 体制中逐步取代其成员国成为 GATT 的“事实缔约方”，而其各成员国只不过是一种“法律形式上的缔约方”。

欧共体成员国作为 GATT 的正式缔约方，其职能主要表现在以下三个方面：

（1）参与特定事项的决策，如接纳新缔约方、缔约方义务的豁免等事项（此类事项的决定必须实行表决，而欧共体因不是正式成员不能参与投票，只能由各成员国行使投票权）。

（2）参与预算委员会的工作，因为 GATT 的会费由欧共体各成员来承担。

（3）与欧共体一道签订“混合协议”。

随着欧盟的扩大和欧元的启动，欧盟在贸易问题上已经成为和美国完全平等的伙伴，并有能力否决任何全球贸易协议。对于 21 世纪的欧盟来说，多边贸易自由化已经成为它的一种内在需要，这也决定了它将在 WTO 中扮演越来越重要的领导者和推动者的角色。对于多边贸易体制，欧盟的目标包括：

（1）在货物和服务贸易、FDI 方面进一步自由化，明确规则并制定合理的时间表。

（2）强化 WTO 现行规则并发展在新领域的规则。

(3) 发展中国家成员全面参与WTO决策过程，以便它们融入世界经济。

(4) 通过与其他集团和组织的沟通与讨论，使WTO更为开放、负责、有效。

从欧盟执行WTO规则的记录来看，尽管从总体上看还是遵守规则的，但显然称不上是起模范作用。从历史和现实都可以看到，只要违背了欧盟的利益或者不符合国内政治的需要，欧盟从来都不惜损害多边贸易体制的权威。在与美国的多次关键性的贸易争端中，欧共体有得有失，但它却日益表现出多边贸易体制领导者的霸气，对美国丝毫不服软，并充分利用WTO争端解决机制，维护自身的贸易政策目标。WTO最轰动的几个案例如香蕉案、荷尔蒙牛肉案、外国销售公司案、美国钢铁保障措施案、美国贸易法301条款案等，都体现出欧共体“在WTO中发挥着至关重要的作用”。当然对抗的结果是两败俱伤。

在多哈回合谈判中，欧盟率先提议深化贸易自由化，加强WTO规则，并推动可持续发展，具体如下：第一，在货物的市场准入方面，主张自由化应基于“综合模式”而非“部门模式”，应帮助发展中国家成员获得比发达国家成员更多的市场准入，发展中国家成员之间的贸易壁垒也应大幅度降低。第二，在农业方面，提议大幅度（超过50%）降低进口关税和扭曲贸易的农场支持，取消与发展中国家成员利益攸关的产品的出口补贴。同时，农业谈判需要考虑非贸易关注以及更好地保护地理标识。第三，在服务贸易方面，力主推动服务市场准入的扩大。第四，提议达成多边环境协议，并使之以相互支持的方式与多边贸易体系下的相关协议相衔接。第五，号召对于最不发达国家的货物提供免关税和免配额待遇以及特殊与差别待遇。第六，资助和支持对发展中国家成员的与贸易有关的技术援助，从而使发展中国家和地区加入WTO，执行WTO规则，更积极地参与多边贸易体系。第七，对于贸易救济措施，主张更为严格的实施机制并提高透明度。第八，主张明确并改善争端解决机制，该提议涉及专家组的建立和构成、第三方权利、专家组程序、上诉机构和监督、争端解决机制的执行。第九，主张改善贸易便利规则，形成更为透明和可预见的投资环境，推动公平竞争和规范采购政策。

二、双边/区域贸易政策

在经济、历史、发展、地缘政治等诸多考虑下，欧盟拥有了全球最大、最复杂的优惠协议网络。根据2006年的全球贸易新战略，欧盟将自由贸易协定作为主要的平台。

然而，对优惠性贸易协议的经济影响的研究表明其结果是不明确的，主要取决于成员与世界其他国家之间的比较优势和互补性、自由化的程度（尤其是那些保护水平较高的部门的自由化程度）、技术性壁垒的水平及其协调、原产地规则的宽容程度、国内反竞争行为的水平等。总体而言，大多数研究发现，参加优惠性贸易协议所带来的福利效应是正的，且大多数情况下该福利效应相对较小。其他的一些研究则得出了效应为负的结论，原因在于公共收入的损失大于净贸易创造效益，以及参与国的结构性限制。欧盟认为精心选择和规划的双边协议能够创造新的贸易，提高企业竞争力，并为WTO规则未能充分实施的领域（如投资、竞争、政府采购）未来的自由化奠定基础。欧盟认为自由贸易协议应该是真正深入、实质性自由化所有的贸易。因此，欧盟感兴趣于那些涵盖所有部门的深入的自由贸易协议，不仅仅包括货物，还包括服务、非关税壁垒、投资、竞争、公共采购等。值得注意的是，为了遵守 WTO 规则，欧盟宣布将非互惠的优惠协议转化为互惠的自由贸易协议，包括与地中海国家签订的双边协议，以及与非、加、太国家签订的协议。

三、单边贸易政策——普惠制

普惠制是指对来自发展中国家的出口制成品和半制成品给予普遍的优惠性关税待遇，它具有普遍性、非歧视性、非互惠性的特点。普惠制始自 20 世纪 60 年代联合国贸易和发展会议，是发展中国家为了自身贸易条件而与发达国家长期斗争的结果。1971 年 7 月 1 日起，欧共体率先在发达国家中实施普惠制方案，每 10 年调整一次。然而，欧共体的普惠制方案并非是普遍和非歧视的，它根据产品敏感程度的不同制定有严格的产品清单和数量限制，后来又引入“差别化”和“毕业”机制。2005 年 6 月，部长理事会通过了有关欧盟新的普惠制方案的第 980/2005 号条例，新普惠制于 2006 年 1 月 1 日起生效。新条例的主要修正内容如下：首先，新普惠制类型由之前的五种安排简化为三种。其中，第二种安排即普惠制“加惠”的临时形式已从 2005 年 7 月 1 日开始施行。另外两种安排是指一般普惠制安排和“除武器之外的所有商品”安排。在一般普惠制安排下敏感产品进口税率较之最惠国税率减少 3.5 个百分点，非敏感产品免征进口关税。根据普惠制“加惠”安排，受惠国的进口产品全免关税。但受惠国必须是经济缺乏多元化、对外依存度大的经济脆弱国家，而且享受这一安排的受惠国还需符合其他许多标准。根据“除武器之外的所有商品”安排，世界上 50 个最不发达国家向欧盟出口的除武器之外的所有产品均可免征关税。其次，扩大了受惠产品的范围。一般普惠制安排下享受的进口产品从原先的 6 900多项增加到7 200多项。新增的约 300 项产品主要集中于农业和渔业。另外，新普惠制简化了“毕业”条件，将多重标准修改为单一标准。原标准包括普惠制下的进口产品的份额、发展指数和出口专业化指数，而新标准只对受惠产品在欧盟市场的份额做了要求。除纺织品和服装的市场份额达到 12.5% 外，其余产品的“毕业”门槛为 15%。根据新普惠制方案，欧盟 2008 年重新评估了享受新普惠制待遇的进口产品在欧盟市场的份额，以确定是否“毕业”。新普惠制规定对纺织品和服装产品每年进行一次评估，以正确反映其进口可能存在的急速增长。

1980 年 1 月 1 日，欧共体开始给予中国普惠制待遇。但自 1995 年新的普惠制规定实行以来，中国的受惠状况发生了变化，受惠产品逐渐从欧盟普惠制中“毕业”。2003 年 5 月 8 日，欧委会公布的第 815/2003 号条例涉及中国新增“毕业”产品六类，从 2003 年 11 月 1 日始，欧盟在原优惠安排的基础上对这六类产品削减了 50% 的关税优惠幅度，从 2004 年 5 月 1 日起，取消全部优惠安排。2003 年 12 月 23 日欧盟颁布的第 2331/2003 号条例规定，自 2005 年 1 月 1 日起，欧盟将取消中国珠宝和贵金属产品对欧盟出口的普惠制待遇。至此，中国出口欧盟的绝大多数工业产品已不再享受普惠制，中国已由“个别产品毕业”过渡到“行业毕业”阶段，但由于中国尚未达到高收入国家标准而没有对中国实施“国家排除”。2005 年新方案更使中国失去了纺织品和服装的优惠关税待遇。目前，包括纺织品在内的中国大部分工业产品全部“毕业”，只剩下农产品和矿产品继续享受普惠制待遇。

延伸阅读　　**香蕉贸易战**

拉美地区是世界主要的香蕉生产地，占世界香蕉总产量的37%。其中，69%即270万吨是出口欧共体国家的。过去欧共体各国对拉美香蕉的进口法规各不相同，多数成员国实行低关税或免关税进口。1993年欧盟实施内部大市场后，欧盟委员会对进口产品实行统一关税。从当年7月份起欧盟对从拉美进口的香蕉统一征收20%的关税，并将每年进口限制在200万吨，超过部分征收170%的进口税。欧盟以20%的高关税替代原成员国的关税，并设置了200万吨的进口限额，大大限制了中美洲香蕉进入欧共体国家。其目的是保护西班牙、葡萄牙、希腊等国，以及《洛美协定》中的发展中国家的香蕉在欧盟市场的利益。

面对这一形势，厄瓜多尔、哥斯达黎加、尼加拉瓜、危地马拉、洪都拉斯、哥伦比亚总统和墨西哥、委内瑞拉的特别代表在厄尔多尔的瓜亚基尔城举行拉美香蕉生产国首脑会议，反对欧洲联盟的贸易保护主义措施。在拉美香蕉出口国的强烈抗议下，欧盟作出了一些让步，允许拉美国家在两年内对欧增加10%的香蕉出口，即在1994年和1995年各增加10吨出口。这一让步并未完全平息拉美有关国家的不满。

欧盟与中美洲国家在香蕉贸易上的矛盾逐渐转变为欧美之间的矛盾，因为中美洲的香蕉种植园中有相当一部分是属于美国资本所拥有的。美国的香蕉大王们对美国国会和政府施加了巨大的影响。因此，欧盟与中美洲国家的贸易摩擦逐渐演变成欧美之间的贸易战。1996年美国向世贸组织投诉欧盟对中美洲的香蕉实行歧视政策。世贸组织于1997年作出裁决，认定欧盟的香蕉进口政策具有歧视性色彩，要求欧盟修改这一政策。欧盟于1998年10月28日推出了修改后的政策。但美国认为欧盟修改后的香蕉政策仍然不符合标准，在继续向世贸组织投诉的同时，于11月10日提出了对欧盟进行制裁的商品清单。清单列出了16类商品（某些食品、玩具、衣服、床单、家用电器），准备在1999年2月2日对欧盟的这16类商品征收100%的惩罚性进口关税，这项惩罚性措施将使5.2亿美元的欧洲商品从美国市场上退出。欧盟认为美国的做法是不符合国际惯例的，特别是不符合世贸组织的贸易纠纷解决机制的原则和程序。按规定，世贸组织对贸易纠纷的解决应该有4个月的时间，而到1999年2月2日只有3个月的时间。

此后世贸组织进行了调停，但由于双方立场僵硬，问题未能得到解决。双方虽然进行了多次接触，但都在裁决的程序问题上受阻，始终未能就建立什么样的仲裁小组达成一致。美国认为这次仲裁的内容是判定欧盟的香蕉进口机制违法，而应该进行制裁。欧盟强调，这次仲裁应该是重新审核欧盟的香蕉进口机制，而不是按照美国的意见来判断欧盟违法，授权美国报复。

经过反复磋商，双方最后于2001年4月11日达成协议并发表共同声明。欧盟委员会在声明中承诺，欧盟将于2001年7月1日起实行新的香蕉进口规定，在2006年之前采取进口许可证制度，自2006年1月1日起全面实行征税制度。美国则于2001年7月1日起终止自 1999 年 4 月起对欧盟产品实施的惩罚性关税措施。由此，双方结束了历时 9 年的香蕉战。

资料来源 李计广：《欧盟贸易政策体系与互利共赢的中欧经贸关系》，北京，对外经济贸易大学出版社，2009。

思考题：欧美双方反复磋商最终结束了香蕉战，你认为欧美双方是否实现了共赢，并说明原因。

复习思考题

1. 欧盟贸易政策体系主要包括哪些方面？
2. 欧盟内部贸易政策具体包括哪些方面？
3. 欧盟对外贸易政策具体包括哪些方面？
4. 简述新原产地普惠制政策对中国出口企业的影响。
5. 简述欧盟与中国双边贸易现状。

第二章 美国的贸易政策

学习目标

美国作为世界经济大国，其贸易政策的制定与执行在很大程度上会影响到世界各国贸易的发展。通过对美国贸易政策的学习，应了解我国与美国双边经贸关系的发展概况；熟悉美国贸易政策的决策机制；了解美国公平贸易政策的形成背景和过程，重点掌握公平贸易政策中的具体措施。

开篇案例

2009 年美国对中国轮胎实施特保措施案

中美轮胎特保案作为世贸组织成立60 多年以来特保争端解决第一案，备受世界关注。

2009 年4 月20 日，美国钢铁工人联合会（USW）向美国国际贸易委员会（ITC）提出申请，对从中国进口的轮胎进行特殊保障措施调查（以下简称“特保调查”），以达到限制进口中国轮胎的目的。该特保调查案涉及标的价值达 17 亿美元。USW 在其申诉书中指出近年中国轮胎对美出口激增，与2004 年相比，2008 年出口量上涨215%，达4 600 万个；金额上涨295%，达17.88 亿美元，对美国国内产业造成了损害。

4 月29 日，美国国际贸易委员会在联邦纪事上公告启动对中国轮胎产品的特保调查。6 月18 日，美国国际贸易委员会对中国乘用车及轻型卡车轮胎特保案做出肯定性损害裁决，认定中国轮胎产品进口的大量增加，扰乱了美国国内市场。6 月29 日，美国国际贸易委员会提出建议，对中国出口到美国的乘用车与轻型卡车轮胎连续3 年分别加征55%、45%和35%的从价特别关税。

9 月11 日，美国总统巴拉克·奥巴马决定对从中国进口的所有小轿车和轻型卡车轮胎实施惩罚性关税，最终确定从2009 年9 月26 日起，美国将对中国输美的小轿车和轻型卡车轮胎征收为期3 年的惩罚性关税，税率分别为35%、30%、25%。最终的关税加征幅度虽低于美国国际贸易委员会此前的建议，却不能改变这一举措的贸易保护主义实质。

美国对中国轮胎发起特保措施调查期间，我国采取了积极的应对措施。中国商务部发表两次谈话，要求美国政府客观公正地做出决定。中国橡胶工业协会及杭州中策橡胶、三角集团、玲珑集团等都曾赴美沟通。

我国政府于2009 年9 月14 日就美国轮胎特保措施要求启动世贸组织争端解决程序。11 月份双方磋商未达成共识后，在2010 年1 月19 日举行的世贸组织争端解决机构会议上，中方提出成立专家组调查此案，就此专家组成立，世贸组织正式启动调查程序。

2010 年12 月13 日，世界贸易组织宣布，美国对从中国进口的轮胎采取的过渡性特保措施并未违反WTO规则，中国轮胎确实对美国相关产业造成了损害。

资料来源 程敢：《中国输美轮胎特保案对相关产业的影响》，中国轻工业网，http：//www.clii.com.cn/news/content-301742.aspx，2009-10-14。

第一节 中国与美国双边经贸概况

经贸问题是中美关系中的一个重要组成部分，中美两国经贸往来在双边关系中一直扮演一种积极的角色，起着促进两国关系发展的作用。21世纪以来，经济贸易"美强中弱"的大格局并没有发生根本性改变，但强弱的环节、内容却有了很大的变化，中美经济贸易地位和性质有了很大改观。中美贸易关系已经不是简单的垂直关系，也不是水平关系，而是纵横交错的多维立体关系；不是简单的南北关系，也不是冷战时代的东西关系，更不是北北关系，是一种朝平等方向发展的不平等关系；美中关系不对称，从量看，从质看，从值看，从利看，从货物看，从服务看，都不是简单的大小关系，而是朝着一体化方向缓慢前行的依赖关系；中美早就不是简单的"互补"关系，而是竞争和优势互补并存的共生关系；中美两大经济伙伴经过了初期的热恋、早期的磨合和中期的吵架，现在走上了平常的、健康的合作之路。

在双边贸易额上，在过去的10年里，中美贸易一直都在迅速增长。中美贸易占全球贸易的比重已由2000年的0.56%上升到2009年的1.18%。美国已成为中国最大贸易伙伴国和最大出口国。2010年，中国对美出口2 833.0亿美元，同比增长28.3%，中国自美进口1 020.4亿美元，同比上升31.7%，全年双边贸易达到3 853.4亿美元，同比增长29.2%，已经超过了经济危机前的水平。此外，中美经济在许多方面都是高度互补的，包括资本、市场以及技术。2006—2010年中美双边贸易情况如表2—1所示。

表2—1 2006—2010年中美双边贸易情况一览表

年份	贸易总额（亿美元）	增长率（%）	对美出口（亿美元）	增长率（%）	自美进口（亿美元）	增长率（%）	中方顺差（亿美元）
2006	2 026.8	24.2	2 034.7	24.9	592.1	21.8	1 442.6
2007	3 020.8	15.0	2 327.0	14.4	693.8	17.2	1 633.2
2008	3 337.4	10.5	2 523.0	8.4	814.4	17.4	1 708.6
2009	2 982.6	-10.6	2 208.2	-12.5	774.4	-4.8	1 433.8
2010	3 853.4	29.2	2 833.0	28.3	1 020.4	31.7	1 812.7

资料来源 根据《中国海关统计》（2007—2011）整理所得。

由表2—1可知，2006—2008年，中美之间的双边贸易发展迅速，贸易总额逐渐攀升，中方顺差逐年加大。2009年，受金融危机影响，中美双边贸易出现大幅萎缩，尤其是中国对美出口减少更是高达12.5%，但当年中方顺差仍高达1 433.8亿美元。2010年，随着世界经济的复苏，中美双边贸易迅速回升，贸易总额和中方顺差均超过2008年，分别达到3 853.4亿美元和1 812.7亿美元。

在商品结构上，中国对美国出口的主要产品为机电产品、鞋类、家具、车辆及其零配件、玩具、箱包、塑料及其制品、服装、其他纺织制品等。自美国进口的主要产品为集成电路及微电子组件、航空器及运载工具、已梳或未梳棉花、大豆、废碎纸或纸板、自动数据处理设备、声像数据传输设备、载人用机动车辆、金属废碎料等。

第二节 美国贸易政策的决策机制

一、影响美国贸易政策制定的主要力量

（一）国会享有征税和管理对外贸易的权力

美国《联邦宪法》第1条第8款第1项规定：“国会应有权力，规定和征收税款、关税、进口税与货物税，用以偿付债务、供给合众国共同防御与整体福利；但所有关税、进口税与货物税应在合众国统一。”第3项规定：“管制合众国与外国、各州之间的以及与印第安部落之间的贸易。”国会可通过制定法律、批准条约、决定征税等方式行使贸易权和管理对外贸易。

（二）行政部门负责贸易法规的执行

美国行政部门负责外贸法的实施，并由不同部门分别享有执行权。美国负责对外贸易管理的机关主要有美国贸易代表、商务部，以及国际贸易委员会。美国国务院、财政部、海关总署以及农业部、劳工部、能源部等也在其各自的职权范围内承担一定的外贸管理职能。美国总统在贸易政策的制定和实施过程中的作用主要表现在以下三个方面：（1）实施国会通过的贸易法律；（2）颁布新的贸易立法；（3）与其他国家或国际组织就贸易自由化的程度或贸易纠纷的解决展开谈判等。

（三）美国国内各利益集团

在美国，各利益集团在贸易政策的制定过程中虽然是一类非正式力量，却有着十分重要的作用。关于贸易问题的动议或投票在华盛顿悬而未决时，各利益集团将为了本组织的利益，自我组织起来尽其所能地游说，使贸易政策的制定者和普通民众相信他们的诉求是与整个国家的利益相辅相成的。

二、快车道贸易谈判权的产生

（一）快车道贸易谈判权产生的原因

美国国会各议员分别代表着不同地区和不同利益集团的利益，因此，国会在制定贸易政策时，极易受到各利益集团的影响。国会有条件地将贸易政策制定权转移给以总统为代表的行政机构，可以避免利益集团的压力，提高立法效率。

美国《联邦宪法》第2条第2款规定：“总统有行政的权力，有与外国缔结条约的权力。”与外国缔结经贸条约或经贸协定属于总统的外交权。然而，缔结的经贸协定必须经国会的批准才能执行，使得总统的外交及对外贸易谈判权受到了很大的限制。20世纪30年代，国际和国内经济形势的变化，使美国意识到需要一个强大而权力集中的政府，总统应在贸易谈判上具有主动权。因此，有条件地将贸易政策制定权转移给总统，是总统行使外交权的需要。

（二）快车道贸易谈判权产生的过程

《1934 年互惠贸易协定法》将时限 3 年的贸易政策制定权授予总统，并由国务院直接负责。总统权力的变化主要表现为：第一，总统有与外国展开贸易谈判及签订贸易协定的权力；第二，与外国政府谈判时，总统可在现行关税的基础上，提高或降低 50% 的关税幅度，同时，关税的改变适用于与美国签订了无条件最惠国待遇协定的国家；第三，总统与外国签订的贸易协定不需要国会批准，国会只就该协定举行听证会。这就是现在快车道贸易谈判权的开始。

《1962 年扩大贸易法案》授予总统的权力主要是：第一，总统在进行贸易谈判时，可将 1962 的关税降低 50%；第二，总统对歧视美国商品出口并施加不合理限制行为的任何国家，可撤回让步；第三，授权政府参与后来被称为“肯尼迪回合”的贸易谈判权。在授予总统权力时，附加了一项重要条款，要求总统设立一个新的谈判机构——特别贸易代表办公室，取代国务院的职能，以便于美国政府在参与贸易谈判时能更加真实地反映国内的利益要求。

《1974 年贸易法》规定了一种新的授权方式，即快车道贸易谈判权（Fast-Track Trade Negotiating Authority）。总统在该授权下，对外进行贸易谈判所达成的贸易协定，国会必须在一定的时间内审议完毕，并且不能附加修正案，只能表示同意或否决。若国会否决了相关协定，总统可推翻国会的否决议案，而国会必须以参众两院 2/3 的多数票才能推翻总统的否决。美国总统的这项权力被称为“贸易促进权”（Trade Promotion Authority），而这种授权程序被称为“快车道”。但快车道贸易谈判权必须定期得到国会批准。同时，国会有权取消总统该权力。这迫使总统在国际谈判中必须兼顾国内各种利益的平衡。1983 年 4 月，美国国会通过了新的互惠法案，该法案扩大了对总统的授权，允许他对阻碍美国劳务出口的国家进行报复。

三、美国贸易代表办公室

（一）美国贸易代表办公室产生的原因

在快车道贸易谈判权产生的同时，美国产生了一个新的谈判机构——美国贸易代表办公室。《1962 年扩大贸易法案》中，诞生了特别贸易代表办公室，以便能更真实地反映国内利益要求。20 世纪 70 年代，美国开始出现贸易逆差，国会议员普遍认为这是美国承担“最不受惠国”待遇而造成的。为此，美国需建立一个强势贸易谈判机构，彻底改变美国贸易职能分散在各个行政部门的状况，能够对来自国外的贸易保护主义迅速制定“报复性”政策。于是，国会于 1980 年迫使卡特政府再次重组贸易部门，将特别贸易代表办公室正式更名为美国贸易代表办公室。

（二）美国贸易代表办公室的作用

美国贸易代表办公室由“非党派”和技术专家组成。其作用主要表现在：第一，国际谈判。在国际贸易谈判越来越复杂的条件下，美国贸易代表办公室将以前国务院、商务部、财政部所拥有的贸易政策制定权置于其下，集中贸易政策制定权，更有利于国际贸易谈判。第二，利益协调。不仅可兼顾总统在贸易政策上的战略性考虑，同时可突出听取国会和国内社会团体的声音，尽可能地多关注弱势产业的利益。例如，在东京回合谈判中，谈判立场表现得越来越强硬，要求尽可能地采取互惠原则，并且尽量争取例外和保障条款。第三，贸易报复。根据“301条款”，《1988年贸易法》规定，美国贸易代表办公室每年有权确定一份“市场最封闭”、其贸易措施使美国损失最大的“最不公平”国家名单，并依此对这些国家进行报复。这项权力可有效防止总统为迁就外交战略而姑息从事不公平贸易的国家。

四、小结

美国贸易政策的制定过程从某种程度上说是国会与总统之间的相互博弈。国会将制定贸易政策的权力部分交给总统，是为了避免直接受到利益集团的压力，使总统能从整个国家的利益发展考虑问题。同时，为限制总统权力，有时限地授予总统贸易促进权力，一般分为3年或5年，并成立美国贸易代表办公室，以兼顾各方利益。这样一种制度基本沿用至今，是国会与总统在贸易权限与国家利益上相互妥协的产物。

第三节 美国的公平贸易政策

一、美国公平贸易政策形成的背景

1934年6月，美国通过了罗斯福总统向国会递交的《互惠贸易协定法案》。自此，美国开始了长达40多年的以自由贸易为主导的贸易政策时期。然而，美国贸易政策在20世纪七八十年代发生重大转变，从自由贸易转向自由与公平贸易相结合的贸易政策；从积极推行多边主义向多边、双边和单边“多管齐下”。

这种转变有着深刻的历史背景。20世纪70年代以来，日本经济的崛起和欧洲经济的恢复，发展中国家工业化的快速发展，以及新兴工业化国家出口导向战略的实施，使得美国经济受到严峻挑战。与此同时，美国国内的高工资和低积累率使得美国的竞争力明显下降，而两次石油危机则使美国经济陷入严重的滞胀。1979—1980年，美国失业率由5.8%升至7.0%，通货膨胀率由11.3%升至13.5%。同时，美国的贸易收支开始出现逆差，整个20世纪80年代，美国的贸易逆差累积超过1万亿美元。在此情势下，美国国会和行政部门意识到转变贸易政策已势在必行。

二、美国公平贸易政策形成的过程

美国政府一方面继续奉行自由贸易，保护正常贸易渠道，提高各国市场准入标准，同时，要求贸易伙伴国对等地向美国开放市场；另一方面，如果美国的贸易伙伴有不公平或不合理的行为，损害了美国进出口商的利益，美国将之视为不公平贸易行为，将通过双边谈判敦促对方改变其外贸政策或相关的贸易法规等，如谈判不能达成共识，美国将沿用国内贸易法规，单方面采取行动对其进行报复。这是美国公平贸易的核心思想。

1974年，美国国会对《1962年扩大贸易法》作了大幅度修订，其通过的《1974贸易改革法》成为美国对外贸易政策的一个分水岭。该法授予总统“快车道谈判权”，由此，美国总统在处理国际贸易和对外事务时拥有更大的权力和更多的灵活性。同时，该法还创造了“公平而有害”和“不公平”两大概念。其中，“公平而有害”指符合公平竞争原则但不符合美国的卫生、安全标准；“不公平”贸易行为指用关税和非关税壁垒限制美国商品进口、向美国倾销、对美国实行出口补贴等。《1974 年贸易改革法》为美国公平贸易政策提供了法律依据。1974—1979 年，美国国会通过带有保护主义色彩的法案 70 多项，涉及钢铁、汽车、纺织品、机床、机械加工产品、多种农产品等。

1978 年，卡特总统国情咨文中提出“自由贸易也必须是公平的贸易”。1986 年《综合贸易法案》强调要对实施“不正当、不合理、不公平的贸易政策或做法”的国家采取报复行动，从而进一步强化了转向公平贸易的趋势。1988 年，美国国会通过《1988 年综合贸易与竞争法案》，标志着公平贸易成为美国贸易政策的基本原则。法案授予美国总统运用各种非关税和关税手段来反对不公平贸易，强调政府有权对外国从事的不公平贸易活动进行调查，总统的贸易代表可因贸易顺差、政府采购、侵犯劳工权利、保护知识产权等问题对外国实施报复，可单方面暂时停止或终止美国对该国所给予的优惠，或对其产品征收高额附加关税，以及采取其他进口限制措施。

三、美国公平贸易政策的具体表现

继公平贸易成为美国贸易政策的主导思想以后，美国政府的基本对外贸易战略包括以下三点：积极利用 GATT/WTO 多边谈判体系推行全球贸易政策，促进多边贸易、地区贸易和双边贸易发展；广泛使用反倾销、反补贴和特殊保障措施，保护美国企业和市场；提倡“对等”、“公平”贸易，要求其贸易伙伴向美国企业开放市场。

（一）美国的自贸区战略

2006 年 3 月 1 日，美国贸易代表办公室（USTR）提出了美国今后在拉美、亚太、中东和非洲等地区构建区域和双边自由贸易协定的战略目标：在拉美地区，到 2005 年建立美洲自由贸易区；在亚太地区，到 2008 年建立美国—东盟自由贸易区；在中东，到 2013 年建立美国—中东自由贸易区（MEFTA）；在非洲地区，与南部非洲关税同盟（SACU）五个成员国进行谈判，希望早日缔结自由贸易协定。美国以区域或双边自由贸易协定促进要素资源的优化配置，使经济更具竞争力。

（1）美洲自由贸易区。1990 年 6 月，布什总统发表“美洲倡议”讲话，提出建立以贸易、投资、债务为三大支柱的一种将整个美洲联系在一起的自由贸易体系。1991 年 6 月，美、加、墨三国正式开始北美自由贸易区（NAFTA）谈判，市场准入、贸易规则、劳务、投资、知识产权和贸易争端等成为谈判的主要内容。1992 年 12 月，三国正式签署了《北美自由贸易协定》。经各国国会批准，协定于 1994 年 1 月 1 日正式生效。

对于范围更广的美洲自由贸易区（FTAA）谈判，因经济发展水平和经济规模差异悬殊，美洲各国在直接投资、知识产权保护、公平竞争、农业补贴、市场准入、反倾销以及争端解决等方面意见分歧很大。直到 2004 年 2 月，美洲各国均未达成任何书面协议。然而，美国却从未放弃过谋求 FTAA 的努力。为实现美洲自由贸易区，美国尝试首先与中美洲、南美洲相应国家建立小区域的自由贸易区。2006 年 1 月，美国已完成与哥伦比亚的双边自贸协定谈判。

（2）美国—东盟自由贸易区。东盟十国（印度尼西亚、马来西亚、泰国、新加坡、文莱、菲律宾、越南、老挝、柬埔寨、缅甸）中，新加坡与美国的双边自贸协定已经生效；马来西亚、泰国已正式启动与美国的自贸区谈判；柬埔寨、印度尼西亚、菲律宾、泰国四国享受着美国给予的普惠制优惠（GSP）；东盟十国中大部分成员国与美国缔结了《贸易投资框架协定》。美国正积极地为建立美国—东盟自由贸易区作铺垫。

（3）美国—中东自由贸易区。在中东，美国的目标是到2013年建立美国—中东自由贸易区。美国已经与以色列（1985年生效）、约旦（2002年生效）、摩洛哥（2006年1月生效）、巴林（2006年1月生效）和阿曼（2006年下半年生效）缔结了自贸协定。其中，与摩洛哥、巴林和阿曼三国的自贸区协定将为美国与该地区其他国家缔结自贸区协定提供范例。

（4）在南部非洲，美国的主要目标是与南部非洲关税同盟缔结次区域自由贸易协定。目前，美国已经启动了与南非的双边自贸谈判，意图将其树立为范例，随后就能与其他四国分别签订自贸协定。

此外，美国与澳大利亚的双边自贸协定已经自2005年1月1日起生效，2007年也与韩国签署了自由贸易协定。目前，美国已经与中亚五国（哈萨克斯坦、吉尔吉斯斯坦、塔吉克斯坦、土库曼斯坦、乌兹别克斯坦）分别签署了《贸易投资框架协定》，为未来自贸区谈判做准备。

（二）美国的公平贸易措施

美国的公平贸易政策主要体现在《1988年综合贸易与竞争法》中。以反倾销、反补贴和保障措施为主体的公平贸易政策早已成为美国公平贸易政策的主体结构，并被美国极力推动成为国际贸易的规则。美国早在1897年就确定了对国外的补贴征收反补贴税，在1921年确定了对国外倾销征收反倾销税，并在1943年确定了对国外进口损害实行保障条款的措施，但当时由于保障条款的申请标准制定得非常严格，反补贴和反倾销税只能在短时间内有效，美国企业很难根据这些法律获得援助。《1974年贸易法案》对保障条款进行了修改，其中的“201条款”取消了损害与关税减让的直接关系，从而降低了企业证明受到损害的标准。《1988年综合贸易与竞争法》进一步扩大了反倾销税、反补贴税及私人诉讼权利以庇护国内受到竞争的产业。美国贸易代表或“利害关系人”可对外国的倾销和补贴的不公平行为，提出调查申请。美国贸易代表应在申请提出后的45天内，审查申请主张，以决定是否发起调查。反补贴措施的实施一般不需要证明国内产业受到损害，只要证明一个国家对某个企业或产业给予援助，就可以采取反补贴措施。

专栏2—1 **美国反倾销案调查程序**

在美国，采取反倾销行动的前提条件是：（1）某商品正以低于公平价值或正常价值的价格在美国市场上销售；（2）对美国国内产业造成损害。两个条件缺一不可，否则倾销的裁决不能成立。负责反倾销调查的有两个部门：美国商务部（Department of Commerce，DOC），调查和裁决外来进口产品是否以低于公平价值的价格在美国市场上销售，且计算出倾销幅度；美国国际贸易委员会（International Trade Commission，ITC），调查和裁决外来的倾销产品是否对本国同类产业造成损害。

反倾销调查的一般程序：首先根据受到进口竞争影响的美国国内产业或代表国内产业的机构团体向美国商务部和美国国际贸易委员会提出的申请，要求其对出口国的某种产品低于正常价格销售的行为进行调查。这里需要注意的是，反倾销调查虽然是由美国国内企业首先提出来的，但是美国的法律规定，美国商务部下属的进口管理局（IA）往往也可以主动进行案例的调查。

一般而言，美国国际贸易委员会立即对该产品进行调查，除非商务部决定不受理案件。商务部的调查采用辩论式制度，它仅就对所收到的各方当事人提供的资料进行裁决，核心方法是向各当事人发放调查问卷，并对答卷进行实地核查。它主要负责调查和裁定外国进口产品在美国销售是否构成倾销，以及倾销幅度的大小。而国际贸易委员会的调查采用审判式制度，对调查问卷的答卷不进行核查，而是采用合理抽样来验证，主要调查倾销的进口产品对美国同类产业的实质损害或威胁。然后，美国海关总署负责根据商务部和国际贸易委员会做出的肯定裁决征收反倾销税；国际贸易法院则负责受理当事人对行政反倾销裁定不服提起司法审查的请求；联邦巡回上诉法院受理当事人因对国际贸易法院司法裁决不服而提起的上诉。详细进度与时间安排如图 2—1 所示。

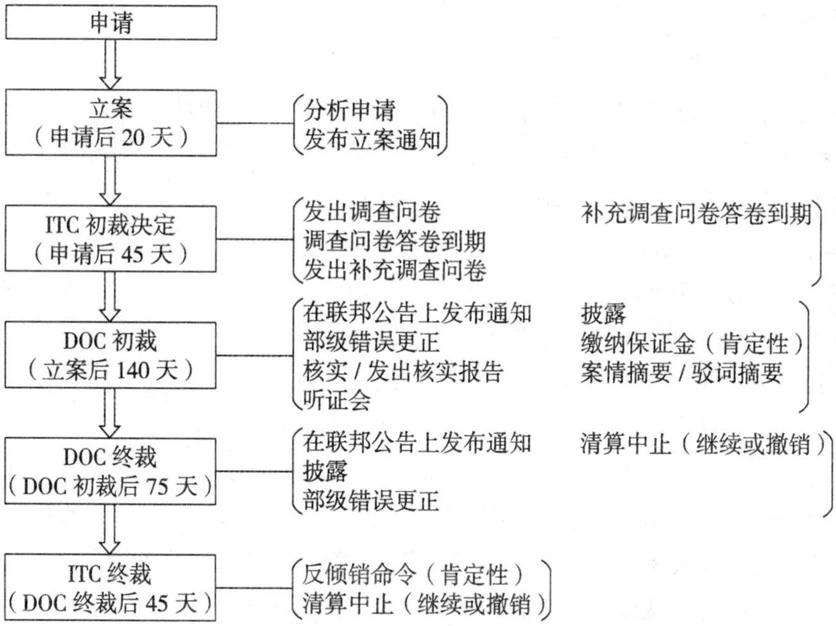

图 2—1　美国反倾销调查程序的详细进度与时间安排

资料来源　周旴、罗旺：《从历年美对华的反倾销案看美国反倾销调查的程序》，载《黑龙江对外经贸》，2004（3）。

《1974 年贸易法案》中的“201 条款”亦称为“免除条款”或“例外条款”，其准确的名称是“因大量进口而遭受损害的产业采取的积极调整”，是面对公平但却过度的外国竞争，允许其国内产业的代表，在因国外相同产品的大量进口而给本行业造成损害或损害之威胁时，向美国国际贸易委员会提起申请，以求保护的一种救济手段。国际贸易委员会要作出肯定性裁决必须认定：

（1）进口的货物正以增加的数量进入美国；

（2）生产和进口货物相同或与其直接竞争的货物的国内产业正受到严重损害或严重损害的威胁；

（3）增加的进口是造成国内产业受到严重损害或严重损害威胁的实质性原因。

美国国会对于“201 条款”中提到的“严重损害”与“严重损害之威胁”并未加以界定，只是提供了一些诸如产业中生产设施的严重闲置、众多公司无法在合理的利润水平上进行国内生产经营等一系列的参数，而每一个国际贸易委员会的委员可以自由确定每个案件中的“严重损害”及“严重损害之威胁”的含义。同时，为使对国内产业的救济更容易获得，国会对“实质性原因”界定为“一种重要而且不比任何其他原因次要的原因”。由此可见，美国的“201 条款”是“严以律人、宽以待己”。

在美国进口损害调查的几大措施中，反倾销由于形式合法、易于实施、能够有效地排斥国外产品的进口且不易招致报复等特点而被频繁使用。由于国外补贴的形式多样，并具有隐蔽性，很难收集充分的证据，加上补贴系政府行为，采取反补贴措施很容易招致其他国家的报复，因而使用频率相比反倾销措施要低许多。保障措施是正常贸易条件下维护本国国内产业利益的一种重要手段，针对的是公平竞争条件下的产品。该措施使成员所承担的国际义务具有一定灵活性，以便其在特殊情况出现时免除其在有关 WTO 协定中应当承担的义务，从而对已造成的严重损害进行补救或避免严重损害之威胁可能产生的后果。美国长期的立法和司法实践形成的规则优势使得美国成为使用保障措施最多的国家之一。2006—2010 年 6 月，美国对华实施的贸易救济措施案见表 2—2，52 起案例中只有 1 起为特保措施，其他均为反倾销措施。

表 2—2 **美国对华实施的贸易救济措施案一览表（2006—2010 年 6 月）**

序号	产品名称	措施	税令公布日	序号	产品名称	措施	税令公布日
1	画布	反倾销	2006. 06. 01	27	环形焊接压力管	反倾销	2009. 03. 17
2	文具纸	反倾销	2006. 09. 28	28	环形焊接压力管	反补贴	2009. 03. 19
3	活性炭	反倾销	2007. 04. 27	29	钢制螺杆	反倾销	2009. 04. 14
4	聚酯纤维	反倾销	2007. 06. 01	30	羟基亚乙基二膦酸	反倾销	2009. 04. 28
5	六偏磷酸钠	反倾销	2008. 03. 19	31	空调用截止阀	反倾销	2009. 04. 28
6	圆形焊接碳钢管件	反倾销	2008. 07. 22	32	环形焊接碳钢管线管	反倾销	2009. 05. 13
7	圆形焊接碳钢管件	反补贴	2008. 07. 22	33	柠檬酸和柠檬酸盐	反倾销	2009. 05. 29
8	钢钉	反倾销	2008. 08. 01	34	柠檬酸和柠檬酸盐	反补贴	2009. 05. 29

续表

序号	产品名称	措施	税令公布日	序号	产品名称	措施	税令公布日
9	薄壁矩形钢管	反倾销	2008. 08. 05	35	后拖式草地维护设备	反倾销	2009. 08. 03
10	薄壁矩形钢管	反补贴	2008. 08. 05	36	后拖式草地维护设备	反补贴	2009. 08. 03
11	复合编织袋	反倾销	2008. 08. 07	37	厨房用搁板和网架	反倾销	2009. 09. 14
12	复合编织袋	反补贴	2008. 08. 07	38	厨房用搁板和网架	反补贴	2009. 09. 14
13	亚硝酸钠	反倾销	2008. 08. 27	39	乘用车和轻型卡车轮胎	特保	2009. 09. 26
14	亚硝酸钠	反补贴	2008. 08. 27	40	油井管	反补贴	2010. 01. 15
15	非公路用轮胎	反倾销	2008. 09. 04	41	钢绞线	反倾销	2010. 05. 17
16	非公路用轮胎	反补贴	2008. 09. 04	42	钢绞线	反补贴	2010. 05. 17
17	未加工橡胶磁铁	反倾销	2008. 09. 17	43	油井管	反倾销	2010. 05. 24
18	未加工橡胶磁铁	反补贴	2008. 09. 17	44	磷酸盐	反倾销	2010. 05. 25
19	钢丝衣架	反倾销	2008. 10. 06	45	磷酸盐	反补贴	2010. 05. 25
20	电解二氧化锰	反倾销	2008. 10. 07	46	钢格栅板	反倾销	2010. 06. 01
21	聚对苯二甲酸乙二酯膜、片和条	反倾销	2008. 11. 10	47	钢格栅板	反补贴	2010. 06. 01
22	低克重热敏纸	反倾销	2008. 11. 24	48	窄幅织带	反倾销	2010. 06. 13
23	低克重热敏纸	反补贴	2008. 11. 24	49	窄幅织带	反补贴	2010. 06. 13
24	非封闭内置弹簧部件	反倾销	2009. 02. 19	50	机织电热毯	反倾销	2010. 06. 28
25	环形焊接碳钢管线管	反补贴	2009. 01. 23	51	镁碳砖	反倾销	2010. 07. 27
26	小直径石墨电极	反倾销	2009. 02. 26	52	镁碳砖	反补贴	2010. 07. 27

资料来源　根据国别贸易报告——美国 2007 年第 1 期、2008 年第 1 期、2009 年第 1 期、2010 年第 1 期、2010 年第 3 期整理所得。

专栏 2—2　　美国对中国的特殊保障措施

美国对中国启动特殊保障措施，是依据美国《1974 年贸易法案》的“421 条款”。“421 条款”是根据《中国加入世贸组织议定书》第 16 条规定的“特殊保障措施”补充写入美国《1974 年贸易法案》的，是《中国加入世贸组织议定书》第 16 条在美国国内法体系下的体现。其内容是在中国出口到美国的产品数量激增已经或将要造成美国国内同类产品市场混乱的情况下，美国国内生产商可以向政府提出申请特殊保障措施的救助。WTO 其他成员同样也可根据特殊保障措施保护国内相关产业。

特殊保障措施与“201 条款”保障措施在调查程序和采取的措施上非常相似，主要区别是特殊保障措施的实施是以“市场扰乱”为标准，而保障措施是以“严重损害”为由。

根据美国国内立法，“201 条款”和“421 条款”的调查程序主要涉及四个阶段：(1) 美国国际贸易委员会发起调查，并对此做出初步裁定。如认为国内相关产业受到损害，则需提出救济建议；反之，案件结束。(2) 美国贸易代表办公室就如何采取措施向总统提出建议。(3) 总统就是否采取救济措施做出决定。如总统做出肯定性决定，将启动“201”或“421”保障措施；反之，将不启动保障措施。(4) 如启动保障措施，可能存在救济措施的修正阶段。

资料来源　杨晶、吴翊羽：《美国对华特别保障措施制度研究》，载《法制与社会》，2010 (20)。

（三）“301 条款”体系

除了利用反倾销税、反补贴税和保障措施来限制外国对美国的出口以外，美国更是积极地利用其国内市场，采取一系列报复性措施和手段来要求对方同等条件开放其市场。美国打开其他国家市场的主要手段之一就是利用“301 条款”体系的关闭市场的威胁措施。美国“301 条款”有狭义和广义之分。狭义的“301 条款”仅指 1974 年修订的贸易法第 301 条，可称之为一般“301 条款”。广义的“301 条款”是指《1988 年综合贸易与竞争法》第 1301—1310 节的内容，包括一般“301 条款”、特别“301 条款”、超级“301 条款”、电信“301 条款”和外国政府采购法等相关法律制度。① 其核心内容是：如果美国贸易代表确信，美国依据任何贸易协定所应享有的权利遭到否定，或者外国的某项立法、政策或贸易行为违反贸易协定并给美国商业造成了负担和限制，则美国代表必须采取行动，以实现美国依照贸易协定所应享有的权利，或消除上述立法、政策或做法的影响。其中，一般“301 条款”是美国贸易制裁措施的概括性表述，而特别“301 条款”、超级“301 条款”、电信“301 条款”和外国政府采购法等是针对贸易具体领域做出的具体规定，构成了美国“301 条款”法律制度的主要内容和适用体系。

1. 一般“301 条款”

一般“301 条款”是美国《1974 年贸易法案》第 301 条规定的俗称，即狭义的“301 条款”，是美国政府实行贸易制裁的主要依据，最早见于《1962 年贸易扩展法》。《1984 年贸易与关税法》进一步对《1974 年贸易法案》进行了修改，扩大了“301 条款”的适用范围，从货物贸易扩展到对外直接投资、服务贸易以及知识产权领域，并且规定可以超越 GATT 的同一领域、部门采取对抗措施而进行跨领域报复。《1988 年综合贸易与竞争法》规定，美国贸易代表办公室有权决定是否需要对某国的贸易行为采取“301 条款”的报复及采取何种授权的报复措施。

根据一般“301 条款”的规定，当外国政府的做法损害了美国在贸易协定下的利益或其他不公正、不合理或歧视性行为给美国商业造成负担或障碍时，美国贸易代表办公室可

① 何永江：《美国贸易政策》，天津，南开大学出版社，2008。

进行调查，决定采取撤消贸易减让或优惠条件等制裁措施。美国贸易代表办公室也可根据上述情况决定是否自行启动调查。

2. 特别“301 条款”

特别“301 条款”是广义的“301 条款”的一种，最早见于美国《1974 年贸易法案》，《1988 年综合贸易与竞争法》第 1303 条对其内容做了增补。特别“301 条款”专门针对那些美国认为对知识产权没有提供充分有效保护的国家和地区。美国贸易代表办公室每年会发布《特别 301 评估报告》，全面评价与美国有贸易关系的国家的知识产权保护情况，并视其存在问题的程度，分别列入“重点国家”、“重点观察国家”、“一般观察国家”，以及“306 条款监督国家”。对于“重点国家”，美国贸易代表办公室公告后 30 天内对其展开 6 ~9 个月的调查并进行谈判，迫使该国采取相应措施检讨和修正其政策，否则美国将采取贸易报复措施予以制裁；一旦被列入“306 条款监督国家”，美国可不经过调查自行发动贸易报复；而被列入“重点观察国家”、“一般观察国家”，则不会立即面临报复措施或要求磋商。

3. 超级“301 条款”

超级“301 条款”的核心是“贸易自由化重点的确定”，是针对外国贸易障碍和扩大美国对外贸易的规定。超级“301 条款”通过确定外国的不公平贸易做法和重点国家，加强美国在与这些重点国家进行贸易磋商的谈判力量，旨在为美国寻求开拓国际市场的突破口。具体做法是，通过公布“重点不公平贸易做法”和“贸易开放重点国家名单”，美国贸易代表办公室可与被确定的“重点国家”进行谈判，与对方达成消除不公平做法或补偿美国贸易损失的协议。1989 年美国将巴西、日本和印度列为超级“301 条款”的“重点国家”。

4. 电信“301 条款”

为了确保外国履行开放通信市场的承诺，美国《1988 年综合贸易与竞争法》规定，美国贸易代表办公室必须在每年 3 月底前对外国政府是否遵守了有关通信协定的条款或者在协定框架内是否拒绝给予美国的通信产品和服务互惠性市场机会作出裁定。当作出肯定性裁定时，外国的通信产品和服务将会受到报复措施。

此外，美国还制定了专门针对非市场经济国家进口货物的市场干扰“406 条款”。在《1974 年贸易改革法》中，美国国会恢复给予若干非市场经济国家的最惠国待遇。由于国会担心在中央计划经济下，非市场经济体的政府有能力将其出口力量集中于几个有选择的领域，并在这些领域很快控制美国市场，从而对美国市场造成损害；另外，国会也担忧由于不能确定非市场经济体中可靠的市场价格，诸如反倾销法等传统的救济措施不能适用于非市场经济国家，故国会效仿例外条款的模式，制定了针对非市场经济国家进口货物的特殊例外条款，即市场干扰“406 条款”。近段时期内若出现某货物进口的（绝对或相对国内生产的）实质性增长，则该货物的进口应被视为正在急剧增长，若由此对国内产业造成实质性损害或实质性损害威胁，则视为存在市场干扰。由此可见，关于市场干扰的“406 条款”是例外条款的衍生物，但较例外条款而言，制定了更容易达到的标准，使得

“406条款”更易于启动与操作。产于我国的蘑菇罐头、衣柜、陶瓷厨具和餐具等就曾受到美国“406条款”的调查。

美国贸易法的发展已有百余年的历史，从最早出现的反倾销、反补贴到后来的“201条款”、“301条款”及“406条款”，美国的贸易保护政策法规环环相扣，已相当完备。由此，中国在扩大对美出口时还有很大的阻碍，这就使中国处于极为被动的不利地位，在此特别提醒企业要做好应对措施：一方面要积极应诉；另一方面在美国给予中国企业不公平待遇时，通过政府诉诸WTO争端解决机制。同时，建议我国政府部门加紧与美国等其他国家的磋商，尽快解决中国的市场经济待遇问题，为我国企业的出口创造宽松有利的国内外环境。

四、进入21世纪后美国的贸易政策

进入21世纪以来，区域经济合作与经济区域一体化趋势加强，美国的贸易政策也表现出这样一个特点。然而，2008年世界金融危机爆发后，全球经济增长放缓，美国的贸易政策更多地表现为保护性。

（1）美国政府为促进自由贸易的发展，积极倡导服务贸易领域的开放，更注重与主要的贸易伙伴国谈判。在服务贸易方面，美国已与欧盟、日本签订了“北—北”协议。而与中国、巴西、印度的谈判将更注重于基础设施、能源与环境。

（2）美国以保护人类、动物、植物的生命健康安全为由加强贸易保护。2008年8月，美国总统布什签署了《2008消费品安全改进法案》。该法案规定儿童用品涂料中铅的限值将从目前的0.06%降低至0.009%；永久性禁止儿童用品中含有超过0.1%的邻苯二甲酸二辛酯（DEHP）、邻苯二甲酸二丁酯（DBP）及邻苯二甲酸二酯苄（BBP）三种物质。某些儿童用品须接受经过授权的第三方进行检测和认证，出口货物须附每批适用证书，并发送证书副本至任何接收该用品的经销商或零售商。同时，儿童用品的生产商须在产品及包装上贴上包含产品的生产日期、批号信息及产品的其他识别特征的永久性清晰标志。2008年9月，美国消费品安全委员会（CPSC）对《易燃性织物法令》的修订案正式生效。美国加利福尼亚州空气资源管理委员会（CARB）通过了降低复合木制品甲醛释放量的传播控制措施，自2009年1月1日起，对在该州出售使用的硬木胶合板、刨花板及中密度纤维板等的甲醛释放量限定要求按类别、分阶段逐步降低。

（3）经济刺激计划的“购买美国货”条款。在美国总统奥巴马的敦促下，2009年1月，美国众议院通过了奥巴马提出的总额为8 190亿美元的经济刺激计划。该方案规定，获得刺激方案资金支持的任何基础设施项目，使用的钢铁产品必须为美国生产，除非联邦政府认定购买美国钢铁产品成本过高，会损害公众利益。同时，规定美国运输安全管理局所使用的任何制服和纺织品必须是真正的“美国制造”。

五、小结

美国贸易政策表现出很强的两面性，既有自由贸易的思想，又有保护主义的倾向。一方面，为适应世界和本国的经济发展，积极推行和倡导自由贸易政策；另一方面，为保护本国产业、国内就业率、市场等，实施保护贸易政策。可知，其贸易政策的目的是最大限度地维护和实现国家利益。

延伸阅读　　　　　　　美国《2009年综合拨款法案》727条款

2009年3月11日，美国总统奥巴马签署了美国《2009年综合拨款法案》。该法案第727条规定："根据本法所提供的任何拨款，不得用于制定或执行任何允许美国进口中国禽肉产品的规则。"这一条款的内容与美国《2008财年综合拨款法案》第733条一样。此前，经美国农业部修订的《联邦禽类制品检验条例》已经允许"以在美国或者其他适合国家屠宰的生禽为原料，在中国特定加工场所加工的耐储存、全熟的禽类制品"；而且根据中美技术层达成的一致，美国农业部也准备将原料范围扩大到中国产生禽，并正在为此制定相关规则。专业研究人士和业内代表指出，考虑到如果中国禽肉产品要恢复对美出口，就需要美国农业部派人到中国进行一系列的检验、认证、许可，而财政预算又不能提供相应资金，因此，农业部的这些工作必将无法开展，《联邦禽类制品检验条例》的相关规则就无法执行。同时，由于财政预算不能提供相应资金，也就无法制定关于中国禽肉的更进一步市场准入的规则。其结果是中国禽肉对美出口受阻的现状仍然无法改变。

针对《2009年综合拨款法案》727条款，中国商务部新闻发言人姚坚立刻发表了谈话，表示该条款严重违反WTO规则。姚坚认为，《2009年综合拨款法案》第727条款是典型的歧视性贸易保护主义做法，严重违反了WTO规则，干扰了中美禽肉贸易的正常开展，损害了中国禽肉业界的正当权益。姚坚指出，随着中国禽肉产业的发展，生产集约化、规模化和标准化水平的提高，中国建立起了符合国际标准的全过程质量控制和管理体系，有效保障了出口禽肉产品的质量卫生安全。姚坚强调，中国熟制禽肉目前已出口到日本、欧盟、瑞士等世界多个国家和地区，质量安全得到了国际社会的广泛认可。中美两国为此曾进行过多次磋商，美方也多次明确表示，对中国熟制禽肉的解禁已不存在食品安全等技术问题，只是履行法律程序。但此次美方仍然对中国禽肉采取歧视性限制做法，这显然有失公允，性质恶劣，中方将向WTO提起诉讼，并将保留采取进一步措施的权利，同时敦促美方尽快取消这一歧视性贸易保护主义条款，纠正错误做法。

资料来源　《美国〈2009年综合拨款法案〉727条款专题》，中国商务部进出口公平贸易局，http：//gpj. mofcom. gov. cn/aarticle/subject/mymcyd/subjectll/200903/20090306138092. html，2009-03-31。

思考题：美国《2009年综合拨款法案》727条款为什么会遭到中国反对？

复习思考题

1. 影响美国贸易政策制定的主要影响力量有哪些？
2. 试述快车道贸易谈判权产生的过程。
3. 美国的自贸区战略目标是什么？
4. 美国公平贸易政策的主体结构是什么？三者的区别是什么？
5. 美国公平贸易政策中广义的"301条款"包括哪些条款？核心内容是什么？

第三章 日本的贸易政策

学习目标

通过对日本贸易政策的学习，应初步了解中日双边经贸关系的发展概况；熟悉日本相关的贸易救济制度；掌握日本进出口管理制度，尤其是进口商品的三种审批通道政策；掌握日本的相关关税制度。

开篇案例

日本肯定列表制度

日本于2006年5月29日开始实施食品中农业化学品肯定列表制度。肯定列表制度实施4年多以来，给中国农产品和食品对日出口带来巨大影响。肯定列表制度设定了“一律标准”，对没有设定具体标准的药物残留，一律执行0.01PPM的标准。而国际通行的做法是依据毒理学评价结果，并考虑“每日允许摄入量”（ADI）和“良好农业规范”（GAP）制定不同的农药残留限量标准。不同农药的ADI不同，不同食品对ADI的贡献不同，农药暴露量和安全风险也不一样。日本对不同食品种类制定“一律标准”的做法，既不符合国际规则，也不符合《实施卫生与植物卫生措施协定（SPS）》① 的科学原则。“一律标准”的实施严重影响了正常的中日农产品贸易。此外，日本每年会对“一律标准”进行大量修订，对各种农残制定具体标准，修订后的标准很多比“一律标准”要求的0.01PPM还要严格。日本的农残标准相对于国际通行做法要严格，虽然根据SPS协定第3.3条，日本有权制定比国际标准、指南等更加严格的国内标准，但是SPS协定第2.2条和第5.5条同时也规定了这种标准必须基于科学证据原则之上并且不应给国际贸易带来不必要的限制。日本的高农残标准使得中国产品进入日本市场屡次受阻，不达标准的产品往往被废弃，给中国出口商造成了损失，对中日之间的贸易造成了不必要的限制。山东、辽宁、浙江、福建、河北等主要出口地区，对日出口占其农产品出口总量的比重较高。出口受阻对这些地区的经济发展和农民增收造成严重影响。

资料来源 根据国别贸易投资环境报告——日本2011年第1期整理所得。

第一节 中国与日本双边经贸概况

自1972年实现邦交正常化以来，中日双边经贸合作也迅速发展，范围涵盖货物贸易和服务贸易等诸多方面。回顾1972年中日恢复邦交时，两国的贸易总额仅为10.4亿美

---

① 《实施卫生与植物卫生措施协定（SPS）》旨在保护WTO成员方卫生安全的同时，促进贸易的可持续发展。

元。据我国海关统计，2011 年 1—9 月中日双边贸易额达 2 548. 9 亿美元。其中，日本对中国出口 1212. 7 亿美元，同比增长 13. 6%；自中国进口 1 336. 2 亿美元，同比增长 21. 2%。日本贸易逆差 123. 5 亿美元，同比增长 251. 1%。中国为日本第一大贸易伙伴、第一大出口目的地和最大的进口来源地。日本一直是中国重要的经济合作伙伴，近 40 年来双方致力于发展双边贸易、投资和政府间资金合作等，取得了巨大进展。中日两国经济已经形成了“你中有我、我中有你”的相互依存局面（见表 3—1）。

表 3—1　　2006—2010 年日本与中国双边贸易情况一览表

年份	贸易总额（亿美元）	增长率（%）	对中国出口（亿美元）	增长率（%）	自中国进口（亿美元）	增长率（%）	日方顺差（亿美元）
2006	2 073. 6	12. 5%	1 157. 2	15. 2%	916. 4	9. 1%	240. 8
2007	2 360. 2	13. 9%	1 339. 5	15. 8%	1 020. 7	11. 4%	318. 8
2008	2 667. 9	13. 0%	1 506. 5	12. 5%	1 161. 3	13. 8%	345. 2
2009	2 288. 5	-14. 2%	1 309. 4	-13. 1%	979. 1	-15. 7%	330. 3
2010	2 977. 7	30. 2%	1 767. 1	35. 0%	1 210. 6	23. 7%	556. 5

资料来源　《中国海关统计》(2007—2011)。

分国别（地区）看，中国、美国和韩国是日本前三大出口贸易伙伴，2011 年 1—9 月出口额分别为 1 212. 7 亿美元、900. 3 亿美元和 501. 9 亿美元，同比增长 13. 6%、5. 5% 和 8. 1%，占日本出口总额的 19. 8%、14. 7% 和 8. 2%。日本进口来源地排名靠前的国家依次是中国、美国和澳大利亚，2011 年 1—9 月进口额分别为 1 336. 2 亿美元、552. 3 亿美元和 417 亿美元，同比增长 21. 2%、10. 6% 和 27. 9%，占日本进口总额的 21. 3%、8. 8% 和 6. 6%（见表 3—2）。2011 年 1—9 月，日本从主要产油国的进口增长显著，尤其是自沙特阿拉伯和阿联酋的进口增幅在 40% 左右。日本贸易逆差主要来源国是一些产油国和澳大利亚。美国、中国香港和中国台湾是日本前三大顺差来源地，2011 年 1—9 月顺差额分别为 348 亿美元、309. 1 亿美元和 215. 2 亿美元。

分商品看，据我国海关统计，2006—2010 年日本自中国进口的主要商品为电器设备，机械设备，针织及梭织服装，玩具及运动用品，塑料及其制品，光学、医疗仪器及设备，家具及寝具，鞋类，皮革及箱包制品，钢铁产品等。日本对中国出口的主要商品为机械设备，电器设备，车辆，光学、医疗仪器及设备，钢铁，塑料及其制品，有机化学品，铜及其制品，钢铁制品，矿物燃料等。机电产品、运输设备和贱金属及制品是日本的主要出口商品，2011 年 1—9 月出口额为 2 252. 7 亿美元、1 285. 7 亿美元和 578. 7 亿美元，占日本出口总额的 36. 8%、21% 和 9. 5%，其中机电产品同比增长 10. 4%、贱金属及制品同比增长 11. 9%，运输设备同比下降 0. 3%。2011 年 1—9 月，日本运输设备、纸张和动物产品的出口出现轻微下降，其余所有的大类商品出口均实现正增长。矿产品、机电产品和化工产品是日本的前三大类进口商品，2011 年 1—9 月进口额为 2 309. 8 亿美元、1 148. 1 亿美元和 495. 8 亿美元，同比增长 36. 5%、11% 和 25. 4%，占其进口总额的 36. 7%、18. 3%

表3—2 **日本对主要贸易伙伴出口额（2011年1—9月）** 单位：百万美元

出口国家和地区	金额	同比（%）	占比（%）
总值	612 502	9.2	100.0
中国	121 271	13.6	19.8
美国	90 029	5.5	14.7
韩国	50 193	8.1	8.2
中国台湾	38 887	0.2	6.4
中国香港	32 079	4.0	5.2
进口国家和地区	金额	同比（%）	占比（%）
总值	628 912	24.4	100.0
中国	133 621	21.2	21.3
美国	55 234	10.6	8.8
澳大利亚	41 698	27.9	6.6
沙特阿拉伯	37 136	41.0	5.9
阿联酋	32 166	50.3	5.1

资料来源 根据国别贸易报告——日本2011年第4期整理所得。

和7.9%。日本所有大类商品进口均实现正增长，且增幅均在两位数字（见表3—3和表3—4）。

表3—3 **日本主要出口商品构成（类）（2011年1—9月）** 单位：百万美元

海关分类	HS编码	商品类别	2011年1—9月	上年同期	同比（%）	占比（%）
类	章	总值	612 502	560 790	9.2	100.0
第16类	84—85	机电产品	225 267	204 105	10.4	36.8
第17类	86—89	运输设备	128 571	128 921	-0.3	21.0
第15类	72—83	贱金属及制品	57 872	51 733	11.9	9.5
第6类	28—38	化工产品	47 310	41 505	14.0	7.7
第18类	90—92	光学、钟表、医疗设备	35 055	30 091	16.5	5.7
第7类	39—40	塑料、橡胶	34 036	30 875	10.2	5.6
第5类	25—27	矿产品	13 250	10 256	29.2	2.2
第14类	71	贵金属及制品	12 732	8 144	56.3	2.1
第13类	68—70	陶瓷；玻璃	8 265	7 464	10.7	1.4
第11类	50—63	纺织品及原料	7 216	6 203	16.3	1.2

资料来源 根据国别贸易报告——日本2011年第4期整理所得。

表 3—4 **日本主要进口商品构成（类）**（2011 年 1—9 月） 单位：百万美元

海关分类	HS 编码	商品类别	2011 年 1—9 月	上年同期	同比（%）	占比（%）
类	章	总值	628 912	505 522	24.4	100.0
第 5 类	25—27	矿产品	230 976	169 277	36.5	36.7
第 16 类	84—85	机电产品	114 811	103 437	11.0	18.3
第 6 类	28—38	化工产品	49 578	39 552	25.4	7.9
第 15 类	72—83	贱金属及制品	30 461	24 093	26.4	4.8
第 11 类	50—63	纺织品及原料	30 244	23 536	28.5	4.8
第 4 类	16—24	食品、饮料、烟草	20 787	16 872	23.2	3.3
第 18 类	90—92	光学、钟表、医疗设备	20 399	18 205	12.1	3.2
第 1 类	01—05	活动物；动物产品	18 891	16 078	17.5	3.0
第 2 类	06—14	植物产品	18 870	14 836	27.2	3.0
第 7 类	39—40	塑料、橡胶	17 187	13 323	29.0	2.7

资料来源 根据国别贸易报告——日本 2011 年第 4 期整理所得。

日本对中国出口的主要产品是机电产品、贱金属及制品和运输设备，2011 年 1—9 月出口额为 552.7 亿美元、135.5 亿美元和 113.3 亿美元，同比增长 18.5%、6.8% 和 4.6%，占日本对中国出口总额的 45.6%、11.2% 和 9.3%（见表 3—5）。在日本对中国的出口商品中，家具、玩具的增幅最大，为 28.8%。日本自中国进口的主要商品为机电产品、纺织品及原料和化工产品，2011 年 1—9 月进口额分别为 544.8 亿美元、225.2 亿美元和 88.5 亿美元，同比增长 17%、24.6% 和 61%，占日本自中国进口总额的 40.8%、16.9% 和 6.6%（见表 3—6）。在日本市场上，中国劳动密集型产品依然占有较大优势，如纺织品及原料、鞋靴、伞和箱包等轻工产品在日本进口市场的占有率均在 50% 以上。在这些产品方面，中国的主要竞争对手来自亚洲（如越南、泰国、中国台湾等）以及意大利、美国等。

表 3—5 **日本对中国出口主要商品构成（类）**（2011 年 1—9 月） 单位：百万美元

海关分类	HS 编码	商品类别	2011 年 1—9 月	上年同期	同比（%）	占比（%）
类	章	总值	121 271	106 770	13.6	100.0
第 16 类	84—85	机电产品	55 274	46 640	18.5	45.6
第 15 类	72—83	贱金属及制品	13 547	12 682	6.8	11.2
第 17 类	86—89	运输设备	11 325	10 825	4.6	9.3
第 6 类	28—38	化工产品	10 279	8 854	16.1	8.5
第 18 类	90—92	光学、钟表、医疗设备	8 523	7 061	20.7	7.0
第 7 类	39—40	塑料、橡胶	7 808	6 910	13.0	6.4
第 11 类	50—63	纺织品及原料	2 794	2 353	18.8	2.3
第 5 类	25—27	矿产品	1 907	1 613	18.2	1.6
第 13 类	68—70	陶瓷；玻璃	1 558	1 368	13.9	1.3
第 10 类	47—49	纤维素浆；纸张	1 435	1 388	3.4	1.2

资料来源 根据国别贸易报告——日本 2011 年第 4 期整理所得。

表3—6 日本自中国进口主要商品构成（类）（2011年1—9月） 单位：百万美元

海关分类	HS编码	商品类别	2011年1—9月	上年同期	同比（%）	占比（%）
类	章	总值	133 621	110 287	21.2	100.0
第16类	84—85	机电产品	54 480	46 566	17.0	40.8
第11类	50—63	纺织品及原料	22 516	18 071	24.6	16.9
第6类	28—38	化工产品	8 853	5 498	61.0	6.6
第15类	72—83	贱金属及制品	7 860	5 914	32.9	5.9
第20类	94—96	家具、玩具、杂项制品	7 118	6 194	14.9	5.3
第4类	16—24	食品、饮料、烟草	4 178	3 678	13.6	3.1
第18类	90—92	光学、钟表、医疗设备	4 174	3 334	25.2	3.1
第7类	39—40	塑料、橡胶	4 160	3 424	21.5	3.1
第12类	64—67	鞋靴、伞等轻工产品	3 588	3 180	12.8	2.7
第8类	41—43	皮革制品；箱包	2 602	2 423	7.4	2.0

资料来源 根据国别贸易报告——日本2011年第4期整理所得。

第二节 日本进出口管理政策

日本实施进口管理的主要机构是经济产业省和海关。进口管理制度的法律依据主要有《关税法》和《外汇管理法》等。

一、《关税法》及其他进口管制法规

日本《关税法》规定禁止进口枪支弹药、炸药、化学武器材料、可能用于生物恐怖活动的细菌、侵犯知识产权的产品、假钞、影响公共安全和道德的出版物、儿童色情产品等11类产品。除《关税法》外，《植物防疫法》规定禁止进口中国产的木瓜、芒果等热带果实，苹果、西红柿、扁豆、樱桃等生果实，红薯类的生茎叶、生块根等，《家畜传染病预防法》规定禁止进口疯牛病发生国的牛、马、羊及其制品，禽流感发生国的家禽及其制品等。

除了禁止进口产品之外，日本还有诸多法律法令规定对进口产品的限制。限制进口的产品主要有：需要配额的产品（如鲱鱼）、进口前需要确认的产品（如疫苗）、兴奋剂、医疗器械、鱼苗虾苗、农药、砂糖、淀粉、黄油、脱脂奶粉、米、汽油、烈酒、家禽及其制品等。上述进口限制主管机构主要有经济产业省、农林水产省、厚生劳动省、环境省、警察厅、国税厅下属的相关机构。此外，日本还对《华盛顿条约》规定的濒危物种进行进口限制，如宠物及观赏用动植物、标本、使用濒危物种制作的皮草，皮包、腰带、靴、

手工艺品、中药材等。进口《华盛顿条约》规定的濒危物种必须获得出口国政府的出口许可证书和经济产业省颁发的进口许可证书。

二、《外汇管理法》

日本《外汇管理法》主要规定进口商品应办理的审批手续，主要过程如下：

（一）在外汇银行办理审批

外汇银行经授权对 IQ（Import Quota）商品（进口限额商品）的进口进行审批（但普通的无外汇进口和特殊支付方式的进口除外）。进口商须先从经济产业省获得进口配额，然后向外汇银行提出进口申请。经济产业省每半年发布一次进口配额公告。进口商据此向经济产业大臣提交三份“进口配额申请书”。日本进口配额一般按货物数量计算，难以或不宜以数量计算时，按货物价格计算。经济产业大臣批准后，在一份申请书上批示并退回申请者作为“进口配额证明书”。配额证的有效期原则上为自交付之日起 4 个月，但经济产业大臣也可临时另行规定。进口商也可申请延长有效期。办理进口审批时，进口商须向外汇银行提交两份“进口审批申请书”、一份“进口配额证明书”（正本）、一份“进口报告书”。银行审批合格后，在申请书上批示，并将其中一份作为“进口审批证”（Import License，I/L）退回申请人，另一份审批证银行自留。“进口报告书”则送交经济产业省。“进口配额证明书”仍由进口商保存。进口结束后，进口商将用完毕的“进口审批证”和“进口配额证明书”交外汇银行。配额商品委托进口及其确认手续如下：首先，用户本人须得到进口配额；其次，代理商接受委托后，向经济产业大臣提交三份“进口审批申请书”、理由书、委托证明文件、委托者的进口配额证及其一份复印件；最后，经济产业大臣认可后将两份“进口审批申请书”退回申请人作为确认书。外汇银行的进口审批有效期为 6 个月，也可按规定改变或延长有效期。延期 1 个月以上时须获得经济产业大臣同意。

（二）在经济产业省办理审批

自特定原产地、装运地进口的特定货物（采用普通支付方式的无外汇进口除外），进口商需向经济产业省贸易经济协力局提交两份“进口审批申请书”、一份“申请理由书”（申明原产地、启运地等）以及进口合同原件和复印件各一份。经济产业省批准进口后，在申请书上标注并盖章，其中一份退回申请人作为审批证明。以特殊结算方式进口（含其中的无外汇进口，但不含 IQ 商品的进口）时，进口商向贸易经济协力局提交两份“进口审批申请书”、两份“特殊结算方式申请理由书”、销售合同或订货单的正本及复印件以及其他有关文件。以特殊支付方式进口 IQ 商品时，进口商向经济产业省贸易经济协力局提交两份“进口审批申请书”、进口配额证明书的原件及复印件、两份“特殊结算方式申请理由书”以及其他必要文件。此类进口经经济产业省审批后不必再到外汇银行办理审批手续。经济产业省的进口审批有效期为自审批日起 6 个月。经济产业大臣可以在认为有必要时另行规定有效期或延长有效期。

（三）在海关办理审批

无外汇进口 IQ 商品和从特定原产地或启运地进口特定商品在海关办理审批。进口商向海关进口部提交“进口审批申请书”两份以及进口配额证明书原件及复印件和“申请理由书”。根据经济产业省“关于因特殊事由进口货物”的规定，进口商须向经济产业省贸易经济协力局提交两份“进口配额申请书”、两份“申请理由书”、商业发票，并附上一些能够证明其申请理由的文件（如与外国出口方的往来函电等）。海关的进口审批有效期为6个月，也可按规定改变或延长有效期，但延期1个月以上须获得经济产业大臣同意。

日本在通关环节采用AEO（认证经营者）制度。AEO制度是世界海关组织《全球贸易安全与便利标准框架》（以下简称《标准框架》）的核心要素之一。根据《标准框架》，AEO被定义为：以任何一种方式参与货物国际流通，并被海关当局认定符合世界海关组织或相应供应链安全标准的一方。获得AEO资质的企业，通关时可减少货物和文件审查手续，进而减少通关时间和仓储费用；而没有AEO资质的企业必须经过较为繁琐的检验程序，货物延期交付的可能性随之增加。2010年2月12日，日本部分修改《关税法》及《关税暂定措施法》，规定了AEO仓库业者以及AEO通关业者自行中止业务的申请程序。2010年6月9日，日本海关发布通告，规定AEO通关业者在货物保存场所的管辖机构和申报机构不同的场合，可以自行选择向任一机构提交进口申报及相关文件。

三、主要出口管理政策

日本不仅是《瓦森纳协定》的成员国，同时也加入了绝大部分国际出口管理体系，包括核供应国集团、澳大利亚集团、导弹技术控制制度，对相关国际条约所规定的货物实施审查、许可等出口管理措施。日本实施出口管理的主要机构是经济产业省和海关。出口管理制度的法律主要有《关税法》、《外汇及外国贸易法》、《进出口贸易法》和《出口贸易管理令》，这些出口管理制度主要规定了出口限制、技术提供限制和出口的事前审批、事后审查等内容。

日本《关税法》规定以下四类产品禁止出口：麻醉药、精神药物、大麻、鸦片、罂粟粉及兴奋剂（包括兴奋剂原料）；儿童色情出版物；侵害专利权、实用新型权、外观专利设计权、商标权、著作邻接权或者表演者权的产品；构成违反《反不正当竞争法》规定的使用模仿他人商标包装的产品。

除禁止出口外，日本还规定以下产品限制出口：武器、化学兵器、麻药等；有害废弃物；重要文化财产等；鸟兽及其加工品；毒药；大麻、鸦片、兴奋剂等；有害动植物；偶蹄类动物、家禽及其制品；二手车。上述出口限制的主管机构主要有经济产业省、农林水产省、厚生劳动省、环境省、国土交通省、文化厅等。

日本为了实施出口管制制度，对出口商公布了可能进行大规模杀伤性武器开发的外国企业和组织的信息名单。出口商与该名单上的外国企业或组织交易时，除可明确出口产品不会用作大规模杀伤性武器开发的情况，都必须提交出口许可申请。自2002年8月日本引入出口管制制度以来每年日本都会公布该名单。2010年日本屡次新增外国使用者名单，使得名单上的企业总数达到331个，其中有15家中国企业。

第三节 日本关税政策

一、关税管理政策

日本与关税相关的法律主要有《关税法》、《关税定率法》、《关税暂定措施法》、《关税定率法别表》。日本财务省是关税管理制度的制定机构，其下属的海关是执行机构。

日本的关税税率分为基于法律制定的关税税率和基于条约制定的关税税率。基于法律制定的税率即国定税率，包括基本税率、暂定税率、普惠税率等，主要由《关税定率法》、《关税暂定措施法》规定。其中，《关税定率法》规定长期不变的基本税率，《关税暂定措施法》规定临时适用的暂定税率以及对发展中国家适用的普惠税率，日本对最不发达国家产品基本适用免税制度。截至2010年，日本对155个国家和地区适用普惠税率。国定税率还包括两种简易税率：一种对入境者携带的进口货物征收；另一种对课税价值总额10万日元以下的小额进口货物征收。基于条约制定的税率即协定税率，适用于WTO全体成员。除WTO协定税率外，还有适用于自由贸易协定缔结方的自由贸易协定税率。截至2010年底，日本已与新加坡、墨西哥、马来西亚、菲律宾、智利、泰国、文莱、印度尼西亚、东南亚国家联盟、越南和瑞士签订了自由贸易协定。日本进口关税税率适用的优先顺序依次为普惠税率、协定税率、暂定税率、基本税率。

2010年2月12日，日本部分修改了《关税法》及《关税暂定措施法》，决定将2010年3月31日到期的暂定税率（415种产品）的适用期限延长1年，将2010年3月31日到期的特别紧急关税制度（米、奶制品等乌拉圭回合达成协议的146种关税产品）的适用期限延长1年，将2010年3月31日到期的牛肉及猪肉关税紧急措施的适用期限延长1年。此次修改还加大了对逃脱关税罪、进出口违禁品罪的处罚力度。

2010年4月1日，日本修改与《关税法》和《关税暂定措施法》相关的政令，规定了不需要适用许可特例的保税仓库和不需要认定的通关业者的登记手续，并规定中国产的苏打灰等不适用普惠制关税税率。

2010年9月26日，日本海关对使用进出口港口信息处理系统的海关业务范围进行了修改，新增船舶等的资格变更程序，规定了船舶和飞机进行资格变更需提交的文件以及审查程序。

二、关税水平及其调整

2009年日本最惠国关税简单平均税率为4.9%，其中农产品最惠国关税简单平均税率为5.6%，非农产品最惠国关税简单平均税率为2.5%。

日本的普惠制关税对农产品和矿工业品分开适用：农产品主要包括鲤鱼（免税）、松茸（免税）、干笋（7.5%）、香辛料（免税）；矿工业品中除了皮鞋皮革以外全部免税，主要包括纸制品、陶器、钢铁等。但对矿工业品的免税只在一定范围内，超过了一定数量的进口不再适用普惠制关税。采用限额管理（Ceiling，包括进口额和进口数量）的产品，一般在年初对该产品的进口金额或者数量设定限额，根据进口实绩在年中对超过进口金额或数量限额的产品停止适用普惠制关税。适用限额管理的矿工业品包括手提包、手帕、地毯等。

日本除了对采用限额管理（包括进口额和进口数量）的产品会停止使用普惠制关税外，在以下三种例外情况下，也会停止适用普惠制关税：

第一种是部分“毕业”，即一国（或地区）成为高收入国（或地区），或者根据前一年的贸易统计，来自一国（或地区）的某产品的进口额超过10亿日元且超过该产品进口总额的25%。日本每年对部分“毕业”国家（或地区）的产品进行年度审查，不符合例外要求的产品可再度适用普惠制关税。

第二种是全面“毕业”，即一国（或地区）成为高收入国（或地区）（根据世界银行前三年的统计）。全面“毕业”的国家（或地区）此后三年连续不再被世界银行评为高收入国（或地区），且该国（或地区）希望再次获得普惠制关税的，日本将再度给予其普惠制关税待遇。

第三种情况适用于个别国家（或地区）的产品，如符合以下两个条件之一，则不适用普惠制关税：

（1）根据前两年贸易统计，来自一国（或地区）的某产品进口额连续两年超过10亿日元且连续两年超过该产品进口总额的50%。此外，还需满足以下两个条件（最不发达国家和适用限额管理的产品除外）：首先，进口国生产该产品的同类产品或竞争产品；其次，对该产品适用普惠制关税会对生产和使用本国同类产品的日本产业产生影响。

（2）来自违反水产资源保护管理措施的国家（或地区）的渔产品。

三、关税配额政策

日本自1961年开始实行关税配额制度并沿用至今。日本对关税配额内的进口产品不征税或者执行较低的税率，对于超过关税配额的部分执行较高的税率。

专栏3—1　日本关税配额举例

日本目前对奶酪、皮革、皮鞋、杂豆、魔芋等20类产品实行关税配额制度，每年发布政令制定配额的数量。日本主管关税配额制度的机构是农林水产省和经济产业省。目前经济产业省主管染色牛马革、其他牛马革、羊皮和山羊皮、皮鞋四类产品的关税配额。农林水产省对玉米（颗粒）、奶酪、糖浆、无糖可可制品、番茄酱、菠萝罐头、乳清、其他乳制品、脱脂奶粉、无糖炼乳、黄油、落花生、魔芋、调制食用油脂、生丝一年制定一次关税配额。此外，农林水产省对玉米（非颗粒）、麦芽、杂豆、菊糖、淀粉调制品每年分上下半期制定关税配额。

目前，日本对无糖可可、大米、大麦和小麦、玉米、乳制品、生丝等农产品以及皮革、皮鞋等制成品进口实行关税配额管理，对配额外进口实行高关税，比如牛马革等产品配额外关税高达30%。虽然配额外进口原则上实行自由贸易，但由于高额关税大大削弱了进口产品的竞争力，导致配额外的产品一般进口数量极少。配额内进口部分往往对品种、价格、国别、用途等均有限制，以大米为例，日本政府招标时以长粒米为主，中国大米所占比重很少，美国大米份额占50%～60%，导致中国大米难以对日出口。

资料来源　根据国别贸易投资环境报告——日本2011年第1期整理所得。

第四节 日本贸易救济政策

日本与贸易救济制度有关的法规主要有《关税定率法》、《关于反倾销税的政令》、《关于反补贴税的政令》、《关于实施紧急进口关税等的政令》。日本负责贸易救济的机构是财务省、有关产业的主管省厅和经济产业省，但终裁权由财务省单独行使。经济产业省、财务省及各产业主管省厅共同接受申请，实施贸易救济调查，并实行贸易救济申请前的事前商谈。

2009 年 4 月 1 日，日本经济产业省和财务省联合发布公告，修改与贸易制度相关的政策以及指导方针，并于即日生效。此次修改涉及的政令和指导方针有《关于反倾销税的政令》、《关于反补贴税的政令》、《关于实施紧急进口关税等的政令》、《关于反补贴税手续的指导方针》、《关于反倾销税手续的指导方针》、《征收反倾销税书面材料手册》、《关于紧急关税手续的指导方针》。此次修改的主要内容有：

一、放宽申请人提起案件申请的条件

关于申请征收反倾销税和反补贴税时必须提供必要证据的要件（即充分的证据），只要所提供证据是基于“可获得的合理情报”，基于该证据的征税请求即可被受理，主管部门开始审查是否可以开始调查。

二、决定调查的审查期限

申请书（即征税申请的书面申请）提出以后，原则上 2 个月内要对是否调查作出决定（有补充材料的情况下，补充材料终结以后 2 个月内做出决定）。

三、允许消费者团体及下游产业参与申请程序

在反倾销调查程序中给予消费者团体及下游产业提供信息的机会，今后还可能会给它们意见表决的机会。

四、调查标准期间的公布

过去只有在“结束调查 1 年之内”才公布调查的整体时间进度表，修改后，证据的提出期限、现场调查的实施期限等每一程序实施时将公布大概的期间。

五、设置“临时决定”

“临时决定”为发动迅速救济国内产业的暂定措施的必经程序，此次修改规定了“临时决定”的通报等内容。

六、设定调查问卷标准样式

调查开始后，为了迅速送达调查问卷以及增加程序透明度，主管机关应制作并公布调查问卷的标准样式。

延伸阅读 **日本检验检疫政策案例**

日本检验检疫程序严格，如果企业被发现一次违反农残标准，厚生劳动省就会对该产品的检验频度提高到30%，12 个月内如果再有违反，厚生劳动省将对整个国家该产品的检验频度提高到 100%。2009 年，日本继续加大进口食品监视检查力度，设立更多的检验项目及更高的检验标准。在检验检疫实施的过程中，日本还随意扩大监测范围，中国产品因此频繁地被抽检进入更加严格的检验程序。例如，2009 年 4 月，日本于中国产的干辣椒之中检查出辐照，随即宣布对中国所有产品都进行辐照检查；2009 年 4 月，由于中国产猪肉被检验违规，日本决定加强对猪肉的监视检查，随之又转为命令检查，2009 年 6 月，日本又对中国产猪肉及其简单加工品实施命令检查的检测范围扩大至“猪排”、“猪肉串”，以及包括“经蒸煮后的熟猪肉”在内的多种猪肉制品，而不仅限于简单加工类猪肉产品。此外，日本厚生劳动省还多次将霉菌、转基因食品等项目，进口器具、玩具类产品委托给注册机关检验，这些注册机关有的实施不当业务管理从而发放错误的检验结果证明书，给出口商带来了困惑。

分析：该案例提醒中国出口商对日本门槛不断提高的监视检查计划引起重视，进一步提高自检自控意识，提高质量安全卫生管理水平，从源头把好产品质量关，加强农兽药及饲料管理，确保出口食品安全卫生。

资料来源 《全球贸易摩擦研究报告》(2011)。

复习思考题

1. 日本的贸易政策主要包括哪些方面？

2. 简述日本贸易中的相关关税制度。

3. 结合日本主要进口种类商品，谈谈中国企业的对策方案。

4. 根据日本《外汇管理法》，试述进口商品可以办理的审批手续有哪几种，具体过程如何。

第四章　韩国的贸易政策

学习目标

通过对韩国贸易政策的学习，应了解我国与韩国双边经贸关系发展的概况以及韩国对外贸易管理体制；重点掌握韩国对其进出口贸易商品、贸易方式的政策管理以及关税政策的种类和具体实施。

开篇案例

韩国提高对我国中药材的检测标准

2007 年，韩国通过了关于中药材中二氧化硫和重金属残留的检测方法和规范的修订提案。该提案大幅提高了二氧化硫的检测标准，严重影响到我国对韩国的中药材出口。相关资料显示，韩医韩药基本源于中医中药，韩药 70% 以上要依赖从中国进口。我国出口到韩国的中药多以中药材为主。近年来，我国对韩国中药出口增长迅速，2006 年对韩国中药出口金额超过 6 000 万美元。韩国作为我国中药材出口的主要市场之一，排在日本和中国香港之后列第 3 位。韩国此次修订提案涉及的品种占我国对韩中药材出口的大部分，该修订提案一旦通过，将会对我国出口韩国的部分中药材品种产生巨大影响。

据了解，韩国此次修订的中药材品种涉及范围非常广泛，包括姜黄、大黄等在内的 72 种中药材，新增 60 种草药及 23 种岩土矿物的传统中药。72 种中药材中二氧化硫残留限量规定从 200ppm（毫克/千克）、500ppm、1 000ppm 和 1 500ppm 全部修订为 30ppm，最大指标提高了 50 倍，同时，新增对 60 种草药进行二氧化硫残留检测，对 23 种源自岩石和矿物的传统药物中重金属（包括铅和砷）含量的最高限量也进行了规定。

韩国的新标准不仅影响到我国对韩国中药材的出口，也有可能波及其他国家（地区）。国内企业应加强管理，改变中药材原始的生产加工方式，加强对二氧化硫、重金属残留的监控，尽早制定自己的中药材检测标准。

资料来源　《韩国提高对我国中药材的检测标准》，中国对外贸易救济网，http://www.cacs.gov.cn/chanyezixun/zixunshow.aspx?articleid=26976，2007-10-30。

第一节　中国与韩国双边经贸概况

中国与韩国互为友好近邻，交往历史渊源流长，文化背景极其相似，这为中韩贸易的发展提供了良好条件。目前，两国经济处于不同的发展阶段，在资本、劳动力、技术等生产要素方面存在互补关系，各有所需，这为两国的经贸合作提供了必要性和现实性。自 1992 年 8 月 24 日中韩两国正式建交以来，两国政府签订了贸易协定、投资保护协定以及关于成立经济、贸易和技术合作委员会的协定。2003年，中韩建立了“全面合作伙伴关系”；2005年底，韩国宣布承认中国完全市场经济地位，使中韩企业开展贸易的环境更为公平、公正。中韩双边经贸合作迅猛发展，已经成为彼此重要的经济贸易合作伙伴。

一、2006—2010年中韩贸易规模

2006年，韩国是中国第五大贸易伙伴，当年，中韩双边贸易总额为1 343.1亿美元，同比增长20.0%。其中，中国对韩出口445.3亿美元，同比增长26.8%；自韩进口897.8亿美元，同比增长16.9%；中方逆差452.5亿美元。2006年，中国是韩国第一大贸易伙伴、第一大出口市场和第二大进口国。同时，韩国还是中国第四大外商直接投资来源地。韩国对华投资呈现出中小企业投资规模扩大、第三产业投资比例增长、地域分布从东部沿海地区向中西部地区扩展等特点。

2007年，韩国的贸易总额为7 285亿美元，成为位列世界第11位的贸易大国，而中韩双边贸易额达到1 405亿美元，约占当年韩国贸易总额的20%。中国是韩国最大的贸易伙伴。韩国从中国的进口额从2006年的486亿美元增长到2007年的612亿美元，增幅为29.9%；对中国的出口总额达到了793亿美元，中国也是韩国最大的出口对象国。

2008年，中韩贸易额为1 861.1亿美元，增长16.2%。其中中国对韩国出口739.5亿美元，进口1 121.6亿美元，分别增长31%和8%。中国除了是韩国最大贸易伙伴、最大出口市场外，进口来源国地位也跃至第一。韩国成为中国第三大贸易伙伴国。截至2008年底，韩对华投资累计419亿美元。中国是韩国最大的海外投资对象国，韩国是中国第四大外商直接投资来源国。

2009年，韩国货物贸易出现较大回落。中韩双边贸易额为1 409.5亿美元，下降了16.3%。尽管如此，中国仍然是韩国第一大贸易伙伴、第一大出口目的地和最大的进口来源地。韩国对中国的出口总体表现不佳，出口额为867亿美元，下降了5.1%；自中国进口542.5亿美元，下降了29.5%。韩方贸易顺差324.6亿美元，增长124.5%。

2010年，韩是我第三大贸易伙伴国、第三大出口对象国和第二大进口来源国。据中国海关统计，2010年，中国和韩国双边贸易总额为2 071.7亿美元，同比增长32.6%。其中，中国对韩国出口687.7亿美元，同比增长28.1%；自韩国进口1 384.0亿美元，同比增长35%。2010年1—9月韩国五大类出口商品的国别/地区构成见表4—1，中韩两国在这些商品上的交易金额均位居前列。①

二、中韩贸易商品结构

中国对韩国出口的商品种类很多，主要是电子产品、机械产品、钢铁及其制品、矿物燃料、精密仪器、有机化学产品、纺织品、船舶、海产品、建材、汽车等产品。其中金额最大的六类商品是：机电音响设备及部件、纺织原料及制品、贱金属及制品、矿产品、化工及工业产品和近年来对韩国出口较快的活动物及动物制品（它已经取代了几年前的植物产品）。这六类商品占中国对韩国出口总额的80%左右，并在继续增长。以2010年1—

① 国别贸易报告——韩国2011年只提供了第2期和第4期，没有提供第1期，所以无法获得2010年全年数据。

表 4—1　韩国五大类出口商品的国别/地区构成（2010 年 1—9 月）　单位：百万美元

HS84—85：机电产品

国家和地区	金额	同比（%）	占比（%）
中国	35 235	48.0	29.9
美国	16 399	13.2	13.9
中国香港	10 884	49.7	9.2
日本	6 490	14.4	5.5
中国台湾	4 921	59.7	4.2

HS86—89：运输设备

国家和地区	金额	同比（%）	占比（%）
美国	8 364	50.8	11.2
利比里亚	4 128	19.4	5.5
中国	3 753	61.4	5.0
德国	3 719	23.9	5.0
马绍尔群岛	3 268	-54.2	4.4

HS72—83：贱金属及制品

国家和地区	金额	同比（%）	占比（%）
中国	5 807	5.3	20.2
日本	3 356	53.0	11.7
美国	2 402	50.5	8.4
印度	1 599	27.4	5.6
中国台湾	1 340	88.4	4.7

HS90—92：光学、钟表、医疗设备

国家和地区	金额	同比（%）	占比（%）
中国	15 629	50.9	54.8
墨西哥	2 069	-10.6	7.3
斯洛伐克	1 672	16.1	5.9
波兰	1 363	8.5	4.8
美国	1 069	32.3	3.8

HS25—27：矿产品

国家和地区	金额	同比（%）	占比（%）
中国	5 054	45.2	21.6
美国	2 813	91.2	12.0
日本	2 656	49.5	11.3
新加坡	2 493	7.0	10.6
印度尼西亚	2 311	122.7	9.9

资料来源　根据国别贸易报告——韩国 2010 年第 4 期整理所得。

9月的数据为例（见表4—2），机电产品、光学医疗设备和化工产品是韩国对中国出口的主要产品，出口额分别为352.3亿美元、156.3亿美元和84.9亿美元，增长48%、50.9%和21.9%，合计约占韩国对中国出口总额的70%。

表4—2 **中韩贸易商品构成（2010年1—9月）** 单位：百万美元

韩国对中国出口					韩国自中国进口				
商品类别	2010年1—9月	上年同期	同比（%）	占比（%）	商品类别	2010年1—9月	上年同期	同比（%）	占比（%）
机电产品	35 235	23 810	48.0	41.5	机电产品	21 893	17 346	26.2	42.4
光学、钟表、医疗设备	15 629	10 361	50.9	18.4	贱金属及制品	8 602	6 047	42.3	16.7
化工产品	8 489	6 965	21.9	10.0	纺织品及原料	3 642	2 821	29.1	7.1
塑料、橡胶	7 174	5 700	25.9	8.5	化工产品	3 634	2 623	38.6	7.1
贱金属及制品	5 807	5 514	5.3	6.8	光学、钟表、医疗设备	2 243	1 324	69.4	4.4
矿产品	5 054	3 480	45.2	6.0	矿产品	1 753	1 498	17.0	3.4
运输设备	3 753	2 325	61.4	4.4	运输设备	1 682	1 129	49.0	3.3
纺织品及原料	1 940	1 648	17.7	2.3	陶瓷、玻璃	1 447	1 119	29.4	2.8
纤维素浆、纸张	381	290	31.5	0.5	家具、玩具、杂项制品	1 371	1 075	27.5	2.7
家具、玩具、杂项制品	284	251	13.1	0.3	塑料、橡胶	1 204	812	48.3	2.3
食品、饮料、烟草	284	205	38.1	0.3	食品、饮料、烟草	764	648	17.9	1.5
皮革制品；箱包	234	215	8.6	0.3	鞋靴、伞等轻工产品	743	545	36.4	1.4
陶瓷；玻璃	168	115	45.9	0.2	活动物；动物产品	699	554	26.3	1.4
贵金属及制品	147	116	26.3	0.2	植物产品	665	676	-1.8	1.3
鞋靴、伞等轻工产品	140	139	0.4	0.2	皮革制品；箱包	511	356	43.5	1.0

资料来源 根据国别贸易报告——韩国2010年第4期整理所得。

中韩两国在出口上有许多重叠之处，韩国向中国出口增长同样很快，出口产品主要是电子产品、机械产品、精密仪器、塑料制品、有机化学制品、矿物燃料、钢铁及其制品、汽车、铜及其制品等。其中增长最快的是光学、钟表、医疗设备，达到69.4%。2010年1—9月，韩国自中国进口排名前三位的商品为机电产品、贱金属及制品和纺织品及原料，进口额分别为218.9亿美元、86亿美元和36.4亿美元，增长26.2%、42.3%和29.1%，分别占韩国自中国进口总额的42.4%、16.7%和7.1%。

第二节 韩国对外贸易政策

20世纪60至80年代短短20多年的时间里，韩国由曾经的贫穷落后国家，一跃成为中上等发达经济体和“亚洲四小龙”之一，其发展被称为“汉江奇迹”。这与韩国政府实行“出口主导型”开发经济战略，以“贸易立国”的贸易政策密不可分。韩国利用国际市场的有利条件，克服国内资源贫乏、市场狭小的不利因素，推动了本国经济的飞速发展，跻身于新兴工业国行列。

一、韩国对外贸易管理体制

《对外贸易法》是韩国政府管理和振兴对外贸易的基本法，与《外汇交易法》、《关税法》、《有关提高出口产品质量法》和为保护、扶持特定贸易的各项“振兴法”以及与贸易有关的个别行政法规等构成了韩国对外贸易管理体制的基本框架。

根据韩国《政府组织法》，产业资源部负责总的贸易政策的制定和实施；外交通商部的通商交涉本部负责对外通商交涉；农林部、海洋水产部、文化观光部、建设交通部、情报通信部等行业管理部门负责制定和实施涉及其主管领域的具体商品的贸易政策；产业资源部下属贸易委员会负责对因外国商品进口所造成损害产业的救济。韩国除根据乌拉圭回合协议对部分农产品（60余种）进口实行数量限制外，一般商品均可自由进出口。韩国政府承诺逐渐解除对商品进口的限制，至2004年解除对最后一项商品——大米的进口限制后，实行完全贸易自由化。

韩国外贸行业自1986年起先后实行过许可制、登记制、申报制。根据韩国《对外贸易法》，自2000年1月1日起，外贸行业完全自由化，任何个人和企业均可自由从事对外贸易活动。只是为了便于通关和海关统计，鼓励性实施“贸易业固有编号制度”，即鼓励从事外贸的企业到韩国贸易协会申领一个与企业对应的固定编号，在通关时填写。但药品、农药、有害化学物质、石油、香烟、人参、指定农水产品和外国期刊、电影等特殊商品进出口的经营需依照相关法律获得许可后方能进行。

二、韩国进出口商品管理

韩国原则上商品可自由进出口。为了履行有关国际规定，需要对进出口商品进行限制时，韩国也一般在最小限度内进行限制。产业资源部往往通过发布“进出口公告”、“综合公告”、“战略物资进出口公告”等形式，确定限制进出口商品的种类、数量、金额或交易地区，以及许可的申请程序等。这类公告在产业资源部的网页上均可查询。

进出口公告为不定期发布。在未发布新的公告前，旧的公告始终有效。公告主要规定限制进口的商品种类和数量。公告中未列入限制类名单的商品原则上均可自由进出口。

综合公告是指产业资源部对在《对外贸易法》规定之外、韩国有关部门制定的53个特别法中有关进出口贸易的限制措施进行综合后发布的公告。综合公告主要依据关贸总协定（GATT）的有关规定限制进出口商品的进口条件（标准、规格等）和程序，其限制对象主要是危害人类生命及健康安全、污染环境或有违国际公约的商品。

据韩国《对外贸易法实行令》，目前实施出口审批管理的商品有以下几类：纺织品协定所涉有关商品；自律限制商品；政府间协定规定的商品；资源保护类商品。进出口公告在列明需要“承认”（类似于“申领制”，即企业据以往的实绩和需要，到有关主管部门去申请）的进出口商品的同时，也列明主管部门（主要由相关行政部门或相关行业团体负责人负责），从事外贸者可按规定的程序申请。

此外，鉴于农产品和水产品的特殊性，韩国对进口农产品、出口农产品、进口后加工的农产品实行特别的检验制度，对部分水产品要求在指定机构接受检验。农林部根据《进出口农产品检验特别法》，委托农业协同组合中央会和农水产品流通公社对农产品实行检验。水产品的检验由国立水产品检验所统一进行。

三、韩国对战略物资进出口的特别管理

韩国政府对一些关系国际和平和国家安全的商品（简称“战略物资”）实行出口审批制、进口许可制等特别的管理办法。产业资源部就战略物资的商品名称、规格、出口限制地区、获得出口审批或进口许可的程序等作出规定并予以公告。产业资源部下属战略物资进出口统制委员会负责对各项限制措施的审议。

四、韩国对特定贸易方式的管理

韩国实行贸易自由化，但产业资源部对下列贸易方式进行特别管理：

（1）可能逃避进出口限制或妨碍实行产业保护政策的交易；

（2）物品的移动全部在海外发生，而结算在国内进行但有可能发生资金回收困难的交易；

（3）不发生资金结算只有物品移动的交易。

根据以上规定，寄售贸易、租赁贸易、转口贸易、委托加工贸易、记账贸易（包括易货贸易和补偿贸易）、中介贸易和无单据出口（No Draft Export）等都需获得产业资源部的批准才能进行。

五、韩国正常进出口贸易秩序的维持

根据 GATT 和 WTO 有关协定，以及韩国有关法律的规定，当外国商品正常或非正常大量进口导致国内相关产业受损时，韩国政府可通过征收反倾销税、反补贴税或实行保障措施等手段对相关产业进行救济；或应国内产业要求，通过在正常关税的基础上加征极高调节关税限制部分商品进口，以保护国内产业利益；或在正常关税基础上实行弹性下调关税，以鼓励国内紧缺的原材料商品进口，降低企业生产成本，提高竞争力，平抑物价。

《对外贸易法》对国内贸易商从事侵犯商标权、知识产权、侵害他人利益、违反原产地规则等不公平贸易行为规定了限制和惩罚措施。

当贸易伙伴国发生战争、灾难或对韩国采取歧视，违反国际公约关于维护世界和平、保护动植物生态环境等规定的行为时，韩国政府可在与该国的进出口贸易中采取特别限制措施。

韩国政府通过各种进出口贸易政策组合对贸易商的行为进行规范和管理，以维持正常贸易秩序。

此外，韩国政府依据 WTO《纺织品与服装协定》（MAF）对纺织品贸易进行管理。

第三节 韩国的关税政策

韩国关税政策的原则与 WTO 有关精神基本一致。韩国关税制度的基本法律主要包括《对外贸易法》、《关税法》和《关税法实施令》，关税政策的制定机构是企划财政部，具体实施机构是关税厅及下属机构。

一、关税的种类

韩国的进口关税包括基本关税和在此基础上调整的临时关税、弹性关税等。

基本关税主要包括按照 WTO 关税减让谈判确定的最惠国税率、ESCAP（亚太经社理事会）发展中国家间贸易协定所规定的减让税率、GATT 发展中国家间减让税率、自由贸易区优惠税率等。2009 年，韩国计划制定普惠制关税，韩国企划财政部于 2010 年再次重申，将尽早启动向发展中国家提供普惠制关税，以扩大韩国同广大发展中国家之间的贸易。

临时关税和弹性关税由韩国政府根据情况进行调整和征收。其中，弹性关税对调节其进出口、合理保护国内相关产业发挥着重要作用，具体包括：反倾销关税、报复关税、紧急关税、调节关税、对农林畜产品的特别紧急关税、反补贴关税、优惠关税、物价平衡关税、配额关税等，而反倾销税、调节关税和物价平衡关税所占比重最大。反倾销关税指大量进口以倾销价格销售的外国商品而损害或可能损害国内产业时，对该进口商品加征正常价格与倾销价格之差额的关税。调节关税指依照《对外贸易法》新列入进口自由化商品目录或已属于进口自由化商品目录，但尚未满 3 年的某些商品，由于大量进口造成或可能造成国内产业遭受损害时，对该进口商品追加一定税额的制度。物价平衡关税指通过关税可以保证特定商品的稳定供应，防止物价大幅波动，从而保护生产者与消费者的利益。这种通过调节关税来稳定物价的做法中，具有代表性的是季节关税。它主要用于调节进口价格随季节变化波动较大的农产品等的进口。

此外，韩国政府每一年决定一次征收调节关税的商品目录和税率，每半年决定一次适用物价平衡关税的商品目录和优惠税率。韩国政府持续缩小弹性关税的征收范围，2010 年韩国政府征收反倾销税、紧急关税、配额关税和调节关税的产品范围已由 2004 年的 203 个降为 109 个。

韩国关税的课征分为以商品价格为标准的从价税和以商品数量为标准的从量税两种，但在实际执行中，绝大部分是按从价税的标准征收的。对某一商品征收关税适用的税率按 ESCAP 发展中国家间的减让税率、GATT 发展中国家间的减让税率、WTO 的协定税率、弹性关税率、暂定税率、基本税率的顺序决定。但对旅游者及来往于国内外的运输工具上的乘务员携带进口的物品、邮寄物品、在国外修理交通工具或更换零配件时使用的物品、托运物品等，则可以适用简易税率。

二、关税水平及其调整

韩国 2010 年最惠国关税的简单平均税率约为 11.6%，所有产品适用的最惠国税率均未超过乌拉圭回合谈判所确定的约束税率水平。其中，农产品的简单平均适用税率约为 48.6%，工业产品的简单平均适用税率约为 6.6%。自 2006 年 9 月 1 日起，韩国开始执行《亚太贸易协定》第三轮关税减让。根据该协定，韩国在化学产品、钢铁、金属等领域对中国等协定成员国实施一般减让措施，大部分产品的优惠幅度为 30% ~50%。根据该协定第三轮关税减让谈判结果，韩国对原产于中国的机械电气产品、塑料制品、精密仪器等 1 367个 10 位海关编码的进口产品实施优惠关税，平均关税减让幅度达 35.7%。因此，

2010年韩国对所有原产于中国的产品所征收的简单平均税率略低于其最惠国关税适用税率，约为11.08%。

专栏4—1 **《亚太贸易协定》**

《亚太贸易协定》的前身为《曼谷协定》。该协定是在联合国亚洲及远东经济委员会（后改名为联合国亚洲及太平洋经济和社会委员会（The Economic and Social Commission for Asia and the Pacific, ESCAP），简称联合国亚太经社会）的主持和推动下建立的，正式成员包括孟加拉国、中国、印度、韩国、老挝和斯里兰卡六个国家。《曼谷协定》是亚太区域中唯一由发展中国家组成的关税互惠组织，其宗旨是通过该协定成员国对进口商品相互给予关税和非关税优惠，不断扩大成员国之间的经济贸易合作与共同发展。2005年11月《曼谷协定》第一次部长级理事会在北京举行，《曼谷协定》正式更名为《亚太贸易协定》。

2001年5月23日，中国正式成为《曼谷协定》成员。作为中国参加的第一个区域性多边贸易组织，《曼谷协定》在中国关税史上具有重要地位。一方面，在《曼谷协定》框架下，我国第一次根据协定给予其他国家低于"优惠税率"（从2002年1月1日起改称为"最惠国税率"）的关税优惠税率；另一方面，我国也是第一次通过关税谈判从其他国家获得特别关税优惠。

资料来源 中华人民共和国财政部关税司，http://www.mof.gov.cn/pub/guanshuisi/zhuantilanmu/ziyoumaoyiqu/200806/t20080625_50398.html。

2008年，由于国际油价、粮食等进口原材料价格一路攀升，韩国政府为确保物价稳定，决定实行紧急配额关税，适用商品范围大幅扩大。随着进口物价渐趋回稳，2009年6月30日，韩企划财政部调整了2009年下半年适用紧急配额关税的产品清单，并且对配额内关税税率进行了调整，实施期限为2009年7月1日至2009年12月31日。其中，适用配额关税商品数量缩减了32项，保留了43项，主要包括小麦、小麦粉、大麦、燕麦等谷物粮食以及咖啡豆、酒糟、自行车等。2010年韩国也对部分产品的调节关税和配额关税进行了小幅调整。其中，为缓解国内白菜和萝卜的供给短缺，韩国政府宣布临时取消对白菜和萝卜分别征收的30%和27%的关税，以增加从中国的进口。

三、关税的减免

韩国政府规定在下列情况下，可对部分商品减免应征收的关税：

（1）驻韩国的外国外交机构的公用品和外交官及其家属使用的自用品享受免税。

（2）在政府指定工厂内，依据《航空宇宙产业开发促进法》办理了航空器制造或修理申报的人，为制造或修理航空器而需要进口的零配件和原材料可减免30%的关税。

（3）对尖端技术产业或国防产业所需的机械设备类和基础设备的进口减免30%的关税。

（4）制造、加工、修理或检测国防产业产品所需进口之零配件、原材料可享受70%

的关税减免。

（5）学术研究用品、教育用品、实验用品等可享受50% ~90%的关税减免。

（6）宗教用品、慈善用品、国际机构为国际和平服务活动或国际友谊活动捐赠的物品、家族计划用品、残疾人用品、运动比赛用品等特定物品可享受20% ~100%的关税减免。

（7）处理、防止、排除环境污染物质使用的机械、器具、设备，处理废弃物使用的机械、器具，预防产业灾害或职业病使用的机械、器具，用于应用电子技术或情报处理技术的自动化机械、器具中，凡是在2000年12月31日以前办理进口申报的可享受40%的关税减免。

（8）进出口物品的包装用品，旅客携带入境或通过其他办法带入境但将来还要带出境的随身用品，举办博览会、展示会和国际会议等类似活动所需要的物品，这些物品如果在规定的期限以内带出韩国，可享受免税。

（9）从外国租用工程机械或修理、加工用机械时，在国内的使用期限一般为2年，特殊情况下可为4年。这类物品在使用完重新运出境时可享受30% ~85%的关税减免。

（10）赠给韩国政府或地方自治团体的公用物品，政府进口的军需品，来韩国访问的外国元首及其家属、随从人员的物品，旅游者携带品，广告用品，样品，赠送给韩国居民的小额物品等可享受免税。

（11）为执行政府间协议，外国合同者根据协议内容进口的业务用品，外国派来的顾问官和技术专家团直接使用的物品可享受免税。

（12）对在批准进口前发生变质或受到损伤的物品，给予部分减税。

（13）为进行加工和修理，出口后再进口的物品可享受免税，但经加工修理的部分除外。

四、关税的退税

关税退税是指对已经征收进出口关税的物品，在特定条件下给予全部或部分退还。韩国规定可获得退税的情况有三种：（1）误缴超过规定部分的关税额；（2）违约物品关税的退税；（3）用于生产出口产品的原材料所缴纳进口关税的退税。

违约物品关税的退税是指已办理进口手续的物品与合同内容不符时，如果在1年以内出口，或者当该物品不能出口，需要销毁或废弃时（但应在1年以内运回保税区，征得海关同意后销毁或废弃）可享受退税。

在韩国，一般所说的退税是指对进口用于生产出口产品的原材料的退税，这部分退税占关税退税的绝大部分，是韩国政府扶持出口的一项关税措施，依据《关于出口产品用原材料的关税等退还的特例法》办理。

韩国法律规定可享受退税的进出口物品需符合以下条件：

（1）必须是属于可予退税的进口，即应满足：①在进口用于生产出口产品的原材料时已缴纳了关税；②以一揽子方式缴纳进口出口产品用原材料的关税时，该原材料必须在进口后2年以内用于生产出口产品。

（2）必须是属于可予退税的出口，即一般有偿出口或无偿出口（博览会、展示会用品，海外工程用设备，替代物品的出口，样品等）。

此外，为减轻出口企业的关税负担、推动出口，韩国政府允许某些具备条件的企业在进口原材料时可以不立即缴纳关税，而是按时间段（一般为一个季度）对其应纳关税和应退关税作相互抵消处理，然后只征收或退还其差额部分。可享受该制度的企业应具备如下条件：（1）最近2年有进出口实绩（含综合贸易商社）；（2）未曾拖延缴纳关税；（3）没有违反过关税法；（4）最近2年连续盈利的企业，或上市法人或成立10年以上的制造企业；（5）最近3年每年出口100万美元以上；（6）最近3年每年退税额超过1 000万韩元。

五、保税制度

韩国的保税制度分为保税区制度和保税运输制度。保税区是指把保税商品搬入、储存、加工、施工、展示或销售的区域。保税运输是指在国内运输保税商品。因此，保税区制度和保税运输制度又被分别称为“静态保税制度”和“动态保税制度”。

除保税区制度以外，韩国还有与此类似的自由贸易区、自由港和出口自由区等自由区制度。两者的主要区别是，在保税区内会受到海关的严格控制，运往区内的物品种类也受到限制。自由区原则上不受《关税法》的管辖，海关仅对物品的进出进行监管。

延伸阅读 **韩国对进口奶粉实施保障措施**

一、事实与争议

1996年5月11日，韩国贸易委员会根据全国牲畜合作联合会的申请，宣布对进口奶粉进行保障措施调查，同年6月11日将调查原因通知WTO保障措施委员会。韩国贸易委员会经调查后裁定进口奶粉的增加已给韩国国内相关产业造成严重损害。1997年1月21日，韩国通知WTO保障措施委员会，韩国准备对某些奶粉制品的进口实施保障措施。3月7日,韩国开始实施保障措施，并于3月24日向保障措施委员会作了补充通知。

1997年8月12日，欧盟要求与韩国磋商。欧盟认为韩国的保障措施违反了WTO《保障措施协定》第2、4、5、12条和《GATT 1994》第19条。欧盟于1998年请求WTO争端解决机构（DSB）成立专家组。专家组在1999年6月21日提出报告，裁定韩国的保障措施违反了《保障措施协定》第4、5条，但驳回欧盟认为韩国违反该协定第2、12条和《GATT 1994》第19条的主张。专家组要求韩国使其保障措施与WTO的规则一致。双方对专家组的某些法律解释有异议，向DSB提出上诉。上诉机构于1999年12月14日提出报告，部分推翻专家组的裁定并裁定韩国的保障措施不符合其根据《保障措施协定》的义务，要求韩国修改其保障措施。WTO争端解决机构于2000年1月12日通过了上诉机构的报告和经修正后的专家组报告。

二、专家组修正后的报告

专家组根据上诉机构的意见，对原报告作了适当的修正，专家组分析了《GATT 1994》第19条和《保障措施协定》第4（2）条，第5（1）条和第12条，裁定韩国的保障措施违反了这些条款，要求韩国采取与条款一致的措施。

1. 韩国是否违反了《GATT 1994》第19条的义务？

《GATT 1994》第19条规定："如因意外情况的发生或因一成员方承担本协定的义务（包括关税减让在内）而产生的影响，使某一产品输入到这一缔约方领土的数量大为增加，对这一领土内相同产品或与它直接竞争产品的国内生产者造成严重损害或产生严重损害的威胁时，这一缔约方在防止或纠正这种损害所必需的程度和限期内，可对上述产品全部或部分暂停实施其所承担的义务，或者撤销或修改减让。"

欧盟认为韩国的调查没有考虑奶粉进口增加是不是"意外情况"发生的结果。韩国则认为在《保障措施协定》中并没有规定"意外情况"这个条件。该协定第2条规定："一成员只在下列情况下能对某一产品实施保障措施，即该成员认为输入其境内的该产品就国内生产而绝对或相对地大量增加，并在此条件下对国内生产相同或直接竞争产品的产业造成严重损害或严重威胁。"该条第2款还进一步规定："实施保障措施是针对某一产品而不考虑其来源。"韩国认为这条规定与《GATT 1994》的规定不完全一致，在这里应适用《保障措施协定》而不是适用《GATT 1994》。专家组认为，《WTO协定》是一个整体。各协定的义务在WTO中是累加的，成员应全部承诺。

2. 韩国是否违反了《保障措施协定》第4条第2款的义务？

该款规定"严重损害"调查的内涵应包括有关产品进口增长的比例和数量、在国内市场上所占的份额、销售水平、总产量、生产率、能耗、损益及就业变化等因素，还应查明在进口增加和严重损害之间是否存在因果关系。专家组认为韩国的调查尚未对这些因素提供足够的说明，因而其所谓受到"严重损害"就缺乏足够的证据，更不能得出结论说其所受的"严重损害"就是进口产品大量增加造成的后果。由于缺乏实行保障措施的前提和正当的理由，其保障措施就违反了《保障措施协定》第4条第2款。

3. 韩国是否符合《保障措施协定》第5条第1款规定的条件？

第5条第1款规定："一成员仅在防止或补救严重损害并促进调查的必要限度内实施保障措施。"专家组认为根据这条规定，成员采取的保障措施必须在总体上不超出防止或补救国内产业遭受的严重损害、促进国内产业调整相一致的措施。韩国没有对"严重损害"的各种因素作缜密的调查和提出足够的证据，以确定保障措施的限度。其保障措施与这条规定是不一致的。

4. 韩国是否履行了《保障措施协定》第12条的义务？

《保障措施协定》第12条规定："成员方应立即将其对严重损害发起调查的决定通知WTO保障措施委员会。""立即"意味着是"尽可能快"，韩国在公布实施保障措施之后14天才通知保障措施委员会，显然不符合"立即"的要求，因而违背了第12条的义务。

三、案例评析

"保障措施条款"在国际贸易中是常有的，其目的是使缔约方在受到严重损害时可以豁免其所承担的条约义务。为了防止成员方滥用这个条款，《GATT 1994》和《保障措施协定》对此作了严密的规定。如何合理利用这个条款，对发展中国家尤其重要。在WTO

体制下，公平贸易是必须遵守的一项基本原则，当发展中国家面对外国进口产品大量增加使本国产业受到严重损害或严重损害威胁的情况下，保障措施正是一个有利的“例外条款”。从上述几个条款的规定看来，适用的条件非常严格。发展中国家不容易完全按照上述条款的要求去做。韩国对进口奶粉实施保障措施，其做法是相当慎重的，它已按照协定的要求，在实施前和实施后均通知了保障措施委员会。“意外情况”和“严重损害”的标准是很难界定的，“立即通知”也没有绝对的标准。保障措施本来对发展中国家来说是很有利的例外条款，但发展中国能不能利用这一条款保护本国的产业还是一个难以解答的问题。

资料来源 中顾 WTO 事务网，http：//news. 9ask. cn/wto，2009-06-27。

思考题：韩国对进口奶粉实施保障措施违反了 WTO 的哪些条款？

复习思考题

1. 中韩两国贸易的商品结构有何特点？
2. 韩国对哪些产品实行特定贸易方式的管理？
3. 韩国弹性关税主要包括什么？
4. 韩国对某一商品征收关税适用的税率顺序如何？
5. 在什么情况下，韩国实行关税减免？

第五章 澳大利亚的贸易政策

学习目标

通过对澳大利亚贸易政策的全面学习，应初步了解澳大利亚主要贸易概况，深入了解我国与澳大利亚双边经贸关系的发展情况；熟悉澳大利亚服务贸易的相关政策；掌握澳大利亚有关对外贸易的进出口政策、关税政策及其具体实施过程。

开篇案例

澳大利亚儿童产品最新政策

2010年2月16日，澳大利亚发布关于含有磁铁的儿童玩具的强制性标准，于2010年7月1日正式生效。该强制性标准适用于供14岁以下儿童玩耍的含磁铁产品，但不适用于下列产品：运动产品、露营产品、自行车、家用和公共运动场所设备、蹦床；电子游戏件、由燃气或蒸汽发动机供能的模型以及时尚珠宝。2010年7月1日后，供应商应确保他们向澳大利亚提供的所有相关产品符合该强制性标准，否则将被大量罚款并召回。

2010年3月2日，澳大利亚政府发布公告，宣布从通知发布日起18个月内，暂时禁止在某些玩具、儿童护理品以及用餐容器和餐具中使用浓度超过1%的邻苯二甲酸二乙基己酯（DEHP）。根据此次通知，为年龄在36个月或以下的儿童使用，并可预知可能被儿童吸吮或咀嚼的玩具、儿童护理品、喂养用的容器和餐具，如果含有浓度超过1%的DEHP，为不安全产品。但该规则不适用于下列产品：衣服和鞋；运动产品；协助儿童在看护情况下在水中漂浮或游泳的漂浮辅助用品和漂浮玩具；二手商品。

2010年6月30日，澳大利亚竞争与消费品委员会发布了《供应商公报——儿童玩具和指甲油中的铅及特定元素》的公告。2009年，澳大利亚消费者保护通知1号曾规定自2010年1月1日起，提供给澳大利亚市场的儿童玩具中的铅和其他元素的迁移量不得超过AS/NZS ISO 8124.1：2003中规定的含量，提供给澳大利亚市场的指甲油中的铅和其他元素的迁移量不得超过AS 8124.7元素2003第4.4条规定的含量。此次公告中，根据2009年消费者保护通知1号公布的法定标准，澳大利亚竞争与消费品委员会概述了儿童玩具及指甲油中可接受的铅及特定元素含量，同时认可了EN 71-3、ISO 8124.3或AS/NZS ISO 8124.3以及EN 71-7可用于符合性测试。

2010年7月1日，澳大利亚政府颁布了2010年第21号消费者保护公告，宣布从公告发布之日起，对溜溜水球实施为期18个月的进口和销售禁令。溜溜水球及类似产品是指一种意图抛掷并可返回到手中的玩具，它包括一条可伸长至少500毫米的弹力绳，通常绳的一端有可以套在手指上的绳圈，另一端是采用合成材料制成的柔软物体。该临时禁令不包括户外玩具和运动玩具，例如固定在弹力绳上训练用的网球、用弹力绳系住球的球棒，以及“YO-Be飞碟”等。

澳大利亚每年自中国进口大量儿童玩具，且数量呈递增趋势。面对越来越苛刻的儿童玩具进口法规，我国玩具出口企业应时刻关注澳大利亚最新的法规条例，及时安排生产和销售。

资料来源 根据国别贸易投资环境报告——澳大利亚2011年第1期整理所得。

第一节 中国与澳大利亚双边经贸概况

自20世纪70年代建交以来，中澳两国的贸易发展稳步提升，特别是近年来，中澳两国经贸合作往来密切、互动频繁（见表5—1）。2003年，两国签订了中澳经贸合作框架协议，推动双边矿业、农业、服务业、投资、知识产权保护等16个领域合作。在此带动下，中澳双边贸易快速增长，其增长速度超过了中国外贸的增长速度。从两国依存关系来看，中澳进出口具有相互依赖性。中国的增长离不开澳大利亚的支持，澳大利亚经济的发展也离不开中国的市场。据澳大利亚统计局统计，2011年1—6月中澳双边贸易额为528.7亿美元，同比增长37.9%。其中，澳大利亚对中国出口331.2亿美元，同比增长44.2%；自中国进口197.5亿美元，同比增长28.5%；澳方顺差133.7亿美元，同比增长75.9%。中国为澳第一大贸易伙伴、第一大出口目的地和第一大进口来源地。澳大利亚一直以来是中国工业原材料的重要供货商。澳大利亚出口中国的商品中约2/3是初级产品，主要包括铁矿石、氧化铝、羊毛、棉花、大麦、煤、铜矿石和油气产品。中国市场的需求已经成为刺激澳大利亚经济增长的主要因素。中国对铁矿石、煤矿和铜的进口需求使得澳大利亚即使在金融危机期间也没有陷入经济萧条。金融危机以来，由于美欧流动性骤然紧张，中国更成为推动澳大利亚经济增长的重要引擎。

表5—1 2006—2010年澳大利亚与中国双边贸易情况一览表

年份	贸易总额（亿美元）	增长率（%）	对中出口（亿美元）	增长率（%）	自中进口（亿美元）	增长率（%）	澳方顺差（亿美元）
2006	329.5	20.9	193.2	19.3	136.3	23.2	56.9
2007	438.5	33.1	258.5	33.8	179.9	32.1	78.6
2008	596.6	36.1	374.2	44.8	222.4	23.6	151.8
2009	600.8	0.7	394.4	5.4	206.5	7.2	187.9
2010	880.9	46.5	608.7	54.1	272.2	31.9	336.4

资料来源 《中国海关统计》（2007—2011）。

根据澳大利亚统计局统计，分国别（地区）看，2011年1—6月澳大利亚对中国、日本、韩国和印度的出口额分别占澳出口总额的26.5%、18.9%、9.1%和6.5%，为331.2亿美元、236.3亿美元、113.5亿美元和81.7亿美元，分别同比增长44.2%、35.0%、41.7%和4.5%，对上述四国出口占澳大利亚出口总额的60.9%；自中国、美国、日本和新加坡的进口额分别占澳进口总额的18.2%、11.1%、7.1%和5.8%，为197.5亿美元、120.5亿美元、77.3亿美元和63.3亿美元，自中、美、新三国进口分别同比增长28.5%、21.7%和33.2%，自日本进口下降3.9%（见表5—2和表5—3）。自上述四国进口占澳大利亚进口总额的42.2%。

表5—2 **澳大利亚对主要贸易伙伴出口额（2011年1—6月）** 单位：百万美元

国家和地区	金额	同比（%）	占比（%）
总值	125 190	30.8	100.0
中国	33 118	44.2	26.5
日本	23 626	35.0	18.9
韩国	11 347	41.7	9.1
印度	8 168	4.5	6.5
美国	4 737	12.1	3.8
中国台湾	4 619	38.4	3.7
泰国	3 807	65.4	3.0
新西兰	3 658	6.3	2.9
新加坡	2 970	45.3	2.4
英国	2 747	-29.0	2.2

资料来源 根据国别贸易报告——澳大利亚2011年第3期整理所得。

表5—3 **澳大利亚自主要贸易伙伴进口额（2011年1—6月）** 单位：百万美元

国家	金额	同比（%）	占比（%）
总值	108 416	20.6	100.0
中国	19 747	28.5	18.2
美国	12 052	21.7	11.1
日本	7 727	-3.9	7.1
新加坡	6 328	33.2	5.8
德国	5 179	10.4	4.8
马来西亚	4 399	8.9	4.1
泰国	4 371	-20.2	4.0
新西兰	3 780	21.9	3.5
韩国	3 557	11.1	3.3
英国	3 172	23.6	2.9

资料来源 根据国别贸易报告——澳大利亚2011年第3期整理所得。

分商品看，矿产品、贱金属及制品和贵金属及制品是澳主要出口商品，2011年1—6月出口额分别占澳大利亚出口总额的57.0%、6.5%和6.3%，为713.8亿美元、80.9亿美元和78.6亿美元，同比增长38.8%、35.3%和5.2%。机电产品、矿产品和运输设备是澳大利亚进口的前三大类商品，2011年1—6月合计进口594.0亿美元，占澳大利亚进口总额的54.8%。澳进口增速不及出口，其中，运输设备的进口甚至出现微降，只有以原油为主的矿产品进口增长较为显著，增幅接近其总体进口增幅的3倍（见表5—4和表5—5）。

表5—4 **澳大利亚主要出口商品构成（类）（2011年1—6月）** 单位：百万美元

海关分类	HS编码	商品类别	2011年1—6月	上年同期	同比（%）	占比（%）
类	章	总值	125 190	95 697	30.8	100.0
第5类	25—27	矿产品	71 377	51 422	38.8	57.0
第15类	72—83	贱金属及制品	8 091	5 981	35.3	6.5
第14类	71	贵金属及制品	7 864	7 479	5.2	6.3
第2类	06—14	植物产品	6 419	3 887	65.2	5.1
第6类	28—38	化工产品	6 144	5 446	12.8	4.9
第1类	01—05	活动物；动物产品	5 622	4 596	22.3	4.5
第16类	84—85	机电产品	4 077	3 424	19.1	3.3
第11类	50—63	纺织品及原料	2 649	1 608	64.7	2.1
第4类	16—24	食品、饮料、烟草	2 271	2 072	9.6	1.8
第17类	86—89	运输设备	2 049	1 760	16.4	1.6

资料来源 根据国别贸易报告——澳大利亚2011年第3期整理所得。

表5—5 **澳大利亚主要进口商品构成（类）（2011年1—6月）** 单位：百万美元

海关分类	HS编码	商品类别	2011年1—6月	上年同期	同比（%）	占比（%）
类	章	总值	108 416	89 888	20.6	100.0
第16类	84—85	机电产品	26 748	22 647	18.1	24.7
第5类	25—27	矿产品	19 740	12 646	56.1	18.2
第17类	86—89	运输设备	12 912	12 919	-0.1	11.9
第6类	28—38	化工产品	10 989	8 835	24.4	10.1
第15类	72—83	贱金属及制品	5 598	4 842	15.6	5.2
第7类	39—40	塑料、橡胶	4 233	3 443	22.9	3.9
第18类	90—92	光学、钟表、医疗设备	4 032	3 369	19.7	3.7
第11类	50—63	纺织品及原料	3 923	3 171	23.7	3.6
第14类	71	贵金属及制品	3 829	4 431	-13.6	3.5
第4类	16—24	食品、饮料、烟草	3 413	2 761	23.6	3.2

资料来源 根据国别贸易报告——澳人利亚2011年第3期整理所得。

中方自澳进口的主要商品为矿砂、矿渣及矿灰、矿物燃料、铜及其制品、无机化学品、稀土金属、动物毛、纱线及其机织物、镍及其制品、铝及其制品、锌及其制品等。矿产品一直是澳大利亚对中国出口的主力产品，2011 年 1—6 月出口额为 259.1 亿美元，同比增长 45.5%，占澳对中国出口总额的 78.2%（见表 5—6）。澳大利亚自中国进口的主要商品为机电产品、纺织品和家具、玩具、杂项制品，2011 年 1—6 月合计进口 130.0 亿美元，占澳大利亚自中国进口总额的 65.8%（见表 5—7）。

表 5—6　**澳大利亚对中国出口主要商品构成（类）（2011 年 1—6 月）**　单位：百万美元

海关分类	HS 编码	商品类别	2011 年 1—6 月	上年同期	同比（%）	占比（%）
类	章	总值	33 118	22 971	44.2	100.0
第 5 类	25—27	矿产品	25 908	17 811	45.5	78.2
第 11 类	50—63	纺织品及原料	1 487	919	61.8	4.5
第 15 类	72—83	贱金属及制品	1 237	906	36.5	3.7
第 14 类	71	贵金属及制品	421	—	—	1.3
第 6 类	28—38	化工产品	388	289	34.3	1.2
第 1 类	01—05	活动物；动物产品	346	194	78.3	1.1
第 16 类	84—85	机电产品	344	251	36.8	1.0
第 8 类	41—43	皮革制品；箱包	322	243	32.9	1.0
第 4 类	16—24	食品、饮料、烟草	184	166	11.0	0.6
第 9 类	44—46	木及制品	177	93	91.0	0.5

资料来源　根据国别贸易报告—澳大利亚 2011 年第 3 期整理所得。

表 5—7　**澳大利亚自中国进口主要商品构成（类）（2011 年 1—6 月）**　单位：百万美元

海关分类	HS 编码	商品类别	2011 年 1—6 月	上年同期	同比（%）	占比（%）
类	章	总值	19 747	15 368	28.5	100.0
第 16 类	84—85	机电产品	8 791	6 626	32.7	44.5
第 11 类	50—63	纺织品及原料	2 589	2 090	23.9	13.1
第 20 类	94—96	家具、玩具、杂项制品	1 620	1 424	13.8	8.2
第 15 类	72—83	贱金属及制品	1 602	1 327	20.7	8.1
第 7 类	39—40	塑料、橡胶	925	698	32.6	4.7
第 6 类	28—38	化工产品	792	582	36.1	4.0
第 17 类	86—89	运输设备	606	413	46.7	3.1
第 12 类	64—67	鞋靴、伞等轻工产品	504	440	14.4	2.6
第 18 类	90—92	光学、钟表、医疗设备	335	267	25.5	1.7
第 13 类	68—70	陶瓷；玻璃	319	286	11.5	1.6

资料来源　根据国别贸易报告——澳大利亚 2011 年第 3 期整理所得。

除上述产品外，贱金属及制品，塑料、橡胶，化工产品等也为澳大利亚自中国进口的主要大类商品（HS 分类）。目前，中澳双边贸易继续呈现澳大利亚对中国出口持续高增长态势，其出口产品集中于矿产品。相反，澳自中国进口增长平稳，这也使得澳对中国贸易顺差日趋扩大，中国成为澳贸易顺差的第二大来源地，且增速不减。

第二节 澳大利亚进出口管理政策

一、主要进口管理政策

澳大利亚涉及进口管理的主要法律有《海关法》、《检疫法》、《进口食品控制法》、《危险废弃物（进出口规定）法》以及相关的法案和条例。澳大利亚外交贸易部负责宏观贸易政策的制定，具体商品进出口管理由澳大利亚海关和边境总署负责。澳大利亚海关和边境总署负责进出口货物法律法规和各口岸监管，以及贸易救济措施的调查和实施。进口的动植物商品须接受严格的检验检疫，进口药品须事先获得药品管理局批准，进口机电产品须预先进行安全认证。

澳政府对部分进口产品进行管制，管制形式分为绝对禁止和限制进口两种。绝对禁止的产品有：自利比里亚进口的粗制钻石、自杀装置。限制进口的产品有：激素、抗生素、含有 ANZAC（澳新军团）字样的所有物品、国旗及武器、石棉等。进口上述产品必须得到环境、文物及艺术部、健康老龄部、农林渔业部等相应的主管部门的许可。此外，为了预防瘟疫、防止病虫害、维护环境、保护当地产业以及履行国际协定等特殊原因，澳海关还可能实行一些临时性和阶段性的进口限制。进口商违反绝对禁止和限制进口的有关规定，将受到澳政府的严厉制裁。

2010 年 5 月 21 日，澳大利亚海关和边境总署发布通告，鉴于免税货物的进口仍然要服从关税法等法律的管制，新增了进口免税货物时未能安全保存货物以及未能按照海关要求对货物负责等违法行为的规定。对于新增的违法行为，海关可处 1 320 澳元的罚款，法院最高可处 55 000 澳元的罚款。此外，对于有关未能及时提交货物报告的规定也做了调整。根据过去的规定，轮船货物报告必须至少在船到港前 48 小时内递交，飞机货物报告必须至少于飞机着陆前 2 小时内递交。由于有时轮船或飞机可能比预定时间早到达，澳海关宽限了这一规定，在提前到达的情况下，48 小时或者 2 小时内未收到货物报告不会立即作出处罚或起诉。此次修订为了给予企业一定的调整适应期，于 2010 年 6 月 30 日实施。

2010 年 9 月，澳大利亚海关和边境总署发布通知，由于最近在一系列的进口货物中发现含有石棉的产品，提醒进口商注意遵循有关石棉的禁止规定。澳大利亚禁止进口的货物中包括石棉及含有石棉的产品，进口商应当提醒海外客户确保产品中不含石棉。澳大利亚海关和边境总署怀疑到港货物可能含有石棉时，可能会推迟放行货物，要求进口商安排检验并支付检验费用，丢弃或处置含有石棉的产品，还有可能逮捕进口商并对其进行起诉。

专栏 5—1 **澳大利亚相关服务贸易政策**

澳大利亚对银行、航空等行业实行个案审批制度，并对这些行业设定了限制措施。

1. 银行业：外国投资者投资澳银行业，需符合《1995 年银行法》、《1998 年金融部门法》（FSSA）及其他相关的银行政策。澳大利亚政府对外国公司购并澳银行的申请进行逐案审批，且审批标准带有一定的主观性。外国银行只有在其和母行的财务状况均良好，且同意遵守澳审慎管理局有关审慎监管的协议后，才能获取许可。

2. 航空业：外国投资者在澳大利亚国际航空运营商中的股权不得超过 49%。除此之外，外国投资者还必须满足一系列“国家利益”标准，例如机组人员的国籍、企业的运营地点等。

3. 机场：《1996 年机场法》规定外资在机场中的股份不得超过 49%，在航空运营商中的股权不得超过 5%，且在悉尼机场、墨尔本机场、布里斯班机场和佩斯机场之间不得享有交叉股权。

4. 海运：《1981 年海运管理法》规定凡是在澳大利亚注册的船只都必须由澳大利亚公民或者澳大利亚公司拥有多数股权，除非该船只由澳籍经营者特许定制。

5. 媒体：所有外国人在澳大利亚向媒体投资，只要股份超过 5%，无论价值大小，一律要进行预先审批。

6. 电信：外国投资累计在 Telstra 公司中的股权不得超过 35%，单个外国投资者不得超过 5%。

资料来源 根据国别贸易投资环境报告——澳大利亚 2010 年第 1 期整理所得。

二、主要出口管理政策

澳大利亚涉及出口管理的主要法律有《海关法》、《检疫法》、《出口控制法》、《环境保护和生物多样化保护法及规定》、《可移动文化遗产保护法及规定》、《危险废弃物（进出口规定）法》及相关的法案和条例。2010 年 3 月，澳大利亚海关和边境总署发布通知，宣布自 2010 年 3 月 23 日起在综合货运系统（ICS）中添加出口退税申请功能。开通电子退税申请功能将有助于提高企业和海关的工作效率，加速申请付款，减少纸质文件传输过程等等。

澳政府对部分出口产品进行管制，管制形式分为绝对禁止和限制出口两种。绝对禁止出口的产品有：向阿富汗出口的无水醋酸、自杀装置。限制出口的产品有：向阿富汗出口的武器、石棉、猫狗皮毛等，向利比亚出口的军事装备、臭氧消耗物质、色情及其他违禁品（如电脑游戏）、可转化成可能被滥用物质的材料等，向卢旺达出口的军事装备和辅助军事装备，向塞拉利昂出口的辅助军事装备、100 升以上的白酒，白兰地、葡萄酒。出口上述产品必须得到健康老龄部、外交外贸部、工业旅游资源部、卫生部以及环境文物及艺术部等相应主管部门的批准。

出口市场发展补贴（Export Market Development Grants，EMDG）计划是澳大利亚政府为现有的和潜在的出口商提供的主要财政支持计划，由澳大利亚贸易委员会（Austrade）

主管。该计划的主要目的是鼓励中小型企业开拓海外市场。年收入及出口推广费用满足一定条件，主要从事出口业务的任何澳大利亚个人、组织或公司都可申请返还一定的出口推广费用。出口推广费用须为货物和大部分服务的出口、澳国内旅游、知识产权和技术出口、在澳大利亚召开的会议所用。2010 年，澳政府对出口市场发展补贴计划做了修订：最大返还金额由 20 万澳元降为 15 万澳元；企业可申请返还的数量限额由 8 个降为 7 个；知识产权申请费用为每笔 5 万澳元；最低收费门槛由 1 万澳元上调至 2 万澳元；联营企业的收入标准由 3 000 万澳元上调至 5 000 万澳元等等。此次修订于 2010 年 7 月 1 日生效。2009 年澳政府曾修订出口市场发展补贴计划，放宽了若干标准，而 2010 年的修订又将已放宽的标准重新归于严格化。

第三节 澳大利亚关税政策

一、关税管理政策

澳大利亚关税政策由海关负责制定和执行。澳大利亚关税政策的主要法律有《海关法》、《1995 年海关关税法》、《消费关税法》、《消费税法》和《新税收制度（商品服务税）法》以及相关的法案和条例。澳大利亚现行关税法于 2006 修订完成，2007 年 1 月 1 日开始生效。该法规定了澳海关税则归类、优惠关税政策、适用税率和适用国家，并介绍了进口税则的使用。

澳大利亚进口关税税率列于《1995 年海关关税法》中，联邦政府根据情况变化随时对税率进行修改。进口关税税率包括特别关税税率和一般关税税率。特别关税税率适用于南太平洋论坛各岛国、最不发达国家和东帝汶以及发展中国家和地区。中国享受发展中国家的优惠关税。此外，根据有关双边或诸边贸易协定，澳大利亚对原产于新西兰、巴布亚新几内亚的大多数商品免税，对原产于加拿大的某些货物也给予优惠税率，对原产于新加坡的货物给予免税待遇，对原产于美国的 99% 的制成品和全部农产品给予免税待遇，对原产于泰国的 90% 的货物给予免税待遇。一般关税税率适用于所有其他国家和地区。澳大利亚海关和边境总署对煤和铀征收出口税，其他产品不征收出口税。为了支持出口，澳大利亚政府通过海关对进口产品再出口实施出口退税政策。该政策规定进口到澳大利亚的商品在澳境内经过加工、处理或制成其他产品的零部件复出口，生产厂商可以要求退进口关税。如果进口商品未经使用复出口，其关税也可以得到返还。

2010 年 3 月，澳大利亚国库部宣布将改善海关关税减让机制，使其合理化，此次修改为政府改善法规和微观经济改革计划的一部分。此次修改的是《1995 年海关关税法》附表四。附表四规定了不同情况下对进口产品的关税减让，产品包括联合国教科文组织规定的一些书籍、音响产品等。修改的目的是降低现行附表不必要的复杂性，删除过时条款。

2010 年 7 月，澳大利亚海关和边境总署发布通知，宣布修改国内运输的进口应税货值的计算。该通知的对象是《1999 年货物和服务税法》，建议修改某些情况下对进口应税货值的计算。此次修订主要涉及门对门进口运输，修订以前，进入澳大利亚海港或空港后运输至最终目的地前需缴税，修订以后，大部分门对门进口运输不需为国内运输、保险、卸货等服务缴税。

二、关税水平及其调整

2009 年财政年度，澳大利亚最惠国关税简单平均税率为 3.5%，其中农产品最惠国关税简单平均税率为 1.3%，非农产品最惠国关税简单平均税率为 3.9%。澳大利亚绝大部分进口产品适用从价税，只有奶酪、生物柴油、果汁、饮料、酒类、烟草、石油和部分化学产品适用从量税。

专栏 5—2 **澳大利亚关税最新调整**

2009 年 12 月，澳大利亚宣布下调部分商品关税税率且于 2010 年 1 月 2 日正式生效。其中，客车及其零部件的税率从 10% 降至 5%。纺织面料、针织和梭织衣服、套衫、衬衫、下装以及其他纺织成品和鞋类等纺织品、服装和鞋类产品，原税率为 17.5% 的降至 10%，原税率为 10% 或 7.5% 的降至 5%，但海关编码和统计代码不变。此外，根据澳大利亚与美国、泰国、智利签订的自由贸易协定，来自这些国家的产品其关税税率自 2010 年 1 月 1 日起也正式下调。

2010 年 5 月，澳大利亚制定 2010 年关税修正案（航空燃料），上调了航空燃料的关税。航空汽油和航空煤油的进口关税由每公升 0.02854 澳元涨至 0.03556 澳元。随着航空燃料进口关税增加，澳大利亚相应上调了航空燃料的消费税。此次修订自 2010 年 7 月 1 日起生效。

2010 年 2 月、4 月和 8 月，澳大利亚数次提高酒类和香烟的关税和消费税。根据 2010 年 8 月的最新修订，对包装不超过 48 升的啤酒将按酒精度不同征收每升酒精 36.31 澳元至 42.31 澳元的关税，对包装超过 48 升的啤酒将按酒精度不同征收每升酒精 7.25 澳元至 29.78 澳元的关税。对酒精含量 1.15% ~10% 的麦芽啤酒和葡萄酒以及酒精含量超过 10% 的葡萄酒饮料征收每升酒精 71.67 澳元的关税。对利口酒等酒精饮料征收每升酒精 66.92 澳元的关税。对无滤嘴香烟和有滤嘴香烟征收每千克 415.86 澳元的关税，对焦油量不超过 0.8 克的烟将征收每支 0.33267 澳元的关税。新税率自 2010 年 8 月 2 日起实施，同日起消费税也将作相应调整。

2010 年 9 月 13 日，澳大利亚海关和边境总署发布通知，提高进口奢侈汽车价格门槛以及节能汽车价格门槛。自 2010 年 7 月 1 日起，奢侈汽车价格标准（2010—2011 年）为 57 466澳元以上，节能汽车价格标准（2010—2011 年）为 75 375 澳元以下。其中，奢侈汽车的进口关税税率为 33%，节能汽车价格不超过 75 375 澳元的免税，超过 75 375 澳元的部分关税税率为 33%。在 2010 年 7 月 1 日和该通知发布之日期间的奢侈汽车进口商多缴纳的税额可获得返还。

资料来源 根据国别贸易投资环境报告——澳大利亚 2011 第 1 期整理所得。

第四节　澳大利亚贸易救济政策

澳大利亚现行反倾销法律主要包含在《海关法修正案》和《关税法修正案》中。澳大利亚没有专门进行反补贴立法，反补贴内容都包含在反倾销的有关法律中。澳大利亚海关和边境总署在审查反倾销申诉时，同时审查有无各种形式的政府补贴，如运费优惠、出口奖励、同出口有关的关税减免、延期交税以及低于市场利率的出口信贷等。

澳大利亚负责处理反倾销事务的行政管理机构主要有海关、司法和海关部长、贸易措施复议官。澳大利亚海关和边境总署既是反倾销调查部门，又是裁决机构。澳大利亚海关和边境总署下属的贸易措施司具体负责反倾销及反补贴事务，其职能是落实反倾销反补贴措施的调查、实施、改变或维持；向内政部部长提出实施、改变或维持反倾销反补贴的建议；管理和协调反倾销反补贴措施的实施。司法和海关部长是澳大利亚反倾销措施的最终决策者，海关须根据各利害关系方提交的意见审查相关证据，然后作出最终的基本事实报告和相关建议，并提交给司法和海关部长。贸易措施复议官由负责海关事务的司法和海关部长任命，其可应当事人的申请，对征收最终反倾销税、不予立案、终止调查和税率计算等方面的决定进行行政复议。

延伸阅读　　**最新澳大利亚机电产品壁垒**

澳大利亚对进口机动车建立了一套较为严格的进口审核、认证以及售后监管（产品召回）的体系。澳大利亚基础设施、运输、区域性发展和地方政府部是澳大利亚所有交通运输的主管部门，负责执行和制定机动车的进口以及监管法规。有关机动车的主要法规是《1989 年机动车标准法案》，国家标准是根据该法案所制定的澳大利亚机动车设计规则。在澳大利亚行驶的所有车辆都必须符合道路车辆认证系统（ADR）的要求。在机动车进口澳大利亚之前，必须与澳大利亚基础设施、运输、区域性发展和地方政府部下属的车辆安全标准分局取得联系。车辆安全标准分局是澳大利亚国内唯一可以颁发机动车进口许可证的政府机构。如果制造商想要通过 ADR 认证，必须先在基础设施、运输、区域性发展和地方政府部的 ADR 进行电子注册，从而成为被许可人。澳洲 ADR 登记采用电子注册登记的方式在澳大利亚政府备案，不允许递交书面文件。该系统较为复杂，因此制造商和销售商一般需要澳大利亚政府指定的代理商来完成。此外，生产企业的生产设施和设计设施也必须进行注册。此外，厂商必须在机动车装船运输之前取得进口许可证。如未能获得进口许可证，则厂商必须将产品转为他国出口，或者在海关的监督下自行销毁商品，费用由厂商承担。

目前，中国机电产品对澳出口受到安全认证的限制。根据澳大利亚的有关规定，63 种机电产品在澳销售前必须进行安全认证。一种型号的电器产品从中国运到澳大利亚境内开始接受检验，如果各项指标均获得一次通过，周期要 2 ~ 3 个月。如果某些项目未获得通过，需要改进后再送检，则周期会更长。总体上，较长的认证周期和较昂贵的认证费用给中国机电产品出口企业带来了不合理的额外负担。据不完全统计，机电产品占我对澳商品出口额的近40%。澳机电产品的市场准入条件对我国出口利益有重大影响。

资料来源　根据《全球贸易摩擦研究报告》(2011) 整理所得。

思考题：针对上述情况，试述我国机电出口企业的对策。

复习思考题

1. 澳大利亚主要贸易政策包括哪些方面？
2. 澳大利亚服务贸易相关政策对中方有何影响？
3. 简述澳大利亚关税制度的主要内容。
4. 简述中澳贸易的发展现状及前景。

第六章　巴西的贸易政策

学习目标

通过对巴西贸易政策的学习，应了解我国与巴西双边经贸关系的发展概况、巴西主要外贸管理机构以及国内贸易法规体系；掌握巴西对外贸易关税政策、贸易救济政策和贸易壁垒，重点掌握进出口管理政策的具体实施措施。

开篇案例

巴西对中国鞋类和轮胎征收反倾销税

巴西发展、工业和对外贸易部2009年9月9日发表公告，即日起对从中国进口的鞋类和小汽车用轮胎征收反倾销税。根据公告，巴西将对由中国出口到巴西的鞋征收每双12.47美元的附加税。

这是临时反倾销措施，实施期限为6个月。征收附加税的鞋类不包括沙滩凉鞋以及滑雪、滑冰、搏击、拳击和自行车等运动专用鞋，也不包括船鞋、舞鞋、一次性鞋、工厂安全用鞋、全纺织材料鞋以及鞋面为布料的婴儿鞋等。

轮胎方面，巴西决定对中国产的65、70两个系列的13寸、14寸，型号为165、175、185的小汽车用轮胎征收每千克0.75美元的附加税。这是正式反倾销措施，实施期限为5年。

与此同时，为了配合巴西政府通过降低工业产品税来刺激国民购买汽车的措施，暂缓对巴西客车生产商进口的中国产65、70两个系列的13寸，型号为165、175、185的客车用轮胎实施反倾销措施，暂缓期限为6个月。

公告称，巴西发展、工业和对外贸易部应巴西鞋类协会的申请，从2008年12月对中国产鞋类开始反倾销调查；对轮胎的反倾销调查开始于2008年7月，是应巴西全国轮胎工业协会的申请进行的。

资料来源　中华人民共和国中央人民政府网，http://www.gov.cn/jrzg/2009-09/10/content_1414355.htm，2009-09-10。

第一节　中国与巴西双边经贸概况

巴西是拉美第一经济大国，有着较完整的工业体系，工业产值位居拉美之首。作为“金砖国家”最早四大成员的中国和巴西是世界上国土最大的两个发展中国家，经济发展快并且都具有很大的经济潜力。从20世纪90年代开始，中巴双边经贸关系取得了稳步发展，贸易往来一直较密切，近几年更是增长迅速。巴西是我国在拉美地区的最大贸易伙伴。2008 年中国已成为巴西第二大贸易伙伴，2009 年，中国成为巴西第一大贸易伙伴、第一大出口对象国和第二大进口来源国。2010 年中国与巴西双边贸易额大幅增长，双边贸易总额达到 625.5 亿美元，扭转了 2009 年负增长的局面，巴西跃居我国第九大贸易伙伴。2006—2010 年中巴两国双边贸易详细情况见表 6—1。

表 6—1 **2006—2011 中巴双边贸易情况** 单位：亿美元

年份	贸易总额	同比（%）	从中国进口	对中国出口	巴方顺差	巴方逆差
2006	163.9	34.5	79.9	84	4.1	—
2007	233.7	42.6	126.2	104.5	—	21.7
2008	364.4	56.0	200.4	164.0	—	36.4
2009	361.0	-0.9	159.1	201.9	42.8	—
2010	625.5	47.5	244.6	380.9	136.2	—

资料来源 根据国别贸易报告——巴西 2007 年第 1 期、2008 年第 1 期、2009 年第 1 期、2010 年第 1 期、2011 年第 1 期整理所得。

从商品结构来看，巴西自中国进口的主要产品为机器零部件、集成电路及微电子组件、自动数据处理设备及其部件、变压器、静止式变流器及电感器、有线电话、电报设备、纺织纱线及制品、仪器仪表灯。光从机电产品、贱金属及制品和纺织品及原料来看，2010 年进口 182.5 亿美元，占巴西自中国进口总额的 71.4%。2010 年中国在劳动密集型产品方面对巴西出口继续保持优势，纺织品及原料、家具玩具、皮革箱包等轻工产品分别列巴西自中国进口大类商品（HS 类）的第 4 位、第 7 位和第 10 位，占巴西进口市场的 42.6%、51.0%和 67.8%，在这些产品上，印度、印度尼西亚、美国、意大利、阿根廷等国是中国的主要竞争对手。

中国从巴西进口的主要产品为大豆、铁矿砂及其精矿、石油原油、烧碱木浆或硫酸盐木浆、皮革、木材和豆油等。2010 年，铁矿石是巴西对中国出口的主力产品，其出口额为 178.1 亿美元，增长 106.1%，占巴西对中国出口总额的 57.9%。植物产品是巴西对中国出口的第二大类商品，出口额为 71.6 亿美元，增长 12.6%，占巴西对中国出口总额的 23.3%。受中国经济增长的带动，2010 年巴西对中国活动物及动物产品、纺织品及原料、动植物油脂和食品饮料烟草出口额大幅增长，增长率分别达到 375.6%、95.5%、92.8%和 87.1%。其中，糖及糖食和肉及食用杂碎增长高达 618.7%和 453.0%。此外，巴西对中国塑料橡胶和贱金属及其制品出口下降比较厉害，降幅达到 54.7%和 40.6%。2010 年巴西与中国进出口的主要商品构成见表 6—2。

表6—2 **巴西与中国进出口的主要商品构成**（2010年1—12月） 单位：百万美元

巴西出口到中国的主要商品构成					
HS编码	商品类别	2010年	上年同期	同比（%）	占比（%）
26	矿砂、矿渣及矿灰	13 626	7 213	88.9	44.3
12	油籽；子仁；工业或药用植物；饲料	7 134	6 343	12.5	23.2
27	矿物燃料、矿物油及其产品；沥青等	4 054	1 342	202.0	13.2
47	木浆等纤维状纤维素浆；废纸及纸板	1 126	1 097	2.7	3.7
15	动、植物油、脂、蜡；精制食用油脂	814	422	92.8	2.6
72	钢铁	567	1 045	−45.8	1.8
巴西自中国进口的主要商品构成					
HS编码	商品类别	2010年	上年同期	同比（%）	占比（%）
85	电机、电气、音像设备及其零附件	7 996	5 280	51.5	31.2
84	核反应堆、锅炉、机械器具及零件	5 628	3 215	75.0	22.0
29	有机化学品	1 284	1 124	14.2	5.0
72	钢铁	1 205	341	253.3	4.7
90	光学、照相、医疗等设备及零附件	917	726	26.3	3.6
87	车辆及其零附件，但铁道车辆除外	676	396	70.7	2.6

资料来源 根据国别贸易报告——巴西2011年第1期整理所得。

专栏6—1 **金砖国家**

在南非加入“金砖国家”之前，“金砖国家”名为“金砖四国”（BRIC）。“金砖四国”（BRIC）引用了巴西（Brazil）、俄罗斯（Russia）、印度（India）和中国（China）四国的英文首字母。由于该词与英语单词的砖（Brick）类似，因此被称为“金砖四国”。2010年，南非（South Africa）正式提出加入。同年底，中国以轮值主席身份，代表其他成员国邀请南非加入“金砖国家”合作机制，四国领导人还一致同意于2011年接纳南非进入“金砖国家俱乐部”。“金砖国家”首次实现扩员，其英文单词也变为“BRICS”，并改称为“金砖国家”。

一般认为，最早提出“金砖四国”这一概念的是美国高盛公司。2001年，高盛公司的吉姆·奥尼尔首次提出“金砖四国”这一概念，囊括了全球最大的四个新兴市场国家。其中，巴西被称为“世界原料基地”；俄罗斯被称为“世界加油站”；印度被称为“世界办公室”；中国被称为“世界工厂”。

正是由于其所具有的这些特性，“金砖四国”的概念一经提出就立刻成为国际媒体的新宠，观察家们纷纷表示出对四国未来经济增长的信心。事实也的确如此：1999年至2008年的10年中，四国（以BRIC为序）经济年均增长率分别达到3.33%、6.99%、7.22%和9.75%，大大高于同期世界平均的3.07%和美国的2.58%。四国GDP总量占世界的比重也从1999年的7.46%上升到2008年的14.47%。就四国对世界经济增长的贡献度而言，2007年达49%；2009年在世界经济负增长的情况下，新兴经济体整体为125%，而“金砖四国”则达90%，其中中国超过60%。在后金融危机时期，西方国家仍然受到财政赤字和失业率高企的困扰，经济将长期处于增长乏力的状态，而“金砖四国”则继续保持着高速、健康的发展势头。

“金砖四国”的重要性不仅在于四国良好的增长态势和日益扩大的全球市场份额，更在于四国合作协调机制的建立。2009年6月16日，首次“金砖四国”领导人峰会在俄罗斯叶卡捷琳堡召开，2010年4月15—16日举行了“金砖四国”领导人第二次峰会，会上四国领导人一致同意于2011年接纳南非进入“金砖国家俱乐部”。由此可见，“金砖四国”已经从一个经济和金融概念转变为国际政治经济的现实。

资料来源 中华人民共和国人民网，http：//hi. people. com. cn/2011/04/08，2011-04-08。

第二节 巴西主要外贸管理机构及法规体系

一、巴西主要外贸管理机构

巴西负责外贸管理的政府职能部门主要有三个：外贸委员会、外交部及发展、工业和外贸部。其他还涉及财政部、农业部和卫生部等。其中外贸委员会是巴西对外贸易政策的最高决策机构，发展、工业和外交部是对外贸易政策的执行部门。

（一）外贸委员会

巴西外贸委员会（CAMEX）直属总统府，是国家对外贸易政策的决策机构。其成员由总统府民事办公室主任（任委员会主席）、外交部长、财政部长、农业部长、发展工商部长、计划预算部长、中央银行总裁等组成。外贸委员会有常设秘书处，秘书长由总统直接任命。该机构的主要职能为：制定外贸政策和方针，对外贸法律和法规有解释权，调整进出口关税，对不正当贸易进行调查，制定出口信贷和保险的有关方针政策，评估汇兑、货币、金融措施对外贸的影响，制定鼓励外贸出口政策，确定对外贸易谈判的总体原则和协调政府与企业间的关系等等。

（二）外交部

外交部是巴西双边和多边对外经贸重要活动的领头单位。外交部中负责外贸的是一体化、经济和外贸事务秘书处（副部级单位）。该单位主要负责协调处理巴西在地区一体化和对外经贸关系中的有关事务，负责双边和多边谈判，下设经济司、科技合作司、拉美一体化司和贸促司。其中，贸促司下设贸易信息处、贸易促进业务处和贸易促进计划处。其职能主要为：通过吸引外资、引进先进生产技术、到国外办展、促进国内外企业界的交流，树立巴西产品的国际形象，扩大巴西产品的出口，促进巴西外贸发展。经济司下设基本产品处、贸易政策处、金融政策和发展处、交通和通讯服务处。其主要职能为：就双边经贸关系中的特别问题（如纺织品设限等）及经济合作等问题对外进行双边和多边谈判。

（三）发展、工业和外贸部

发展、工业和外贸部是对外贸易的技术操作部门。其负责外贸事务的单位为外贸秘书处（副部级单位）。该单位下设外贸局、贸易维护局、外贸政策司和国际谈判司，主要负责制定并具体执行国家外贸政策，参与国际经贸协定的磋商。其中，外贸局下设农牧产品处、贸易发展处、原材料和初级产品处、机电产品处、外贸统计和系统管理处。其主要职能是管理“巴西外贸网”（SISCOMEX），负责外贸统计和具体的进出口管理。贸易维护局下设农牧产品处、中间产品处、金属和制成品处、技术和法规咨询处。其主要职能是具体制定并实施贸易维护、反倾销、反补贴等保护民族工业的措施。国际谈判局下设地区一体化处、贸易协定谈判处、国际组织处。其主要职能是同国际经贸组织谈判、参加关于原产地证及关税税则号的国际谈判等。

二、巴西贸易法规体系

巴西没有一部综合的贸易法，主要的进出口措施体现在《进口管理规定》和《出口管理规定》中。近年来，巴西采取了很多措施，使其所有立法和规则都可以通过网络查询，并且随时更新。

巴西主要的海关程序都编撰在2002年12月26日的第4543号法令中，2004年7月12日的5138号法令对其进行了修改；关税管理的主要法律制度是1994年12月23日的第1343号法令；主要的进口措施都编撰在2003年12月1日的《进口管理规定》中，2004年2月2日、2月11日和5月3日的部门法令对其进行了修改；出口措施都包括在2003年9月3日的第12号《出口管理规定》中，2004年2月16日、5月3日和5月12日的部门法令对其做了修改。

贸易救济制度主要由下列法律法规构成：1994年12月15日的第30号法令，1994年12月30日的第1355号法令，1995年3月30日第9019号法令（2003年12月修订）、1995年的第1602号法令等。

第三节　巴西的对外贸易政策

一、关税政策

作为南方共同市场（MERCOSUR，又称南锥体共同市场）成员国，巴西与其他成员国一起实行共同对外关税。南方共同市场内部，除了糖、汽车及其零部件之外，均可免税流通。

为了保护本国工业，巴西政府在征收进口关税时主要采取以下两种措施保护国内工业，防止低价倾销：（1）设置最低限价或参考价，并据此征税，如进口价低于最低限价或参考价，海关将另行计征差价税；（2）对低报价或有倾销行为的货物征收附加税。关税计征主要以CIF价为基础。当海关对出口商申报的货物价值提出质疑时，出口商可在8天内提出新的报价。进口商可以在30天之内对出口商的新报价做出反应。

根据巴西的海关税则，2010年巴西简单平均关税为11.45%。2009年巴西对南方共同市场共同对外关税例外清单做了部分调整，共涉及114个税号，税率从之前的12%～

14%下调到2%，有效期至2010年12月31日。2010年，巴西政府又对多种产品进行了关税调整，其中实行关税减免的产品主要涉及玩具生产所需零部件和原材料、部分资本品、通信设备等，提高关税的产品主要包括蓖麻油及其分离品，声音、图像和其他数据的接受、转换、发射和再生成的设备，具体包括南方共同市场税号15153000和85176259项下的产品。该政策潜在影响向巴西出口税号85176259项下产品的前五位国家，包括中国、美国、墨西哥、德国和马来西亚，上述五个国家占向巴西出口此类产品总量的87.5%。

专栏6—2　　南方共同市场

南方共同市场又称南锥体共同市场，简称南共市，是南美地区最大的经济一体化组织，也是世界上第一个完全由发展中国家组成的共同市场。1991年3月26日，最初由阿根廷、巴西、乌拉圭和巴拉圭4国在巴拉圭首都亚松森签署《亚松森条约》，宣布建立南方共同市场。此后，南共市先后接纳智利（1996年10月）、玻利维亚（1997年）、秘鲁（2003年）、厄瓜多尔（2004年12月）和哥伦比亚（2004年12月）等国为其联系国。该组织的宗旨是通过有效利用资源、保护环境、协调宏观经济政策、加强经济互补，促进成员国科技进步，最终实现经济政治一体化。成立以来，南共市取得了令人瞩目的成绩，目前已成为世界第四大经济集团。该组织的合作范围还在向其他领域，特别是政治、外交领域拓展。迄今南共市已同中国、欧盟、日本、俄罗斯和韩国等建立了对话或合作机制。

资料来源　中华人民共和国外交部，http：//www.fmprc.gov.cn/chn/pds/gjhdq/gjhdzz/lhg_43/jbqk/t4574.htm。

二、进口管理政策

（一）进口许可

巴西大部分进口产品均需办理进口许可证。进口许可证可分为“自动进口许可证”和“非自动进口许可证”两种。其中自动进口许可证主要针对那些不必进行严格贸易管制的商品，审批过程比较简单且自动批准；非自动进口许可证是针对国家控制的商品和进口行为，审批过程相对比较复杂，需要出示各种文件和证明，并要经相关机构会签，通常要在货物装船前或视情况在报关前进行。实行非自动进口许可管理的产品主要包括对民族工业有冲击的产品及高科技产品，以及军用物资等国家重点控制的产品。一般来说，非自动进口许可证的有效期为60天。若进口货物未获许可证则需缴纳该批货物海关估价的30%作为罚款，如许可证失效后货物才在出口国装船，则须缴纳该批货物海关估价的10%或20%作为罚款。

（二）进口禁止和进口配额

巴西禁止进口的产品包括：酒（以超过5升的瓶子运输）、葡萄和葡萄汁（外国葡萄或葡萄汁不允许用于生产酒类及其系列产品）、武器和弹药（军用之外的私自进口）、濒临灭绝的动植物、二手轮胎（自南方共同市场成员进口翻新轮胎除外）、二手消费品（禁止发放非自动进口许可证，除非进口用于教育和科研用）。

对于部分进口产品则实行进口配额。进口配额又称进口限额，它是一国政府在一定时间内，对于某些商品一定时期内的进口数量或金额，事先加以规定的限额，超过规定限额的不准进口。

（三）进口贸易外汇管理

巴西中央银行是外汇兑换的管理部门。在巴西，进口贸易外汇兑换是通过进口商与巴西央行授权的商业银行签署的“外汇买卖合同”进行的。

1. 进口贸易外汇兑换的基本程序

外汇兑换分两步：第一步，巴西进口商与经巴西央行批准有权经营外汇业务的商业银行签署“外汇买卖合同”；第二步，按合同进行外汇买卖交割。合同的签署和交割均应通过“巴西央行网”（SISBACEN，巴西中央银行电脑网络）在央行登记。外汇合同交割后，银行将在5个工作日内代进口商对外付款。

巴西央行规定，在一般情况下，进口贸易的付款期不得超出货物装船前180天和货物装船后360天。“外汇买卖合同”的签署和交割之间不得超过360天。此外，交割期也不得超过对外付款期。

2. “外汇买卖合同”的签署

通过签署“外汇买卖合同”，进口商既可以购买现汇，也可以购买远期外汇。分期付款应分期购汇。购买远期外汇时，进口商应遵循以下时间原则：

（1）若付款在报关之月起6个月内进行，进口商应在报关前签署“外汇买卖合同”；

（2）其他情况下，进口商应在付款之月前6个月内签署“外汇买卖合同”。

3. “外汇买卖合同”的交割

巴西政府运用电脑联网系统对外贸进行管理，“巴西央行网”与“巴西外贸网”互联，发展工商部和央行随时通过电脑网络对报关程序和外汇兑换进行监控，若发现与规定不符，就可能出现通关受阻、进口商无法结汇或被罚款的情况。2006年，巴西实行国家外汇管理新办法，包括允许出口企业或自然人将出口所得的部分外汇存入境外金融机构，留存比例将由国家货币委员会确定并进行调整，初始比例为30%左右。新办法规定，留存境外的资金仅限用于履行本公司的义务，如支付公司的债务或从事原材料的进口等，同时需向联邦税务局说明资金的使用用途。另外，免征境外资金的临时金融流通税。

（四）进口报关

巴西海关对进口报关货物实行抽检的方式，即按照绿色、黄色、红色三种不同颜色分类处理。绿色即报关货物可全部免检，并自动通关；黄色即仅检查报关文件，核实后，货物自动通关；红色即报关文件和货物均需经过检查后方能通关。根据规定，海关应在5个工作日内提出验货结果，验货时当事人应在场，货物若需样检，所发生费用由当事人承担。

专栏6—3　　巴西出台多项贸易保护措施　中国最受伤

针对中国的贸易保护主义正在从发达国家向发展中国家蔓延。受全球经济不景气影响，巴西经济增速放缓，尤其是工业生产减速明显。据分析，巴西工业萎缩与雷亚尔过度升值有关，政府在无力干预汇率的情况下，转而求助于贸易保护措施。

2011年9月6日，巴西外贸委员会宣布，即日起采取一系列措施限制进口，以保护本国工业。这些措施包括提高7种制成品的进口关税，以及对一批进口产品实施反倾销制裁，这7种制成品中有5种来自中国，主要包括瓷砖、自行车、分体式空调，关税分别从15%提高至35%、20%提高至35%、18%提高至35%。

另外，巴西还将对来自中国的碳钢管实施反倾销制裁，在未来2年内每吨将征收743美元惩罚性关税，相当于比目前的价格提高80%。受反倾销制裁的还有其他国家产品，如智利生产的粗盐将被课以35%的惩罚性关税。

巴西工贸部还表示，目前还在对一大批进口产品进行反倾销调查，因此未来还将有部分外国产品受到制裁。

资料来源　中国商务资讯网，http：//www. lookchinabiz. com/newsdetail. php？nsid=239737，2011-09-08。

三、出口管理政策

（一）出口许可

巴西对部分出口产品实行预先许可制度。2008年，巴西规定以下产品出口仍需申请出口许可证：部分活动物、活植物；部分矿物燃料、矿物油及其蒸馏产品；部分化工业及其相关工业的产品；部分有机化学品；部分药品；木及木制品；核反应堆、锅炉、机器、机械器具及其零件；部分车辆机器零部件；部分航空器、航天器及其零件；武器、弹药及其零附件。

（二）敏感产品出口

1995年10月10日，巴西发布的第9112号法令对敏感产品出口管制做了规定。潜在的敏感出口产品由“敏感产品出口管制部际委员会”进行分析，该委员会由2002年4月30日发布的4214号法令设立，由科技部领导，主要负责制定有关敏感产品出口及其相关服务的规章、标准、程序和管理体制。该委员会主要根据国际公约、条约以及与核、化学、生物和导弹技术相关的不扩散体制来分析为出口许可而提交的申请。相关产品包括桃花心木、巴西木和雪松等，受管制产品的清单定期更新，并由“敏感产品出口管制部际委员会”批准。

专栏6—4　　什么是敏感性产品及其分类和区别

敏感性产品是指在国际贸易中能够引起国际市场震动的产品。它是指涉及人类及动植物健康和安全，对国家安全、对外贸易政策、市场秩序等有重大影响的进出口产品。

在国际贸易中，敏感性产品因其性质和用途的不同可分为两类：一是显性敏感性产品；二是隐性敏感性产品。显性敏感性产品指与进口国同类产品有着激烈竞争性而被限制进口的民用性质的产品，其产品类别、规格、数量等由各国按本国同类产品在国际竞争中所处的地位而定。隐性敏感性产品指那些既可作民用，也可作军事用途而被限制出口的产品。

显性敏感性产品的确定，是为了保护本国的经济利益，最终改进国际收支状况。隐性敏感性产品的确定，是为了制约他国的军事力量，最终维护本国及其集团的利益，并不计较一时的经济得失。

显性敏感性产品的技术含量一般不高，多属劳动密集型产品，如鞋类、皮革制品等。隐性敏感性产品技术含量较高，均是高新技术密集型产品，具有很强的国际竞争性。

显性敏感性产品的限制对象是进口商，所限制的产品是他国的产品，有其确定性和不确定性，即政府规定进口商在一定时期内只能进口某国某种商品的数额，或只笼统地规定进口商在一定时期内某种商品的进口最高限额，而不作国别或地区的要求，达到所规定的限额便不能正常进口。隐性敏感性产品的限制对象是出口商，产品是本国和集团内其他成员国的产品，所限制的产品具有种类和时间的规定。只有在产品技术解密的情况下才允许出口。

显性敏感性产品多属专利保护型产品。隐性敏感性产品则多属技术保密型产品。

显性敏感性产品在贸易中表现为颁发许可证制，实行配额制。隐性敏感性产品则实行集团成员国的统一对外禁运制。

显性敏感性产品所激发的矛盾由进出口双方协调解决。隐性敏感性产品由于集团内个别成员国私下出口禁运的产品或技术而引发的矛盾，则在集团成员国之间协调解决。

显性敏感性产品在国际贸易中，无论是发达国家还是发展中国家，都可以根据本国的具体情况作出自己的界定，属于一种双向的歧视性行为。隐性敏感性产品一般只在发达国家有单方面的界定，是一种单向性的歧视行为。

资料来源 胡立德：《国际贸易中“敏感性”产品的类别及对策思考》，载《价格月刊》，1996（4）。

（三）出口促进

为鼓励出口，巴西财政部宣布，自2008年3月17日起，取消出口结汇限制，出口企业必须将出口外汇留在国内的比例由70%降至0，取消0.38%的出口金融操作税。另外，对进入收益固定的基金和国债领域的外资征收1.5%的金融操作税。

2008年9月3日，巴西发展、工业和外贸部发布了“2008—2010年巴西出口战略计划”，该计划旨在实现巴西政府2008年5月发布的新产业政策中的两项目标，即扩大巴西在国际贸易中的占比以及使更多小型企业进入市场并成为国家出口的基础。巴西出口战略计划制定了五大宏观目标：增强巴西出口竞争力；增加出口产品附加值；增强出口基础；扩大市场准入；加强服务业出口。

2009年，巴西降低了出口补贴的门槛。年销售额为3亿美元以下的企业都可以申请贷款，这将该项目的覆盖范围扩大为900家企业。

巴西还通过关税暂停征收、免除或返还等方式促进企业出口。巴西的出口退税系统还通过暂停征收进口用于生产或包装出口产品的设备和零部件的工业产品税、社会安全税、社会一体化税等方式给企业提供优惠。2009 年 4 月 4 日，巴西政府宣布了一项新的税收促进措施，称之为"综合退税"，农业综合企业是主要受益者。如果出口企业采购的货品是用于生产出口产品，则免征 5% 的工业产品税或 9.25% 的社会一体化税/社会安全税。

四、贸易救济制度

巴西发展、工业和外贸部下属的贸易保护局负责审查反倾销、反补贴和保障措施的立案或复审申请，就是否发起该调查或进行复审提出意见；贸易救济局负责确定倾销幅度或补贴数额以及是否存在实质损害或损害威胁等。巴西外贸委员会就是否使用"国家利益"条款、临时反倾销、反补贴措施的适用以及最终税率、根据复审是否改变或终止肯定性税率等方面做出最终决定，该委员会还负责制定贸易救济调查的相关程序规定。

在特保措施方面，针对中国一般商品的特保法令有效期到 2013 年 12 月 11 日。根据巴西特保法令，企业或行业提出特保请求后，政府应受理并在 30 天内与中方磋商，以达成减轻或避免行业损害的协议。如磋商未果，巴方将实施调查。

2010 年 8 月 17 日，巴西外贸委员会修订了 1995 年颁布的第 9019 号法令，通过了反规避贸易的外贸委员会第 63 号决议，该决议自发布日起生效。该决议规定如果证实规避措施对反倾销措施的适用造成了损害，则贸易救济措施适用于第三国以及正在生效措施所约束的产品零部件。第 63 号决议规定适用反倾销措施的情况包括：

（1）使用贸易救济措施的进口产品的零部件；

（2）第三国生产的相似产品，该产品包含受贸易救济措施约束的某国生产的零部件；

（3）对受贸易救济措施影响的产品做了轻微改变，但没有改变其最终用途和目的地；

（4）损害贸易救济措施效果的其他行为。

上述反规避措施不适用于下列产品：

（1）产品包含了受贸易救济措施约束的国家的零部件，但比例不超过 60%；

（2）产品在受贸易救济措施影响的国家之外获得了 20% 以上的增值。

第四节 巴西的贸易壁垒

一、关税壁垒

世界经济论坛发布的《2010 年全球贸易促进报告》显示，巴西存在高关税问题，关税方面的表现在 125 参评国家和地区中排名第 105 位。从 2004 年到 2008 年短短 4 年时间，巴西的简单平均关税由 10.4% 上升到了 11.5%。大部分大宗农产品及乳制品、食糖、酒醋饮料等农产品加工品的进口关税比较高，其中部分产品的关税水平超过 35%。

此外，在巴西政府的推动下，自 2007 年 9 月 28 日起，南锥体共同市场将鞋类和成衣的共同对外关税由 20% 上调至 35%，纺织品由 18% 上调至 26%。中国是巴西上述产品的重要来源地，该做法旨在限制中国纺织品、鞋类产品进入巴西市场乃至南锥体共同市场，对中国相关产品对南锥体成员出口产生了较大影响。

二、进口限制

巴西对大部分进口产品实行许可证管理，但在进口许可证方面存在很多问题。其中非自动进口许可证管理范围广，审批程序比较繁杂，涉及的部门或机构多。尽管巴西发展、工业和外贸部网站公布了需要申领非自动进口许可证的产品类别，但尚缺乏有关非自动进口许可要求的具体信息，以及披露主管部门拒绝非自动进口许可证申请的具体细节。此外，进口商常被以非正式和非官方的方式告知，进口许可证的发放还需满足最低进口价格要求。该最低进口价格系由巴西政府在经国内产业请求后，与国内产业协商确定，并由海关在边境实施。满足最低进口价格是获得进口许可证的前提条件和计算进口商品海关价格的基础。最低进口价格措施缺乏透明度，不仅没有实行该措施的法律基础，巴西也没有公布任何有关最低价格的具体数额的信息。

三、通关环节壁垒

巴西的海关管理效率低下，进出口手续繁琐，存在诸多问题。《2010年全球贸易促进报告》显示，在125个参评国家和地区中，巴西在海关管理方面的表现排名第115位，进口手续方面的表现排名第81位，出口手续方面的表现排名第97位。

根据巴西法律规定，如果集装箱在到港90天后仍无人认领，将由巴西联邦税务局负责拍卖或捐赠，若为假冒伪劣产品则销毁。有部分巴西进口商在货物到港后故意不提货也不付款，待到集装箱到码头90天之后，通过拍卖低价获得货物，使得出口企业蒙受损失。2008年10月以来，从中国出口到巴西的许多货品，在运达巴西各港口后，巴西的进口商由于汇率波动之后无利可图便迟迟不去提关，大批已运至当地的商品搁置于海关码头，致使中国出口企业受到严重损失。

2009年8月10日，巴西通过了一项有关产品通关的法令，但该法令使进口易腐烂产品或随时间贬值的商品（如高科技产品）很容易遭受损失。此法令生效前，当进口货物因产品归类问题在海关被扣押时，进口公司通常向法院申请放行货物的指令。大多数情况下，进口商提交一些保证金便可使货物放行。但根据新法令，与进口货物相关的情况不能适用此种指令。这将使进口商今后在处理需要马上放行的货物方面困难重重。

四、技术性贸易壁垒

自2007年8月起，巴西实施了一项严格的玩具进口行政法规，法规规定，任何国家出具的测试报告在巴西无效。虽然2009年出台了新的法规，允许国外经“国际实验室认可合作组织”认可的机构对进入巴西的玩具产品是否符合巴西的标准进行测试，但其出示的检测结果依然需要“巴西国家计量、标准化与工业质量协会”的认证，并且还需提供报告正本的葡萄牙语翻译文本。虽然新规定相比之前有所放宽，但是仍显繁琐，给出口商造成了不便。

五、卫生与植物卫生措施

2008年5月7日，巴西农畜食品供应部动植物卫生秘书处向WTO通报了关于酒精饮料特征和质量标准的技术法规草案。该标准中存在众多与国际标准及通行做法不相一致的地方。第一，该标准草案根据化学成分对酒精饮料进行分类，而大多数国家采用的分类依据是原料和生产工艺；第二，该标准将最小酒精浓度设定为35%，低于37%的国际标准，将最大酒精浓度设定为54%，与相关的国际标准并不一致；第三，该法规还对酒精饮料中所允许使用的香精品种做出了过多的限制；第四，该法规草案对每升酒精饮料中的糖分含量进行了限制。

延伸阅读　　发展中国家涉华贸易摩擦激增——巴西不容小视

根据中国商务部公开信息统计，2011 年，阿根廷、墨西哥、巴西、土耳其、印度等发展中国家的涉华贸易救济案件多达约 40 起，其中新发起案件 14 起，反倾销 12 起，反补贴 1 起，保障措施 1 起。产品涉及电扇、电加热器、不锈钢餐具、无缝钢管、钢钉、草甘膦等。

值得关注的是，2011 年 4 月 18 日，巴西对我涂镀板发起反倾销调查，是巴西当年对我发起的第二起反倾销调查，涉案金额逾 3 亿美元，为巴西历史上对我发起的涉案额最大的反倾销案；次月 16 日，巴西对原产自中国的合成纤维毯发起反规避调查，这是巴西对我发起的首起反规避调查；2011 年 7 月 12 日，墨西哥再次对原产于中国的三水阿莫西林开启“双反”调查，该案成为拉美地区对中国产品的首起“双反”调查。这些典型案例将会产生不好的示范效应，从而引发其他发展中国家纷纷效仿。

除了已经发生的上述案件之外，一些发展中国家近期也多次释放出具有贸易保护主义倾向的信号，并且多为针对中国商品。2011 年 6 月 28 日，阿根廷工业部长希奥尔希公开建议南方共同市场国家建立集体对外贸易壁垒，限制中国产品进口。此前，阿根廷政府曾提议与巴西建立对外贸易“统一战线”，共同抵制中国产品进入南美市场，但未得到巴西政府响应。

来自巴西的情况也不乐观。在距离出台严厉规定遏制雷亚尔升值仅一周，巴西政府便将注意力转移到了进口问题上。巴西政府曾表示，面对美元走软的局面，有必要采取更多的行动保护本国工业。巴西颁布了涉及范围广泛的“壮大巴西”计划。作为计划的一部分，政府承诺将国内贸易调查员的数量增加 3 倍，至 120 人。巴西政府还出台了价值 250 亿巴西雷亚尔（合 160 亿美元）的税收减免措施，以帮助遭受重创的纺织、鞋类、家具与软件行业。

从以上可以看出，一方面，新兴经济体对华发起的贸易救济措施案件增多，金额也显著增加；另一方面，受累于债务危机，欧美贸易保护可能浪潮再起，造成多国围堵我出口的局面出现。

对于来自发展中国家的贸易救济措施，相比来自欧美地区的，中国可能更加难以应对。有专家分析称欧美市场是我国出口产品的主打市场，从制度建设到程序履行都比较规范而且严格，市场秩序良好，有章可循，而且我国出口到欧美市场的产品品质也相对高一些。而新兴市场，由于经济发展和制度建设都比较落后，同时也是我国企业开拓得比较晚的市场，各方面还不够规范和成熟，因此在信息披露、纠纷处理等方面都不够顺畅。

此外，拉美国家多使用西班牙语和葡萄牙语，语言障碍大，国内熟悉当地语言、文化、法律、贸易规则等的人才太少。而发展中国家对我贸易救济增多也是这几年才出现的趋势，应对经验相对较少。因此，应对来自这些地区的贸易摩擦，无论对中国的政府、协会，还是企业、律师，难度都会很大。

资料来源 中国新闻网，http：//www. chinanews. com/cj/2011/08-26/3284840. shtml，2011-08-26。

思考题：针对发展中国家涉华贸易摩擦激增，中国应该怎样面对？

复习思考题

1. 简述巴西主要外贸管理机构及其职责。
2. 在巴西，进口贸易外汇兑换的基本程序如何？
3. 巴西海关对进口报关货物的抽检有几种处理方式？
4. 什么情况适用巴西外贸委员会第63号决议规定中的反倾销措施。

第七章 印度的贸易政策

学习目标

通过对印度贸易政策的全面学习，应了解印度主要贸易概况以及我国与印度双边经贸关系的发展情况；熟悉印度相关的服务贸易政策；掌握印度有关对外贸易进出口管理政策、关税政策及其具体实施过程。

开篇案例

中印电信设备贸易

早在2009年5月，印度政府曾出于安全考虑，禁止其国有运营商BSNL在阿萨姆、北方邦、马邦等16个敏感邦尤其是边境地区使用中国产电信设备。中国电信设备对印度的出口已因此受到阻碍。2010年4月，印度电信部再次禁止BSNL公司购买中国厂商生产的电信设备。2010年5月24日，印度国有电信运营商BSNL表示，已禁止中国电信设备制造商华为和中兴参与其GSM北区和东区项目的竞标。2010年6月3日，印度有关部门同意对中国电信设备的进口实施有条件解禁，允许进口经过国际安全审计机构审计合格的中国电信设备。2010年6月7日，印度官方又明确提出安全性标准，要求电信设备供应商提供担保，保证其产品符合国际标准且不具有安全威胁。一旦电信设备供应商提供的设备或软件被检测出间谍软件、木马程序和恶意软件，该电信设备供应商将进入黑名单，禁止在印度销售任何电信设备。2010年7月2日，据印度《经济时报》报道，印度政府制定了一份电信设备供应商名单，并决定在其新网络安全规则实施前，暂时禁止印度电信运营商购买名单所列供应商的设备。该名单由印度情报部门制定，其中包括联想、华为、中兴等25家中国电信供应商。

2010年7月28日，印度电信和信息产业部发布通告，对近来实行的电信设备采购规则做了新的修改。通告修改了电信牌照规则，宣布立即对外国电信设备的采购实施严苛的安全审查制度。通告规定，出于维护国家安全和公众利益的考量，运营商应当有明确的安全政策和相应的网络安全管理措施，并需对整个网络安全负责，其中包括：运营商拟购核心电信设备须经印度政府指定的第三方认证机构认证；设备供应后一年内及此后每两年，供应商需接受运营商或印度政府对其制造基地的实地安全核查；供应商须将源代码及软硬件设计细节、供应链信息提交第三方账户托管，印度政府在紧急状态下有权分析和使用上述信息。但是要求企业共享其严格守护的源代码，以及允许当局或第三方在任何时间进入（并可能修改）源代码的规定，涉及知识产权方面的问题，引起国际电信设备业界的强烈反对。新规定还要求设备供应商必须允许当地运营商、政府或指定的第三方机构，“检查硬件、软件、设计、开发、制造设施和供应链，并对所有软件进行安全/威胁检查”。一旦在网络中发现间谍软件或恶意软件，运营商将面临每单5亿卢比（合1 100万美元）的罚款，同时设备供应商面临与合同金额相同的罚款。

2010年8月19日，印度通信部表示，已取消有关电信企业不得从中国企业采购电信设备的禁令。但是由于印度相关政策的反复多变且经常以安全为由限制中国设备的进口，给中国相关企业造成了歧视，严重扭曲了双边的正常贸易。

资料来源 根据国别贸易投资环境报告——印度2006—2011年整理所得。

第一节 中国与印度双边经贸概况

中印早在“丝绸之路”时代就开始互通有无。20世纪90年代以来，随着中国与印度政治关系的改善，中印双边贸易投资不断扩大。中国和印度是两个最大的发展中国家，也是目前世界上经济发展最快的国家。两国国情相似，人口众多、经济发展水平不高，均面临着发展经济、提高人民生活水平的重任。随着中国与印度迅速崛起，中印两国双边贸易也迅速增长（见表7—1）。据印度商业信息及统计署与印度商务部的统计，2011年1—3月中印双边贸易额为165.7亿美元，同比增长35.5%。其中，印度对中国出口61.5亿美元，同比增长52.8%；自中国进口104.2亿美元，同比增长27%；印度逆差42.7亿美元，同比增长2.1%。截至2011年3月末，中国下降成为印度第二大贸易伙伴，仅次于阿联酋，同时继续保持成为印度第一大进口来源地和第三大出口市场，但同时双方普遍存在贸易保护主义、低水平贸易、非经济因素等一系列制约因素。为促进中印经贸持续健康发展，两国应继续增强政治互信，建立“金砖国家”经济战略对话机制，优化贸易结构，扩大产业内贸易，采取措施减少贸易摩擦及其损失，进一步加强贸易合作。

表7—1 **2006—2010年印度与中国双边贸易情况一览表**

年份	贸易总额（亿美元）	增长率（%）	对中出口（亿美元）	增长率（%）	自中进口（亿美元）	增长率（%）	印方顺差（亿美元）
2006	248.6	32.9	102.8	5.2	145.8	63.2	-43.0
2007	386.5	55.5	146.3	42.4	240.2	64.7	-93.9
2008	517.8	34.0	202.8	38.6	315.0	31.2	-112.2
2009	433.8	16.3	137.1	-32.3	296.7	-6.1	-159.6
2010	617.6	42.4	208.4	51.8	409.2	38.0	-200.8

资料来源 《中国海关统计》（2007—2011）。

分国别（地区）看，阿联酋、美国和中国是印度的前三大出口市场。2011年1—3月，印度对上述三国的出口分别为124.7亿美元、77.1亿美元和61.5亿美元，同比增长64.6%、36%和52.8%，占印度出口总额的15.5%、9.6%和7.7%。中国、阿联酋和瑞士是印度的前三大进口来源地。2011年1—3月，印度自三国的进口分别为104.2亿美元、90.9亿美元和78.7亿美元，同比增长27%、25.2%和47.9%，分别占印度进口总额的10.4%、9%和7.8%（见表7—2和表7—3）。

表7—2 **印度对主要贸易伙伴出口额（2011年1—3月）** 单位：百万美元

国家和地区	金额	同比（%）	占比（%）
总值	80 224	55.4	100.0
阿联酋	12 468	64.6	15.5
美国	7 712	36.0	9.6
中国	6 149	52.8	7.7
新加坡	3 429	55.5	4.3
中国香港	3 281	33.8	4.1
荷兰	2 551	86.8	3.2
比利时	2 441	109.8	3.0
印度尼西亚	2 413	230.6	3.0
英国	2 277	47.2	2.8
德国	2 265	51.7	2.8

资料来源 根据国别贸易报告——印度2011年第2期整理所得。

表7—3 **印度自主要贸易伙伴进口额（2011年1—3月）** 单位：百万美元

国家和地区	金额	同比（%）	占比（%）
总值	100 707	24.1	100.0
中国	10 423	27.0	10.4
阿联酋	9 089	25.2	9.0
瑞士	7 873	47.9	7.8
沙特阿拉伯	5 259	0.2	5.2
美国	4 603	26.8	4.6
科威特	3 493	59.1	3.5
伊拉克	3 481	97.7	3.5
中国香港	3 140	108.8	3.1
德国	3 041	16.8	3.0
伊朗	2 907	-5.4	2.9

资料来源 根据国别贸易报告——印度2011年第2期整理所得。

分商品看，矿产品、贵金属及制品和贱金属及制品是印度的主要出口商品，2011年1—3月，三类产品出口分别为153亿美元、148.8亿美元和107.9亿美元，同比增长29.6%、59.6%和200.2%，占印度出口总额的19.1%、18.6%和13.5%。其他各类主要出口商品中，运输设备和食品、饮料、烟草出口增幅均超过100%，出口额分别达到54.1亿美元和29.6亿美元。矿产品、贵金属及制品和机电产品是印度进口的前三大类商品，

2011 年 1—3 月，三类产品进口分别为 347.5 亿美元、247.1 亿美元和 143.9 亿美元，同比增长 17.0%、50.8% 和 24.9%，占印度进口总额的 34.5%、24.5% 和 14.3%（见表 7—4 和表 7—5）。

表 7—4 **印度主要出口商品构成（类）（2011 年 1—3 月）** 单位：百万美元

海关分类	HS 编码	商品类别	2011 年 1—3 月	上年同期	同比（%）	占比（%）
类	章	总值	80 224	51 630	55.4	100.0
第 5 类	25—27	矿产品	15 302	11 811	29.6	19.1
第 14 类	71	贵金属及制品	14 879	9 324	59.6	18.6
第 15 类	72—83	贱金属及制品	10 789	3 594	200.2	13.5
第 11 类	50—63	纺织品及原料	7 969	7 033	13.3	9.9
第 6 类	28—38	化工产品	7 296	5 173	41.1	9.1
第 16 类	84—85	机电产品	6 438	3 503	83.8	8.0
第 17 类	86—89	运输设备	5 414	2 222	143.7	6.8
第 4 类	16—24	食品、饮料、烟草	2 960	1 087	172.3	3.7
第 2 类	06—14	植物产品	2 787	2 268	22.9	3.5
第 7 类	39—40	塑料、橡胶	1 744	1 237	41.0	2.2

资料来源 根据国别贸易报告——印度 2011 年第 2 期整理所得。

表 7—5 **印度主要进口商品构成（类）（2011 年 1—3 月）** 单位：百万美元

海关分类	HS 编码	商品类别	2011 年 1—3 月	上年同期	同比（%）	占比（%）
类	章	总值	100 707	81 154	24.1	100.0
第 5 类	25—27	矿产品	34 747	29 712	17.0	34.5
第 14 类	71	贵金属及制品	24 712	16 393	50.8	24.5
第 16 类	84—85	机电产品	14 393	11 525	24.9	14.3
第 6 类	28—38	化工产品	6 326	5 495	15.1	6.3
第 15 类	72—83	贱金属及制品	5 712	4 336	31.7	5.7
第 17 类	86—89	运输设备	2 844	2 611	8.9	2.8
第 7 类	39—40	塑料、橡胶	2 397	1 951	22.9	2.4
第 3 类	15	动植物油脂	1 798	1 639	9.7	1.8
第 18 类	90—92	光学、钟表、医疗设备	1 232	1 213	1.6	1.2
第 11 类	50—63	纺织品及原料	1 016	840	20.9	1.0

资料来源 根据国别贸易报告——印度 2011 年第 2 期整理所得。

贱金属及制品、矿产品和纺织品及原料是印度对中国出口的主要产品。2011 年 1—3

月，贱金属及制品对中国出口 26.5 亿美元，同比增长 83.27%，占印度对中国出口总额的 43.1%；矿产品和纺织品及原料对中国出口分别为 19.2 亿美元和 4.2 亿美元，同比减少 20.3% 和 28.3%，占印度对中国出口总额的 31.3% 和 6.9%。其他主要出口商品中，机电产品、艺术品和食品、饮料、烟草等对中国出口增长迅速，增幅均超过 100%（见表 7—6）。印度自中国进口的主要商品为机电产品、化工产品和贱金属及制品，1—3 月合计进口 70.8 亿美元，占印度自中国进口总额的 67.9%（见表 7—7）。在这些产品上，德国、美国、韩国、孟加拉国等国是中国的主要竞争对手。

表 7—6　**印度对中国出口主要商品构成（类）（2011 年 1—3 月）**　单位：百万美元

海关分类	HS 编码	商品类别	2011 年 1—3 月	上年同期	同比（%）	占比（%）
类	章	总值	6 149	4 025	52.8	100.0
第 15 类	72—83	贱金属及制品	2 651	284	832.7	43.1
第 5 类	25—27	矿产品	1 923	2 411	−20.3	31.3
第 11 类	50—63	纺织品及原料	423	590	−28.3	6.9
第 6 类	28—38	化工产品	320	273	17.2	5.2
第 16 类	84—85	机电产品	171	77	122.3	2.8
第 7 类	39—40	塑料、橡胶	147	94	56.2	2.4
第 21 类	97	艺术品	100	9	1 059.3	1.6
第 4 类	16—24	食品、饮料、烟草	99	36	173.1	1.6
第 1 类	01—05	活动物；动物产品	74	50	48.5	1.2
第 2 类	06—14	植物产品	62	37	67.8	1.0

资料来源　根据国别贸易报告——印度 2011 年第 2 期整理所得。

表 7—7　**印度自中国进口主要商品构成（类）（2011 年 1—3 月）**　单位：百万美元

海关分类	HS 编码	商品类别	2011 年 1—3 月	上年同期	同比（%）	占比（%）
类	章	总值	10 423	8 209	27.0	100.0
第 16 类	84—85	机电产品	4 813	3 764	27.9	46.2
第 6 类	28—38	化工产品	1 456	1 137	28.1	14.0
第 15 类	72—83	贱金属及制品	812	753	7.9	7.8
第 17 类	86—89	运输设备	554	385	44.1	5.3
第 11 类	50—63	纺织品及原料	450	340	32.4	4.3
第 7 类	39—40	塑料、橡胶	283	194	45.7	2.7
第 14 类	71	贵金属及制品	247	88	180.3	2.4
第 5 类	25—27	矿产品	246	213	15.6	2.4
第 20 类	94—96	家具、玩具、杂项制品	193	132	46.5	1.9
第 13 类	68—70	陶瓷；玻璃	191	138	38.7	1.8

资料来源　根据国别贸易报告——印度 2011 年第 2 期整理所得。

第二节 印度进出口管理政策

一、进口管理政策

印度商工部是印度进出口管理的主要部门，下设商务、产业政策与促进两大部门。商工部下另设印度外贸总局和供销总局。印度商工部每年对现行的外贸指导政策进行修订或调整。目前印度执行的对外贸易政策是2009年8月27日印度商工部公布的《2009—2014年外贸政策》。除此之外，印度商工部外贸总局还通过公告等形式临时调整进出口管理措施。例如，2010年1月27日，印度商工部外贸总局发布第27/2009—2014号公告，对2009年6月16日发布的第113号公告做出修改，放宽对玩具产品（海关编码为9501、9502和9503）的进口限制。

印度对进口产品的管理较为复杂，主要分为四种情形：（1）自由进口品，只需填写“公开一般许可证”即可进口；（2）禁止进口品，如野生动物产品及象牙、动物胃内膜以及动物油脂类产品；（3）限制进口品，即需要获得印度外贸总局签发的特别许可证方可进口，包括部分化学品以及畜产品；（4）专属进口品，即只有政府的贸易垄断公司才能按照内阁批准的时间和数量进口的产品，包括石油产品、部分药品以及散装粮食等。

二、出口管理政策

《2009—2014年外贸政策》是印度目前出口管理的主要指导性政策，其中与出口相关的部分包括：采取包括财政刺激、机构改革、流程优化等一揽子措施，从提高外贸基础设施水平、降低交易成本和返还税收三方面着手，促进外贸发展；突出对劳动密集型出口行业的支持，主要针对纺织、皮革、手工艺品等行业；专门成立一个由财政部秘书、商工部秘书和印度银行业协会主席组成的委员会，确保出口企业的外汇信贷需求；延长所得税优惠期，对IT产业和产品全部出口的企业，所得税优惠期延长1年。对现有出口鼓励措施进行修订，包括：（1）将享受事前许可优惠的增值标准提高至15%；（2）在重点市场计划中新增26个国家；（3）加大资本品进口关税减免优惠，对生产环境友好型商品所需资本品免进口关税，对技术改造所需的资本品免进口关税；（4）扶持钻石加工出口，对钻石切割、抛光和检测机械进口免关税。

金融危机以来，印度政府采取了一系列促进出口的政策，推出了多套经济刺激方案。2010年印度继续出台新的激励政策，大力推动出口。2010年8月23日，印度商工部宣布延长对出口产业的财政刺激政策，以帮助相关产业度过全球经济恢复期。该项政策预计将给予总价值105.2亿卢比（约合2.3亿美元）的优惠，主要针对劳动密集型产业如纺织、手工制品和皮革业等，具体措施包括出口退税、进口生产资料的优惠贷款和利率等。其中，关税权利义务证书（DEPB）被再次延长6个月。而机械工程、纺织、皮革等产业开始享受2%的利率补助政策，有效期至2011年3月31日。此外，政府还将生产资料出口零关税政策（EPCG）的有效期延长1年。出口产品交易费用也同时降低，此前该费用约占出口价值的7%～8%。该政策还将进一步简化出口程序，允许更多出口商实行“自行验证”。目前仅部分行业的大出口商才允许自行验证出口商品，而无需接受海关官员的认证。据印度出口组织联盟（FIEO）的一项研究，交易成本占到出口商总成本的7%，简化程序和降低成本政策将给出口商带来50亿美元的经济收益。

近年来印度政府还不断发布公告推出相应的出口管理措施，包括颁布出口禁令、加征出口关税等。印度禁止出口的商品包括野生动物、部分木产品、化工木浆等，除此之外，印度还通过特别禁令等对部分敏感产品的出口实行管制。

第三节 印度关税政策

一、关税管理政策

印度与关税管理相关的基本法律主要有《1962年海关法》和《1975年海关关税法》。《1962年海关法》是印度管理进出口关税及规范关税估价标准的主要法案之一。《1975年海关关税法》详细规定了海关关税的分类及具体的征税办法，包括进口商品和出口商品的分类和适用税率。印度财政部下属的中央销售税及关税委员会负责关税的制定与调整，并在每年的政府财政预算案中公布当年的主要关税调整情况。印度关税大部分为从价税。关税主要包括基本关税、附加关税、特别附加税和出口关税等。

二、关税水平及其调整

根据WTO统计，2008年印度的简单平均最惠国适用关税税率为13.0%，农产品的简单平均最惠国适用关税税率为32.2%，非农产品为10.1%。

专栏7—1 **印度相关进口关税调整内容**

印度财政部每年公布年度财政预算，作为当年的政府施政依据。2010年2月26日，印度财政部公布《2010—2011年度财政预算案》，提出了一揽子的贸易促进措施，并对关税、消费税、服务税等进行了调整，其中与进口关税相关的主要内容包括：

（1）对生产冷藏车所需的制冷机组实行海关关税全免；

（2）对于印度不生产的、指定的农业机械给予5%的关税优惠待遇；

（3）对于设立光伏和太阳能热发电的单位所需的机械、仪器仪表、设备和用具等给予5%的关税优惠待遇，同时也免除其中央消费税；

（4）用于挖掘地热能源的地源热泵，免除基本关税和特别附加关税；

（5）对于取代人力的太阳能三轮车，给予4%的关税优惠待遇，其主要部件的进口可以免关税；

（6）对可堆肥聚合物免征基本关税；

（7）为了鼓励国内制造移动电话配件，免除基本关税、附加关税和特别附加关税的待遇，现扩大到对部分电池充电器和免提耳机也同样适用，免征特别附加关税有效期延长至2011年3月31日；

（8）对所有的医疗设备，统一给予基本关税5%、附加关税4%以及全面免征特别附加税的优惠待遇；

(9) 上调黄金、白银和铂金的进口关税：每10克黄金和铂金的关税由200卢比上调至300卢比，每千克白银关税由1 000卢比上调至1 500卢比；

(10) 对稀有金属铑（用于首饰抛光）的基本关税降至2%；

(11) 对金矿石及浓缩物的基本海关关税从2%的从价税减少至每10克含金量140卢比，并全面免除特别附加税；

(12) 对微波炉生产的关键部件之一，即磁控管的基本关税从10%减少至5%；

(13) 长椒基本海关关税从70%降至30%；

(14) 阿魏（药用植物）基本海关关税从30%降至20%。

资料来源 根据国别贸易投资环境报告——印度2011年第1期整理所得。

第四节 印度贸易救济政策

印度《1975年海关关税法》的第9、9A节和9B节，以及《1995年关税（对倾销商品及其倾销幅度的证明、计算及损害的确定）规则》是印度反倾销调查和征收反倾销税的法律基础。此外，《1975年海关关税法》对保障措施进行了规定，《1997年海关关税（保障措施的确认和评估）规则》以及《2002年海关关税（过渡期产品特别保障税）规则》对保障措施的程序方面做出了规定。印度商工部所属的印度反倾销总局负责反倾销和反补贴调查并做出裁决，提出征税建议。印度财政部下属的保障措施总局（DGS）负责保障措施调查和特保调查并做出裁决，提出拟采取的措施建议。印度财政部根据征税建议决定是否征税。

印度是对中国发起反倾销案件调查最多的发展中国家。2010年，印度采取了较多针对中国进口产品的禁令及限制措施，包括多次延长限制中国含奶制品的进口禁令、对中国产玩具产品实施进口禁令、限制中国电力设备进口等。2010年，印度共对中国产品新发起12起贸易救济调查案件（11起反倾销，1起保障措施），涉及的产品主要包括化工、纺织服装和钢铁产品等。根据中国商务部统计，从1992年印度对外发起第一起反倾销调查以来，截至2010年底，印度共对中国产品发起144起反倾销调查、1起反补贴调查、6起特保措施调查和11起保障措施调查。2010年印度对中国产品发起的反倾销调查见表7—8。

表7—8 2010年印度对中国产品发起的反倾销调查统计表

编号	立案时间	涉案产品	涉案产品海关编码	案件进展
1	1月8日	玻璃纤维	7019	2011年1月6日做出终裁，泰山玻纤有限公司20.89%，巨石集团有限公司18.67%，重庆国际复合材料公司7.46%，其他企业40.91%

续表

编号	立案时间	涉案产品	涉案产品海关编码	案件进展
2	1月12日	无缝钢管	7304	2010年11月18日，印度商工部发布公告称，由于缺乏国内主要生产商在损害调查期内的损害信息，从而无法确定涉案产品的进口对国内产业造成的损害，因此终止对原产于中国的无缝钢管的反倾销调查
3	2月1日	PVC胶膜	39201019、39201012、39204900、39209026、39219029、39269099、39199090、39181090、39189090、39269080	2010年6月22日，作出反倾销初裁，征收0.012～0.545美元/克的临时反倾销税

资料来源　选自国别贸易投资环境报告2010年印度对中国产品发起的反倾销调查统计表中已经处理的案件。

第五节　印度服务贸易政策

印度商工部工业政策促进局（DIPP）负责制定外国直接投资政策。印度外国投资指导性法规主要有《1934年印度储备银行法》、《1991年工业政策》、《1999年外汇管理法》、《1956年公司法》和《1961年所得税法》。进入印度的外国投资通常有两种路径：一种是自动路径；另一种是政府路径。自动路径的外国投资者或印度公司无需经过印度储备银行（RBI）或印度政府的投资审批；政府路径则要求印度政府通过外国投资促进委员会（FIPB）对该投资项目进行事先批准。印度经济事务部外国投资促进委员会将根据情况，对需要经过政府路径批准的外国投资进行修改和调整。

除了个别重要的部门外，印度经济的大部分行业至少已经部分向外资开放。同时，印度政府对外国投资的其他方面也不断开放，并减少各种政府审批，很多行业的外国直接投资可自动获得批准。继2009年4月1日印度公布《有限责任合伙企业法》后，2010年8月，印政府又将出台政策，允许外商投资在印度设立有限责任合伙企业。外商设立有限责任合伙企业将受一定条件制约，业务范围仅限外商100%持股，且不适用“最低资本金”和“锁定期”制度的行业。此外，外商独资或合资的印度企业将禁止投资设立有限责任合伙企业，同时，有限责任合伙企业也不得再行投资。印商工部工业政策促进局已将上述议案提交财政部。2010年8月，据印度《经济时报》报道，印度政府拟批准外资针对资产重组公司的大规模投资。投资方式包括购买银行不良贷款并通过注资来恢复其优良资质。投资比例可望由目前的49%提高至100%。为达此目的，印度商工部和中央银行正积极修改金融资产重组和安全法规中关于外资投资比例的限制条款。

专栏7—2 印度投资制度中禁止外资进入的领域

根据2010年4月1日生效，由印度商工部发布的《外国直接投资政策大全》，目前印度明确禁止外资进入的领域包括以下部门：

（1）零售贸易（单一品牌产品零售除外）；

（2）原子能；

（3）博彩业（包括政府/私人博彩，网上在线博彩等）；

（4）赌博业（包括赌场等）；

（5）银行业务经营；

（6）金钱借贷公司；

（7）对可转让发展权的买卖；

（8）房地产或农舍建筑；

（9）尚未对私人投资开放的部门。

除任何形式的外国投资外，也完全禁止任何形式的外国技术合作，包括对特许经营、商标、品牌、管理合同等的许可，进入印度博彩业或赌博行业。

资料来源 根据国别贸易投资环境报告——印度2011年第1期整理所得。

2010年4月8日，印度财政部对外商投资政策进行重大调整，宣布禁止外国直接投资比例低于49%的印度公司对多品牌零售业、农业、彩票和原子能领域进行再投资。根据之前印度外商投资政策，任何一个外资控股少于50%的企业都被视为印度控股公司，如果印度人占董事会成员的多数，则视为印度实际控制公司。因此，如一家外资控股比例低于49%的公司进行再投资时，可被视为印度公司投资多品牌零售业和农业等禁止外商投资的领域。根据印度新的外商投资政策，此类公司将无法再投资上述领域。

章末阅读 印度提高铁矿石出口关税并限制出口数量

对于铁矿石的出口关税，印度政府从2008年开始进行多次调整。2008年11月7日，印度财政部发布第121号海关公告，规定自即日起对铁矿石（精矿）出口征收8%的从价税，取代10月31日开始实施的每吨200卢比的固定出口税。

据印度《金融快报》报道，印度钢铁部表示，为保证本国市场供应，印度或将提高关税并限制铁矿石出口数量。印度财政部于2010年4月29日宣布，调整铁矿石的出口关税，其中铁矿石块矿出口关税从10%提高到15%。尽管如此，但这对铁矿石出口的影响有限。如有需要，印度政府将采用关税措施和数额限制控制出口。2010年7月，印度铁矿石重要产地卡纳塔卡邦宣布禁止邦内的10个主要港口出口铁矿石。禁止出口的卡纳塔卡邦港口包括 Karwar、Belikere、Tadadi、Honnawar、Bhatkal、Kundapur、Malpe、Hangarkatte、Old Mangalore 和 Padubidre。铁矿石出口中心新芒格洛尔港因隶属联合海运部，不在卡纳塔卡邦禁止名单中。

印度是中国第三大铁矿石来源国，印度政府在一年之内多次调整铁矿石的出口关税，具有很大的不确定性，给中国进口商带来相应的困扰。

思考题：你认为印度提高铁矿石关税并限制出口数量将给中国铁矿石进口商带来哪些影响？

复习思考题

1. 简述中印双边贸易发展情况。
2. 印度主要贸易政策包括哪些方面？
3. 印度关税制度有哪些主要特点？
4. 中国企业在印度进行服务贸易投资时应注意哪些问题？

第八章 俄罗斯的贸易政策

学习目标

通过对俄罗斯贸易政策的全面学习，应初步了解俄罗斯主要贸易概况，深入了解我国与俄罗斯双边经贸发展情况；熟悉俄罗斯贸易政策管理机构及贸易救济的相关政策；掌握俄罗斯有关的对外进出口贸易政策、关税政策。

开篇案例

俄罗斯最新肉类进口配额制度

俄罗斯政府从2003开始实行肉类进口配额，在进行加入WTO的谈判时，俄罗斯承诺对肉类产品实施进口配额的权力保留到2009年，并每年增加配额数量，但2010年俄罗斯仍对牛肉、禽肉和猪肉实施进口配额，并对配额数量进行了削减。其中，冷鲜牛肉的进口配额为3万吨，冷冻牛肉的进口配额为53万吨，与2009年持平；禽肉进口配额为78万吨，比2009年减少了17.2万吨；猪肉进口配额为50万吨，比2009年减少了3.19万吨。除削减配额数量外，俄罗斯还对配额外进口征收高关税。根据2009年对猪肉和禽肉配额外关税进行的调整，俄罗斯对禽肉的配额外进口征收95%但每千克不得少于0.8欧元的高关税，猪肉的配额外进口征收75%但每千克不得少于1.5欧元的高关税。

分析：我国注意到俄罗斯关税配额并不是按照公开招标的方式进行分配，在实践中往往将禽肉、猪肉和牛肉的大部分配额分配给美国、欧盟和泰国等国家和地区，仅给予中国极少的配额数量。我国认为，俄罗斯的上述做法对中国的猪肉和禽肉进入俄罗斯市场构成了障碍，其配额分配方式是一种明显的歧视和限制，使我国从事生鲜肉类生产的企业无法正常进入俄罗斯市场，造成了巨大损失。所以，中国希望俄罗斯改变配额分配方式，降低配额外关税并逐步取消猪肉和禽肉的进口配额限制，并严格按照入世谈判所作的承诺，尽快取消肉类产品的关税配额管理。

资料来源　根据国别贸易投资环境报告——俄罗斯2010年第1期整理所得。

第一节 中国与俄罗斯双边经贸概况

中俄两国有着特殊的历史关系，中华人民共和国成立后的第二天，苏联就承认了新中国，之后，中苏两国在1950年2月14日签订了《中苏友好同盟互助条约》，正式结盟。1991年12月苏联解体后，俄罗斯作为苏联法律继承者，接受了中苏关系正常化的成果，很快实现了两国关系从中苏关系到中俄关系的过渡，此后，中俄关系平稳发展。近年来，国际市场能源和原料性商品价格持续上升，中国对此类商品的需求也急剧增加，在这样的宏观背景下，2000 年中俄双边贸易走出了低位徘徊局面，达到 80 亿美元的历史最高水平。其后，贸易额每年均创新高（见表 8—1）。据俄罗斯海关统计，2011 年 1—6 月中俄双边贸易额为 353.6 亿美元，同比增长 41.7%。其中，俄罗斯对中国出口 138.7 亿美元，同比增长 43.1%；自中国进口 214.9 亿美元，同比增长 40.8%；俄方逆差 76.2 亿美元，同比增长 36.8%。中国为俄第三大出口市场和第一大进口来源地。

表 8—1　　**2006—2010 年俄罗斯与中国双边贸易情况一览表**

年份	贸易总额（亿美元）	增长率（%）	对中出口（亿美元）	增长率（%）	自中进口（亿美元）	增长率（%）	俄方顺差（亿美元）
2006	333.9	14.7	175.5	10.5	158.3	19.8	17.2
2007	481.7	44.3	196.8	12.1	284.9	79.9	-88.1
2008	568.3	18.0	238.3	21.1	330.1	15.9	-91.8
2009	388	-31.8	212.8	-10.7	175.1	-47.1	37.7
2010	554.5	43.1	258.4	21.7	296.1	69.0	-37.7

资料来源　《中国海关统计》（2007—2011）。

分国别（地区）看，2011 年 1—6 月俄罗斯对荷兰、乌克兰、中国和德国的出口额分别占俄出口总额的 13.9%、7.3%、7.0% 和 6.6%，为 275.8 亿美元、144.3 亿美元、138.7 亿美元和 130.0 亿美元，同比增长 0.7%、63.4%、43.1% 和 21.5%，对上述四国出口占俄罗斯出口总额的 34.7%；自中国、德国、乌克兰和日本的进口额分别占俄进口总额的 16.0%、12.3%、6.9% 和 5.2%，为 214.9 亿美元、164.5 亿美元、92.1 亿美元和 69.7 亿美元，同比增长 40.8%、70.7%、61.1% 和 85.6%（见表 8—2 和表 8—3）。

表 8—2　　**俄罗斯对主要贸易伙伴出口额（2011 年 1—6 月）**　　单位：百万美元

国家和地区	金额	同比（%）	占比（%）
总值	198 344	17.8	100.0
荷兰	27 583	0.7	13.9
乌克兰	14 430	63.4	7.3
中国	13 870	43.1	7.0
德国	13 004	21.5	6.6
意大利	12 211	-13.8	6.2
土耳其	11 582	21.3	5.8
波兰	7 740	19.1	3.9
日本	7 464	32.5	3.8
法国	7 359	40.7	3.7
韩国	6 695	36.8	3.4

资料来源　根据国别贸易报告——俄罗斯 2011 年第 3 期整理所得。

表 8—3　**俄罗斯自主要贸易伙伴进口额（2011 年 1—6 月）**　单位：百万美元

国家和地区	金额	同比（%）	占比（%）
总值	134 221	51.0	100.0
中国	21 487	40.8	16.0
德国	16 448	70.7	12.3
乌克兰	9 209	61.1	6.9
日本	6 971	85.6	5.2
美国	6 926	62.1	5.2
法国	6 599	73.9	4.9
意大利	5 635	56.3	4.2
韩国	4 812	67.8	3.6
欧盟	4 110	200.4	3.1
英国	3 204	92.6	2.4

资料来源　根据国别贸易报告——俄罗斯 2011 年第 3 期整理所得。

分商品看，矿产品、贱金属及制品和化工产品是俄罗斯的主要出口商品，2011 年 1—6 月出口额分别占俄罗斯出口总额的 72.4%、11.4% 和 5.0%，为 1 436.0 亿美元、225.5 亿美元和 99.2 亿美元，同比增长 17.1%、16.8% 和 31.0%。机电产品、运输设备和化工产品是俄罗斯进口的前三大类商品，2011 年 1—6 月合计进口 749.4 亿美元，占俄罗斯进口总额的 55.8%。俄罗斯进口增长快于出口，其中，运输设备、机电产品等进口增幅居前（见表 8—4 和表 8—5）。

表 8—4　**俄罗斯主要出口商品构成（类）（2011 年 1—6 月）**　单位：百万美元

海关分类	HS 编码	商品类别	2011 年 1—6 月	上年同期	同比（%）	占比（%）
类	章	总值	198 344	168 343	17.8	100.0
第 5 类	25—27	矿产品	143 601	122 607	17.1	72.4
第 15 类	72—83	贱金属及制品	22 547	19 299	16.8	11.4
第 6 类	28—38	化工产品	9 924	7 578	31.0	5.0
第 17 类	86—89	运输设备	4 719	1 864	153.2	2.4
第 9 类	44—46	木及制品	3 954	3 203	23.4	2.0
第 16 类	84—85	机电产品	3 604	3 752	-4.0	1.8
第 7 类	39—40	塑料、橡胶	2 575	2 186	17.8	1.3
第 10 类	47—49	纤维素浆；纸张	2 002	1 470	36.2	1.0
第 1 类	01—05	活动物；动物产品	1 553	1 343	15.7	0.8
第 4 类	16—24	食品、饮料、烟草	1 059	1 109	-4.5	0.5

资料来源　根据国别贸易报告　俄罗斯 2011 年第 3 期整理所得。

表 8—5 **俄罗斯主要进口商品构成（类）（2011 年 1—6 月）** 单位：百万美元

海关分类	HS 编码	商品类别	2011 年 1—6 月	上年同期	同比（%）	占比（%）
类	章	总值	134 221	88 908	51.0	100.0
第 16 类	84—85	机电产品	36 703	23 962	53.2	27.4
第 17 类	86—89	运输设备	24 204	11 011	119.8	18.0
第 6 类	28—38	化工产品	14 036	10 987	27.8	10.5
第 15 类	72—83	贱金属及制品	9 634	6 642	45.1	7.2
第 2 类	06—14	植物产品	7 646	5 379	42.2	5.7
第 7 类	39—40	塑料、橡胶	7 081	4 363	62.3	5.3
第 4 类	16—24	食品、饮料、烟草	6 886	5 124	34.4	5.1
第 1 类	01—05	活动物；动物产品	5 473	4 406	24.2	4.1
第 11 类	50—63	纺织品及原料	4 908	3 600	36.3	3.7
第 10 类	47—49	纤维素浆；纸张	3 697	2 066	78.9	2.8

资料来源 根据国别贸易报告——俄罗斯 2011 年第 3 期整理所得。

中国和俄罗斯作为地理区位上相邻的大国，不仅有着深厚的历史渊源，在当今全球经济发展中也都起着举足轻重的作用，因此，加强两国之间的经贸关系具有十分重要的战略意义。2010 年，俄罗斯向中国出口的产品主要是能源资源产品（原油、成品油、原木、煤）、化工产品、金属及其制品等。2011 年 1—6 月，矿产品、木及制品和化工产品是俄罗斯对中国出口的主要产品，三类产品出口额合计占俄罗斯对中国出口总额的 84.7%，出口额分别为 93.0 亿美元、14.4 亿美元和 10.1 亿美元（见表 8—6）。俄罗斯自中国进口的主要产品为机电产品、纺织品及原料和贱金属及制品，2011 年 1—6 月合计进口 133.7 亿美元，占俄罗斯自中国进口总额的 62.2%（见表 8—7）。

表 8—6 **俄罗斯对中国出口主要商品构成（类）（2011 年 1—6 月）** 单位：百万美元

海关分类	HS 编码	商品类别	2011 年 1—6 月	上年同期	同比（%）	占比（%）
类	章	总值	13 870	9 691	43.1	100.0
第 5 类	25—27	矿产品	9 299	5 420	71.6	67.0
第 9 类	44—46	木及制品	1 443	1 154	25.1	10.4
第 6 类	28—38	化工产品	1 007	914	10.3	7.3
第 1 类	01—05	活动物；动物产品	645	588	9.6	4.7
第 10 类	47—49	纤维素浆；纸张	478	314	52.0	3.5
第 7 类	39—40	塑料、橡胶	342	436	−21.6	2.5
第 16 类	84—85	机电产品	236	437	−45.9	1.7
第 15 类	72—83	贱金属及制品	189	343	−44.9	1.4
第 17 类	86—89	运输设备	188	15	1 148.0	1.4
第 18 类	90—92	光学、钟表、医疗设备	20	15	37.6	0.2

资料来源 根据国别贸易报告——俄罗斯 2011 年第 3 期整理所得。

表 8—7 俄罗斯自中国进口主要商品构成（类）（2011 年 1—6 月） 单位：百万美元

海关分类	HS 编码	商品类别	2011 年 1—6 月	上年同期	同比（%）	占比（%）
类	章	总值	21 487	15 259	40.8	100.0
第 16 类	84—85	机电产品	9 550	6 615	44.4	44.5
第 11 类	50—63	纺织品及原料	2 014	1 492	34.9	9.4
第 15 类	72—83	贱金属及制品	1 802	1 269	42.1	8.4
第 12 类	64—67	鞋靴、伞等轻工产品	1 492	1 311	13.8	6.9
第 20 类	94—96	家具、玩具、杂项制品	1 246	844	47.6	5.8
第 7 类	39—40	塑料、橡胶	1 111	670	65.8	5.2
第 17 类	86—89	运输设备	884	669	32.2	4.1
第 6 类	28—38	化工产品	756	563	34.4	3.5
第 2 类	06—14	植物产品	519	325	59.5	2.4
第 13 类	68—70	陶瓷；玻璃	478	298	60.5	2.2

资料来源 根据国别贸易报告——俄罗斯 2011 年第 3 期整理所得。

第二节 俄罗斯贸易管理法规与机构

目前，俄罗斯与贸易管理有关的主要法律法规包括《对外贸易活动国家调节法》、《海关法典》、《技术调节法》、《关于针对进口商品的特殊保障、反倾销和反补贴措施联邦法》、《外汇调节与监督法》、《在对外贸易中保护国家经济利益措施法》等。其他相关法规还有《租赁法》、《产品和服务验证法》、《产品标识、服务标识和产品产地名称法》、《出口监管法》、《出口发展联邦纲要》、《联邦税则与外贸商品名录》、《联邦特许证法》、《电子数字签名法》、《关于对自俄罗斯联邦出口的两用商品和技术进行监督的办法条例》、《商品外贸许可证制度和许可证银行组建管理条例》、《医用药品进出口条例》、《就关税计征与关价确定等法规执行情况对海关机构实行监管的条例》等。

俄罗斯贸易管理机构主要包括经济发展部、工业贸易部、财政部、关税政策委员会、农业部、能源部、卫生及社会发展部、反垄断局、联邦海关署和联邦政府外国投资咨询委员会等部门。

联邦海关署由俄罗斯联邦政府直接管辖，下设地区海关局和中央直属海关。该部门的主要职责是监管进出口海关程序和进行外汇管理，并负责打击走私等违法行为。俄罗斯联邦政府外国投资咨询委员会隶属于联邦政府，由政府副总理直接领导。其主要成员来自俄罗斯的大型外资公司、欧洲复兴开发银行、世界银行和俄罗斯经贸部、财政部、中央银行和税务部等有关组织部门。外国投资咨询委员会所举行的例会和提交的议案等成果已成为政府制定和调整有关经济政策的重要依据。

2010 年 8 月，俄罗斯政府决定将林业署自农业部划出，直接隶属于俄联邦政府。改革后，林业署承担了原先隶属于农业部、农业监督局、自然环境部等部门的更多职能，包括林业监管、法律法规制定、国家政策制定等。俄罗斯农业部下属的联邦兽医及植物卫生监督局主要负责实施动植物卫生检疫措施和监督以及签发兽医、检疫、植物卫生和其他许可（证书）和证明等。

俄罗斯卫生及社会发展部下属的联邦消费者权益及公民平安保护监督局主要负责消费者权益和消费市场保护、化学品及生物制品注册和许可证发放等，下属联邦自然资源利用监督局主要负责野生动植物进出口的许可证发放；俄罗斯联邦技术控制和计量署主要负责实施认证机构的委托认可工作、实施国家强制性检验、统一技术规范和标准等。

专栏 8—1　　俄罗斯加入 WTO 的有关进程

2010 年，俄罗斯放弃了同白俄罗斯、哈萨克斯坦共同以单独关税区身份加入世界贸易组织的立场，于 2010 年 5 月重新启动了俄罗斯的入世谈判，并再次就加入相关议题与美国、凯恩斯集团等主要贸易伙伴进行了磋商。WTO 主要贸易伙伴对俄罗斯入世的主要关注点包括卫生与植物卫生措施的采用和实施、知识产权保护、农业（包括国内支持水平）、进口许可证、特定产品出口关税以及俄罗斯国有企业的商业化经营等问题。2010 年 9 月，俄罗斯在与凯恩斯集团的磋商中同意取消出口补贴，在 2012 年之前不再提高农业补贴额度，在 2013—2017 年期间，将每年 90 亿美元的农业补贴减少至 44 亿美元。2010 年 10 月，俄罗斯在与美国的磋商中就知识产权保护、政府采购和透明度等相关议题做出了实质性承诺。截至 2010 年底，除格鲁吉亚之外，俄罗斯已与所有 WTO 成员完成了双边谈判。俄罗斯表示，一旦正式加入 WTO，俄将加速修正立法，以符合加入 WTO 的有关承诺及 WTO 各项规则，在此之前俄罗斯将保持现行贸易立法及管理制度不变。

2011 年 12 月 16 日，世界贸易组织第八次部长级会议在日内瓦正式批准俄罗斯加入世贸组织。

资料来源　《俄罗斯正式加入世贸组织》，腾讯新闻网，http：//news. qq. com/a/20111217/000243. htm，2011-12-17。

第三节　俄罗斯进出口管理政策

一、进口管理政策

2004 年《国家调节对外贸易活动法》是俄罗斯管理进口贸易的主要法律，该法规定了俄罗斯进口贸易管理的基本原则和方式方法，并明确了禁止和限制进口的商品种类和名称。自 1993 年以来，俄罗斯贸易管理制度已逐步放宽了对进口货物的限制。目前，除少部分商品需要进口许可证、国家注册、强制性认证和卫生防疫鉴定外，其余商品均可自由进口。

根据俄罗斯《进出口产品许可证与配额法》，化学杀虫剂、工业废物、医药原料及制品、麻醉剂、毒药、食品原料、食用酒精、军备武器、核技术、放射性原料等涉及国家安全和国民健康的产品须向俄工业贸易部申请进口许可证；猪肉、牛肉及禽肉等农产品的进口需要申请配额。

俄罗斯境内禁止销售无俄文说明的进口商品。对于酒类制品、音像制品和计算机设备等产品，俄罗斯境内禁止销售无防伪标志及统计信息条的产品。对化学生物制剂、放射性物质、生产废料以及部分初次进口到俄罗斯的产品尤其是食品需在进口前进行国家注册；工业、农业和民用建筑等用途的进口产品需具备卫生防疫鉴定。

根据俄罗斯联邦海关 2005 年 1 月发布的《需强制认证的进口产品名单》，包括动植物及其产品、食品、酒精和非酒精饮料、纺织原料及其制品、机器设备和音像器材等部分进口产品须实行强制性认证。

二、出口管理政策

俄罗斯鼓励工业制成品出口，为促进俄罗斯出口贸易，俄罗斯根据《2006 年工业品出口担保条例》，对工业品出口商（货物、劳务及服务）、俄罗斯贷款银行或者提供贷款期限 8 年以上的外国贷款银行提供担保，以促进出口贸易发展。凡是俄罗斯本土生产且被列入俄国家工业品担保清单的商品出口商，都能从俄罗斯财政部获得一定金额的担保。

俄罗斯实施出口限制的产品主要包括有色金属、木材、石油、矿产品等战略性和资源性产品。限制出口的主要措施包括禁止出口、出口配额、出口许可证以及出口关税等方式。其中，禁止出口的产品主要包括鲟鱼及其鱼子酱；石油及制品、部分农产品、宝石及贵重装饰物、一系列金属及化工产品以及原木等数百种限制出口的产品被征收高额出口关税。根据俄罗斯联邦政府 2005 年 6 月 9 日第 363 号《关于批准各别种类商品进、出口监督条例的决定》和第 364 号《关于批准对外商品交易领域许可证发放以及实行许可证联邦数据库的管理条例的规定》，俄对 16 类战略性资源产品实施出口许可证管理。

2010 年 6 月，俄政府审议了《关税修正案》。为增加国家预算，俄罗斯联邦财政部根据该修正案于 2010 年 7 月宣布对铜征收 10% 的出口关税，对镍实行最高幅度为 30% 的浮动出口关税，政府将有权对交易所交易的原料商品征收累进所得税。俄罗斯征收出口关税的产品还包括石油、有色金属、冶金原料等原材料产品。2010 年 8 月，俄罗斯政府决定从 2010 年 8 月 15 日至 2010 年 12 月 31 日期间暂时禁止粮食及其他农产品出口，以稳定国内粮食价格并保持牲畜存栏量。由于国内粮食价格持续上涨，俄罗斯政府再次决定将粮食出口禁令延长至 2011 年 7 月 31 日。

第四节 俄罗斯关税政策

一、关税管理政策

2010 年 1 月，俄罗斯与白俄罗斯和哈萨克斯坦签署的《海关联盟条约》正式生效，与其他签署的 50 多份条约、协议和纪要等文件共同构成了俄白哈关税同盟的法律基础。2010 年，三国根据《海关联盟条约》完成了第一阶段简化海关手续及通过《关税同盟海关法典》等工作。《关税同盟海关法典》基本以俄罗斯现行《海关法典》为蓝本。预计到 2011 年 7 月，俄罗斯、白俄罗斯和哈萨克斯坦三国间将建立统一海关。在关税同盟下，俄罗斯除对服装、鞋帽、箱包、塑料制品、唱片、录像带、部分家用电器等大约10%的进口商品征收从量税或复合税外，其余进口产品关税一律从价征收，税率主要分为0、5%、10%、15%和20%五档。根据《关税同盟海关法典》，除需交纳进出口关税外，进口产品（有特殊规定的除外）还需按照同盟成员国相关法律规定的税率水平交纳增值税和消费税。根据俄罗斯《税法典》规定，除部分食品和儿童用品等进口产品征收10%的增值税外，其他进口产品的增值税税率为18%；需交纳消费税的产品包括原料酒精及制品；食用酒精及产品；烟草制品；轿车和发动机功率为112.5千瓦的摩托车；汽油、柴油燃料、发动机油和汽油。

俄罗斯对从享受最惠国待遇国家进口的货物按照最惠国税率计征关税，对从其他国家进口的货物按最惠国税率的两倍计征。同时，俄罗斯还对普惠制国家、最不发达国家和与俄罗斯签有自由贸易协议的独联体国家实施优惠关税，其中对从与俄罗斯签有自由贸易协议的独联体国家和最不发达国家进口的货物免征关税，对从享受普惠制待遇国家进口的货物按最惠国税率的75%计征关税。中国是俄罗斯普惠制关税的受惠国之一，但自中国进口的果汁、菜汁、矿泉水等食品饮料，部分服装与鞋类，天然宝石、人造宝石及其制品、钟表及零部件等奢侈品，电话机、录音机、音箱、录像机、放像机、无线电话电报传送接收设备、广播电视传送接收设备、小汽车、客货两用车、赛车等产品不得适用普惠制关税。

二、关税水平及其调整

根据2007年通过的《2008—2010年俄罗斯海关政策基本方针》，俄罗斯逐步降低了进口关税，包括海上钻井平台、核反应堆设备、飞机零配件等产品。目前，俄罗斯的加权平均关税税率大约为10.5%，其中农产品的加权平均关税税率约为13.2%，非农产品的加权平均关税税率约为10.1%，实现了《2008—2010年俄罗斯海关政策基本方针》所设定的进口关税削减计划，即到2010年末，进口产品的平均关税税率从最初的12.9%下调至11.5%。

据2010年7月正式生效的《关税同盟海关法典》，俄罗斯、白俄罗斯和哈萨克斯坦对来自非成员国进口货物在货物报关口岸将征收统一关税。根据《关税同盟海关法典》，俄罗斯仅需对约占其海关税号18%的商品税率进行小幅调整。加入关税同盟后，俄罗斯上调了350种商品的进口关税，下调了1 500种商品的进口关税。经过调整后，俄罗斯的进口关税税率水平大约下降了1%。

专栏8—2　　俄罗斯关税水平调整概况

2008年8月，俄罗斯政府颁布命令，临时性下调部分天然毛皮服装的进口关税税率，为期9个月，并在2009年3月把该临时性措施再次延长9个月至2009年底。2010年3月，俄罗斯签署政府令，决定把上述临时性下调进口关税措施长期化。根据法令，俄罗斯海关编码43031090104、4303109080项下的天然毛皮服装进口关税税率固定为10%，但每件不低于30欧元；俄罗斯海关编码4303109070项下的儿童毛皮服装的进口关税税率固定为7.5%，但每件不低于10欧元。

自2008年12月1日起，俄罗斯对拖拉机、载重汽车和轿车进口临时征收高达30%的关税，其中，排量在1.5~1.8升的轿车进口关税不得低于每升1 500欧元，排量1.8~2.3升的轿车进口关税不得低于每升2 150欧元，有效期9个月。2009年1月和2009年10月，俄罗斯总理两次签署政府令，分别将上述临时性措施延长9个月。最后一次延期应到2010年7月，但根据俄罗斯工贸部2010年提议，俄将上述关税措施由临时性限制措施转变为长期措施。预计该项措施将会保留至2015年。

俄政府于2009年2月26日公布第173号政府令，决定提高部分儿童奶制品的进口关税。根据该法令，将对部分奶制品的海关编码重新设定，并将其中部分儿童奶制品的进口关税税率由此前的5%大幅提升至15%，但每千克不少于0.18欧元。该项措施已于2009年5月4日起实施。自2009年9月25日起，俄罗斯还将奶酪的进口关税提高至15%但不少于每千克0.5欧元。2010年1月，俄罗斯决定再次延长上述措施，有效期9个月。

2009年7月，俄罗斯联邦发布公告，决定临时性将部分大米和米粉（HS编码100610、100640、11031950、11032050、11041991、11081910）的进口关税从每千克0.07欧元提高至每千克0.12欧元，有效期为9个月。2010年，俄罗斯政府决定将上述措施再次延长9个月。

2009年10月，俄罗斯联邦发布公告，决定将雪上汽车（HS编码87031011）的进口关税从5%提高至10%，有效期9个月。2010年2月，俄罗斯决定将上述措施再次延长9个月。

2010年1月，俄罗斯联邦发布公告，将生猪（HS编码010391和010392）的进口关税由5%提高到40%，且每千克不低于0.5欧元。

2010年2月，俄罗斯联邦发布公告，决定对聚碳酸酯（HS编码39074000）征收5%的进口关税。

2010年2月，俄罗斯联邦发布公告，决定提高部分板材和管材制品（HS编码7213、7214、7216、7219、7220、7227、7228、7303、7304、7305和7306）的进口关税，其中板材的进口关税提高至15%，管材的进口关税提高至15%~20%。

2010年9月，为确保国内部分农产品供应，俄罗斯联邦政府下属关税和非关税调节及对外贸易保护措施分委会决定，临时取消包括马铃薯和白菜等部分蔬菜及荞麦的进口关税，关税取消的时限为6个月。

资料来源　根据国别贸易投资环境报告——俄罗斯2011年第1期整理所得。

第五节　俄罗斯贸易救济政策

根据2003年《关于针对进口商品的特殊保障、反倾销和反补贴措施联邦法》，俄罗斯联邦经济发展贸易部负责实施贸易救济措施。2008年，俄罗斯对政府机构和职能做了较大调整，联邦工业贸易部负责受理反倾销、反补贴和保障措施申请，承担具体的调查工作并提出建议。俄联邦政府对外贸易保护措施和关税政策委员会负责对俄经贸部所作的调查结果和实施建议做出最终决定。

2007 年 10 月，俄罗斯根据 2003 年《关于针对进口商品的特殊保障、反倾销和反补贴措施联邦法》制定了调查机构启动贸易救济措施调查的行政法规，详细阐述了贸易救济措施调查的实施程序，包括受理调查申请的期限、调查期限、调查官员的职责以及信息披露等方面内容。

延伸阅读

俄罗斯汽车认证标准制度

俄罗斯汽车认证标准具有明显的针对性和歧视性，并且变动较为频繁，检验项目不断增加，让企业无所适从。

2008 年，俄罗斯刚刚引入欧Ⅲ标准，自 2010 年起又将采用欧Ⅳ标准，而且该标准主要针对进口汽车，国内生产的汽车无需达到欧Ⅳ标准即可在俄罗斯国内销售。目前，中国与俄罗斯都采用欧Ⅲ标准，但俄罗斯不承认中国的标准体系和认证。

中国认为，这一做法对进口汽车具有明显的针对性。中国车辆在出口前需先由中国国内认证，企业出口俄罗斯前，仍需在俄罗斯进行认证，给企业造成很大的不便。同时，从欧Ⅱ标准到欧Ⅲ标准再到欧Ⅳ标准，只需要变更发动机的检验和认证即可，但俄罗斯在变更进口汽车的认证标准后，要求整车进口的所有零配件都必须重新进行认证，极不合理，提高了企业的认证和检验费用。向俄罗斯出口的汽车必须经过俄官方指定机构认证，但认证时间长、认证费用高、认证的有效期短。据中国企业反映，俄罗斯对车辆部件之一的车底盘认证需 6 个月，对车身认证需 3 个月，两种零配件的认证时间总共达到 9 个月，而认证的有效期只有 6 个月，造成企业每一笔交易都需要重新认证。同时，在申请俄罗斯认证的过程中，企业通常无法安排生产，已经生产的车辆也只能作为库存，极大地提高了企业的生产经营成本。根据俄罗斯的相关规定，国外汽车生产商和出口商没有直接申请俄罗斯汽车标准认证的资格，所有的认证工作必须由俄罗斯国内进口商申请，再由俄罗斯官方指定的专家到生产企业进行检验，中国企业不仅需要承担各项检验费用，还需承担各种差旅费等，获得俄罗斯汽车检验认证的费用已由原先的 10 万欧元上升到 50 万欧元。此外，俄罗斯国内标准体系管理极为混乱，各州之间标准不互承认，产品进入俄罗斯境内不同的地区市场，还必须获取不同地区的认证。

综上所述，中国认为，俄罗斯有关汽车认证的上述做法，对中国出口企业造成了严重的负面影响，俄罗斯上述措施具有明显针对性和歧视性，对来自于中国的汽车出口企业构成了不利影响。

资料来源　根据国别贸易投资环境报告——俄罗斯 2006—2011 年整理所得。

思考题：针对上述俄罗斯有关汽车认证的做法，你认为会对中国汽车出口商造成哪些影响？

复习思考题

1. 俄罗斯贸易管理机构体系包含哪些部门？
2. 俄罗斯关税政策有何特点？
3. 俄罗斯进出口管理制度有何特点？
4. 简述中俄贸易发展情况。

第九章 印度尼西亚的贸易政策

学习目标

通过对印度尼西亚贸易政策的学习，应了解我国与印度尼西亚双边经贸关系的发展概况以及对中国发起贸易救济的情况；掌握印度尼西亚的关税政策以及印度尼西亚贸易壁垒实施情况；重点掌握印度尼西亚的进出口贸易政策实施措施。

开篇案例

印尼海洋渔业部建议禁止中国冻虾进入印尼市场

2004 年，印尼海洋渔业部长指出，海洋渔业部将针对那些已经遭美国“冻虾倾销进口指控”的国家的虾进入印尼实施进口禁令。这些国家包括泰国、越南、中国、印度、巴西和厄瓜多尔。

他将向印尼工商部长提出禁止上述国家的虾进入印尼的建议，并希望印尼养虾业能够借此机会走出目前不景气的状况。发出以上禁令的建议是在印尼摆脱美国的倾销指控后产生的，旨在提高印尼对美国出口虾的数量，并推动印尼的虾养殖业，该进口禁令也可能不限于以上 6 个国家。

印尼国民冷冻加工企业协会（APCI）表示，政府对进口虾的禁令应谨慎实行，否则冷冻企业将会面临加工原料不足的问题，最好只限制某个品种的虾进口。上述国家的虾也不全含有过量的抗生素，不会造成食用健康的威胁。

印尼国民渔产联合会副主席表示，支持政府发出虾进口禁令，尤其要禁止经常遭受欧洲和日本拒绝进口的中国虾进入印尼。此外，该禁令也受到了印尼渔农的欢迎，并希望政府能够提供资金来培训养虾技术人员从而提高产量。

资料来源　中国科学技术促进发展研究中心：《印尼海洋渔业部建议禁止中国冻虾进入印尼市场》，载《技术性贸易措施导报》，2004（1）。

第一节 中国与印度尼西亚双边经贸概况

印度尼西亚是东盟最大的经济体，农业、工业和服务业均在国民经济中发挥着十分重要的作用。印尼农业富产经济作物，棕榈油、橡胶和胡椒产量均居世界第二，并成为世界最大的棕榈原油出口国，工业发展方向是强化外向型制造业。近年来，印尼制造业增长速度均超过经济增长速度。从经济合作与发展组织（OECD）2011 年在雅加达会议上对东盟各国国内生产总值预测的数据来看，印尼将是未来几年东盟国家中经济增长最快的国家。预测数据显示，2012—2016 年，印度尼西亚、马来西亚、新加坡、泰国、越南和菲律宾这6个东盟成员国的国内生产总值平均增长5.6%。其中印尼的国内生产总值增长达6.6%，为6国中最高。另外，据估计，印尼也将成为东盟10国中唯一一个2012—2016年国内生产总值增长超过2003—2007年的国家。

中国与印尼于1950年4月13日建交。1953年，两国签订了第一个贸易协定，促进了两国贸易发展，经济合作不断扩大。1965年，印尼发生"9·30事件"后，两国于1967年10月30日中断外交关系，直到1990年，两国才复交。复交后两国经贸关系进入了一个新的发展阶段。双方签订了《投资保护协定》、《海运协定》、《避免双重征税协定》，并就农业、林业、渔业、矿业、交通、财政、金融等领域的合作签署了谅解备忘录，并成立了经济贸易技术合作联委会。2001年，双方将农业、能源和资源开发以及基础设施建设确定为经贸合作重点领域。随着中印双边贸易迅速增长，交换商品不断扩大，经贸团组人员交往日益频繁，印尼已成为中国重要的经贸合作伙伴。中国是与印尼双边贸易发展最快、贸易额最大的发展中国家伙伴。2008年两国贸易额达315.2亿美元，提前2年实现了两国领导人确定的2010年双边贸易额达300亿美元的目标。受国际金融危机影响，2009年中国与印尼双边贸易额下滑9.9%，但仍达到280多亿美元，2010达到427.5亿美元。印尼继续成为中国在东盟的第四大贸易伙伴。2006—2011年中国与印尼双边贸易具体情况见表9—1。

表9—1　　**2006—2011年中国与印尼双边贸易情况**　　单位：亿美元

年份	贸易总额	同比（%）	从中国进口	同比（%）	对中国出口	同比（%）	印尼顺差
2006	190.6	13.5	94.5	13.2	96.1	13.9	1.6
2007	250.1	31.2	126.1	33.5	124	29.1	-2.1
2008	315.2	25.7	171.9	35.6	143.3	15.6	-28.6
2009	283.8	-9.9	147.2	-14.4	136.6	-4.6	-10.6
2010	427.5	50.6	220	49.39	207.5	52	-12.5

资料来源　根据国别贸易报告——印尼2007年第1期、2008年第1期、2009年第1期、2010年第1期、2011年第1期整理所得。

2010年，中国和印尼迎来了两国建交60周年暨"2010中印尼友好年"，两国政府间和民间互访进入高潮，也促进了两国贸易进一步发展。2010年4月30日，温家宝总理在雅加达与印度尼西亚副总统布迪奥诺共同出席"中国—印尼战略商务对话"，并成功签署了两国政府关于扩大和深化经贸合作的协定，确立了到2015年双边贸易额达到800亿美元的新目标，达成了总额约100亿美元的经贸协议。

此外，两国双向投资和技术合作也早已起步。1990年11月，两国签署了《关于成立经济贸易技术合作委员会的备忘录》和《经济贸易技术合作会谈纪要》，迄今已召开5次联委会会议。1994年11月江泽民主席访印尼时，双方签署了《关于促进和保护投资协定》及《科学技术合作谅解备忘录》。1996 年 6 月中国保险印度尼西亚有限公司在雅加达开业。双方还经常举办各种工业、贸易、投资等展览及研讨会。随着中国与印尼战略伙伴关系的建立和中国—东盟自贸区建成，两国在各个领域的合作全面发展，其中经贸合作尤为突出。2010 年，中国公司在印尼完成承包工程营业额 35. 1 亿美元，完成劳务合作合同金额 458 万美元。中国对印尼非金融类对外直接投资额为 2. 9 亿美元。印尼对中国投资项目 40 个，实际使用外资金额 0. 8 亿美元。

专栏 9—1

中国—东盟自贸区

中国—东盟自贸区是我国同其他国家商谈的第一个自贸区，也是目前建成的最大的自贸区。其成员包括中国和东盟 10 国，涵盖 18. 5 亿人口和 1 400 万平方公里。

东盟是东南亚国家联盟（Association of Southeast Asian Nations，ASEAN）的简称，有 10 个成员国：文莱、印度尼西亚、马来西亚、菲律宾、新加坡、泰国、柬埔寨、老挝、缅甸和越南。其中，前 6 个国家加入东盟的时间比较早，是东盟的老成员，经济相对发达；后 4 个国家是东盟新成员。20 世纪 90 年代以来，我国与东盟的经济联系日益紧密，双边贸易持续攀升。目前，东盟是我国在发展中国家中最大的贸易伙伴，我国是东盟的第四大贸易伙伴。

2000 年 11 月，我国时任总理朱镕基提出建立中国—东盟自贸区的设想，得到了东盟各国领导人的积极响应。经过双方的共同努力，2002 年 11 月 4 日，我国与东盟签署了《中国—东盟全面经济合作框架协议》，决定在 2010 年建成中国—东盟自贸区，并正式启动了自贸区建设的进程。2004 年 1 月 1 日，自贸区的先期成果——“早期收获计划”顺利实施，当年早期收获产品贸易额增长 40%，超过全部产品进出口增长的平均水平。2004 年 11 月，双方签署自贸区《货物贸易协议》，并于 2005 年 7 月开始相互实施全面降税。根据我国海关统计，2007 年我国与东盟贸易总额达到 2 025 亿美元，同比增长 25. 9%。2008 年上半年，双边贸易额达 1 158 亿美元，同比增长 25. 8%。双边贸易实现了稳健、持续的增长，取得了令人满意的成果。2007 年 1 月，双方又签署了自贸区《服务贸易协议》，已于当年 7 月顺利实施。2009 年 8 月，双方签署了自贸区《投资协议》。

2010 年 1 月 1 日，中国—东盟自贸区正式运行。中国—东盟自贸区的建设进一步加强了双方业已密切的经贸合作关系，也对亚洲及世界的经济发展做出了积极的贡献。

资料来源　根据《中国—东盟自贸区简介》，中国自由贸易区服务网，http://fta.mofcom.gov.cn/dongmeng/dm_xieyijianjie.shtml 及相关资料整理所得。

第二节　印度尼西亚的进出口贸易政策

在印尼，与贸易有关的法律主要包括《1934 年贸易法》、《海关法》、《建立世界贸易组织法》、《产业法》。与贸易相关的其他法律还涉及《国库法》、《禁止垄断行为和不正当贸易竞争法》、《外国投资法》和《国内投资法》等。

一、进口管理政策

（一）进口管理基本制度

《1934 年贸易法》是规范印尼贸易政策的基本法律。印尼贸易部主管印尼的贸易事务，其职能包括制定外贸政策、参与外贸法规的制定、划分进出口产品管理类别、进口许可证的申请管理、指定进口商和分派配额等事务。

印尼将进口商分为六类，即一级综合进口商、二级综合进口商、指定进口商、生产进口商、进口/生产厂商和私家代理商。一般来说，进口商均需依照相应标准，在印尼贸易部注册并领取营业执照。

在实施进口管理时，印尼政府主要采用配额和许可证两种形式。适用配额管理的主要是酒精饮料及包含酒精的直接原材料，其进口配额只发放给经批准的国内企业。许可证包括自动许可和非自动许可。适用许可证管理的产品包括工业用盐、乙烯和丙烯、爆炸物、机动车、废物废品、危险物品等，获得上述产品进口许可的企业只能将其用于自己的生产。其中自动许可的产品包括溴化甲烷、危险品、酒精饮料及原料中含有酒精的饮料、工业用盐、乙烯和丙烯、爆炸物及其原材料、废弃物、旧衣物；非自动许可的产品有香料、纺织品、润滑油、糖、农用工具。进口包括牲畜、宠物、工业用皮革等在内的畜产品，必须取得印尼农业部颁发的进口许可证和经印尼穆斯林大会认可的出口国伊斯兰教组织出具的“清真”证明。

（二）进口管理新规定

1. 新许可证制度

自 2010 年 1 月 20 日起，印尼开始实施新的进口许可制度，将现有的许可证分为两种，即一般进口许可证（API-U）和制造商进口许可证（API-I）。一般进口许可证主要是针对为第三方进口的进口商，制造商进口许可证主要是针对进口供自己使用或者在生产过程中使用的进口商。

2. 放松对制成品进口的限制

2011 年，印尼放松对进口制成品的限制规定，允许国内生产商从国外自由进口制成品，但同时要求企业进口的制成品必须与该企业所生产的产品相关。

3. 对部分产品实行进口监督机制

为了加大保护知识产权的力度，印尼决定从 2010 年 3 月 15 日起对部分进口商品实行进口监督机制，主要包括机械和机械设备、原材料、空白光碟以及加载信息的光碟。

二、出口管理政策

（一）出口管理基本制度

印尼贸易部 1998 年第 558/MPP/Kep/12/1998 号部长令和贸易部 2007 年第 01/M DAG/PER/1/2007 号法令是印尼出口管理的基本制度。上述法令将出口货物分为四类（见表 9—2）：受管制的出口货物、受监视的出口货物、严禁出口的货物和免检出口货物，并规定企业及个人出口货物必须持有商业企业注册号（TDUP）/商业企业准字（SIUP）

或由技术部根据有关法律签发的商业许可，以及企业注册证（TDP）。

表 9—2 印度尼西亚四类货物出口管理情况

受管制的出口货物	咖啡、藤、林业产品、钻石和棒状铅
受监视的出口货物	奶牛与水牛、鳄鱼皮（蓝湿皮）、野生动植物、拿破仑幼鱼、拿破仑鱼、棕榈仁、石油与天然气、纯金/银、钢/铁废料（特指源自巴淡岛的）、不锈钢、铜、黄铜和铝废料
严禁出口的货物	幼鱼与金龙鱼等，未加工藤以及原料来自天然森林未加工藤的半成品，圆木头，列车铁轨或木轨以及锯木，天然砂、海砂，水泥土、上层土（包括表面土），白铅矿石及其化合物、粉，含有砷、金属或其化合物以及主要含有白铅的残留物，宝石（除钻石），未加工符合质量标准的橡胶，原皮，受国家保护野生动植物（包含在附录 I&III Cites 内），铁制品废料（源自巴淡岛的除外）和古董。此外，印尼禁止向以色列出口任何产品
免检出口货物	除以上三种之外

资料来源　根据国别贸易报告——印尼 2007 年第 1 期、2008 年第 1 期、2009 年第 1 期、2010 年第 1 期、2011 年第 1 期整理所得。

（二）出口管理新规定

2009 年 1 月，印尼贸易部颁布 2009 年第 1 号条例（1/M DAG/PER/1/2009）。该条例规定，基于天然资源的出口产品，包括已加工或者未加工但不属于成品的初级产品，如咖啡、棕榈原油、可可、橡胶产品、锡条以及矿物必须使用信用证出口。该条例还规定，出口商在出口时，必须把信用证号记在出口申报单中，将来信用证付款必须通过国内外汇银行支付和分配。但在 2010 年 6 月，印尼政府决定取消价值 100 万美元以上的可可、橡胶、咖啡、棕榈油和矿物出口必须使用信用证的规定。此外，为了方便外汇收入，配合之前出台的《对以天然资源为基础的出口商品及出口外汇收入的规定》，2010 年下半年，印尼政府还公布了《关于应使用信用证的出口商品的第 10//M DAG/PER/3/2009 号条例》。

对于印尼铁矿石的出口活动，为打击走私，提高矿产品出口监管力度以遏制非法贸易，同时提高印尼矿产品出口质量，便于国家掌握更精确的相关数据，印尼政府从 2008 年 7 月开始对矿产品出口实施更严格的审查程序。审查程序包括出口商向监管部门提供矿石产地、数量、质量、船运情况等一系列信息。审查对象则主要为煤、石墨、铜、镍、钒土、锌、金等具有战略价值的矿产品。2010 年 10 月，印尼能源和矿产资源部出台新规，决定在每月初为煤炭以及包括锡、镍、铜在内的其他矿产品的出口规定价格下限。上述新规的出台意味着印尼政府将以每月制定的出口底价为标准来征收出口税，而不是根据合同价格。

为了使木材的出口不受阻挠，出口商必须申办木材合法批准系统（SVLK）证书。从 2012 年起，政府实行对木材出口的义务证书，以证明所出口木材不是非法伐木产品。印尼政府实行该条例是由于一些国家拒绝购买非法木材，诸如欧盟发出有关林产法律，责成凡进入欧洲 27 个国家的木材，2013 年起必备合法的证书。

第三节 印度尼西亚的关税和贸易救济政策

一、关税政策

（一）关税管理制度

印尼关税制度的基本法律是1973年颁布的《海关法》。现行的进口关税税率由财政部于1988年制定。从1988年起，财政部每年以部长令的方式发布一揽子“放松工业和经济管制”计划，其中包括对进口关税税率的调整。印尼进口产品的关税分为一般关税和优惠关税两种。印尼对大部分进口产品征收从价税，但对大米和糖类等产品征收从量税。关税制度的执行机构是财政部下属的关税总局。

印尼对进口产品的关税分四类征收：第一类产品为国内必要的进口产品，包括稻米、面粉、某些钢铁制品、某些化纤产品、棉花、药材、农业机械设备等；第二类产品为一些工业产品必需的零部件和材料；第三类产品为国内市场需求不大或国内相关企业需要进口保护的产品，此类产品的进口关税较一、二类产品要高；第四类产品为奢侈品、某些消费品以及国内可以生产，应加以进口保护的产品，此类进口产品所征收的关税最高。

（二）关税水平及其调整

据WTO的统计，印尼2009年简单平均约束关税税率继续维持在37.1%，简单平均最惠国适用关税税率为6.8%，其中农产品为8.4%，非农产品为6.6%，基本与2008年持平。印尼对汽车、钢铁以及部分化学产品不征收关税，并将大多数的关税约束在40%左右。

2004年1月，印尼政府颁布了新的一揽子削减关税计划。新的海关关税表将关税分为非东盟关税和东盟关税，东盟关税为非东盟关税的一半。除特殊敏感产品（如汽车和酒精）外，大多数非东盟关税分为0、5%和10%三级。东盟关税也分为三个等级：0、2.5%和5%，范围覆盖东盟自贸区中的所有货物。为了实施东盟自贸区协定税率，自2007年9月14日，印尼政府修订了关税表，并将其中部分产品的约束关税税率下降到20%~45%。这些产品包括线材、钢链、铝箔以及汽车零部件。

根据《中国—东盟全面经济合作框架协议货物贸易协议》，自2007年起，印尼开始逐步削减进口关税，自中国进口产品的关税税率将降至8%。2009年起自最惠国进口产品的关税税率由5%降为0。2010年前中国与印尼逐步削减关税，对绝大多数产品实行零关税。另外，根据印尼《2009—2012年协定关税表》，到2012年底，印尼将对绝大多数的中国进口产品实行零关税。

此外，面对2011年的粮食安全危机，亚洲多国政府纷纷将平抑粮价作为首要任务。为了遏制不断上涨的粮价和维持足够的粮食储备，印尼政府决定从2011年1月起免除大米、面粉、玉米和饲料进口关税。

二、贸易救济政策

《中国—东盟全面经济合作框架协议争端解决机制协议》（简称《争端解决机制协

议》）于2004年11月签署，2005年1月1日正式生效。《争端解决机制协议》适用于框架协议下各缔约方之间发生的争议，缔约方的中央、地区和地方政府根据框架协议所采取的相关措施也在《争端解决机制协议》的管辖范围之内，为各缔约方根据该协议来解决各缔约方的经贸争端提供了法律依据。《争端解决机制协议》包含18个条款和1个附件，对争端适用的范围、磋商程度、调停和调解、仲裁、仲裁的执行、补偿及中止减让作了一系列的规定。截至2010年底，印尼对中国进口产品共发起25起贸易救济调查，其中反倾销调查12起，保障措施调查13起，主要涉及纺织品、轻工、化工和五矿等产品。其中，2007—2010年印尼对中国发起的反倾销以及保障措施分别见表9—3和9—4。

表9—3　　2007—2010年印尼对中国产品发起反倾销调查统计表

编号	立案时间	涉案产品	涉案产品海关编码	案件进展
1	2010. 6. 22	中厚钢板	72085100、72085200	调查进行中
2	2009. 6. 30	H型和I型钢	7216330000、7216320000	调查进行中
3	2009. 4. 20	聚酯纤维原料	55032090	调查进行中
4	2008. 11. 11	热轧钢板	7208400000、7208510000、7208520000、7208540000	—
5	2006. 6. 28	热轧板卷		已作出终裁

资料来源　根据国别贸易报告——印尼2008年第1期、2009年第1期、2010年第1期、2011年1期整理所得。

表9—4　　2007—2010年印尼发起的保障措施调查统计表

编号	立案时间	涉案产品	涉案产品海关编码	案件进展
1	2010. 6. 25	棉梭织物	5208110000、208120000、5208130000、208190000、5208230000、208290000、5209290000、210110000、5211100000、211120000、5212110000	调查进行中
2	2010. 6. 25	非缝纫线棉纱	52051200、52052100、52061200、52061400	调查进行中
3	2010. 4. 30	除锁丝钢丝绳、扁平丝以及非旋转钢丝绳以外的绞股线、绳、缆（黄铜镀层或涂层直径不超过3mm的；且绞股线的直径小于3mm的）	73121090	调查进行中

续表

编号	立案时间	涉案产品	涉案产品海关编码	案件进展
4	2010. 3. 31	热卷扎板	72082100、720852005	调查进行中
5	2010. 2. 5	用于锁丝钢丝绳、扁平丝以及非旋转钢丝绳上的绞股线、绳、缆	73121010	调查进行中
6	2010. 1. 19	镀或涂锌的铁丝或非合金钢丝	72172010	调查进行中
7	2010. 1. 19	铝箔制食品容器	76129090	调查进行中
8	2010. 1. 19	未经镀或涂层的铁丝或非合金钢丝	72171010	调查进行中
9	2008. 11. 5	钉子、金属线缆等钢铁产品	7217101000、7317001000	—
10	2008. 6. 5	陶瓷餐具	691110000、691190000、691200000	—
11	2008. 5. 14	葡萄糖	1702301000、1702309100	—
12	2007. 6. 29	三磷酸钠洗涤剂	2835310000	已作出终裁
13	2006. 2. 8	陶瓷餐具	—	实施为期3年的保障措施

资料来源 根据国别贸易报告——印尼 2008 年第 1 期、2009 年第 1 期、2010 年第 1 期、2011 年第 1 期整理所得。

第四节 印度尼西亚的贸易壁垒

一、关税壁垒

印尼税收存在区别征收情况。印尼对大部分进口产品征收进口税，对部分进口产品征收奢侈品税。印尼对摩托车整车征收的进口关税高达 60%（零部件的进口关税为 25%），另外，印尼政府还对摩托车的进口征收 75% 的奢侈品税、10% 的增值税，同时还禁止非印尼生产的摩托车在印尼高架桥上通行。

农产品方面，超过 1 300 个产品的约束关税税率超过 40%，例如，新鲜土豆的约束关税税率为 50%，而土豆的简单平均最惠国适用关税税率仅为 25%。印尼当地农业产品相关利益方不断游说政府提高部分敏感农产品的关税税率，并超过 WTO 约束关税水平，例如糖、大豆及玉米。

根据 WTO 成员义务规定，从 2009 年起，印尼应将聚乙烯和聚丙烯的最惠国进口关税税率从 10% 降低至 7.5%，但印尼非但没有降低关税，反而提高至 15%。

二、进口限制

（一）进口禁令

1. 禁止从中国进口四类食品

为了保证食品安全，避免印尼市场上出现被三聚氰胺污染的产品，2009 年 3 月 17

日，印尼食品药物监督局发布公告，禁止从中国进口牛奶、奶制品、鸡蛋粉和碳酸铵四类产品。这份发给制造商、进口商和分销商的公告内容包括：禁止从中国进口牛奶、奶制品、碳酸铵制品和鸡蛋粉等产品及以这些产品为原料的产品，此类产品将不能得到食品安全机构的安全评估。从中国以外的国家进口上述产品或者以上述产品为原料的产品，必须由出口国政府开具“产品原料来源说明书”。凡是从中国进口的上述产品，将不能进行产品注册。中方认为，中国已对奶制品采取了全面的检查和监管措施，中国奶制品的卫生与安全能够得到保障，印尼该禁令存在国别歧视。

2. 进口消费品原料限制

2009 年 2 月，印尼政府决定将限制进口消费品生产原料，尤其是限制进口印尼能生产的原料。此外，印尼政府规定消费品进口商必须在印尼国内开设工厂，生产他们的进口产品。根据上述规定，今后将只有品牌独家代理商和在印尼国内经营工厂的商家才能进口产品到该国。政府给进口商设定在印尼开设工厂的期限为 6 个月至 2 年。

（二）进口许可

2002 年以来，印尼对纺织品、服装或编织品如窗帘和毛毯等商品实行非自动许可，只有经批准的当地纺织品生产商才有权利进口纺织原料，而进口的纺织原料只能作为原料投入到生产中，不得进行零售。

2009 年，印尼政府开始广泛实施新的非自动进口许可程序，主要产品包括电子产品、家用电器、纺织品和鞋类、玩具以及食品饮料产品。目前，印尼政府正打算进一步扩大实施非自动进口许可程序的产品范围。此外，印尼政府规定进口商必须在注册后才能开展业务，然而在实际操作中，申请注册进口商的审批程序缺乏透明度和稳定性，并带有潜在的歧视性，给企业在印尼开展业务带来了极大的不便。

（三）数量限制

印尼规定以动物为原料的食品进口需要在印尼畜牧服务总局申请进口许可。而在批准过程中，印尼政府会随意改变允许进口食品的数量，缺乏透明度，给外国出口商带来不确定性。

（四）技术性贸易壁垒

在印尼，所有的进口药品都要在食品药物监督局进行注册后方可生产或在市场上销售。药品注册分为传统药品注册和化学药品注册。二者注册的程序和要求不同。化学药品注册申请人应为药品出口国生产商指定的印尼销售代理商或批发商，如果要在印尼进行生产，则由指定的印尼制药工厂提出申请。药品出口国生产商无权申请药品注册。这一规定使出口国生产商丧失了药品注册的权利，不利于保护出口企业的利益。印尼政府还要求印尼食品药物监督局对每批进口的加工食品、食品原材料以及其他与食品相关的添加剂进行审批，印尼政府的这项政策无疑加重了外国出口企业的负担。

（五）服务贸易壁垒

印尼服务贸易并不发达，加上政府部门效率不高、法律法规缺乏连续性和地方自治法案的实施，使其在 WTO 和相关自贸区中服务贸易承诺尚未完全落实，许多重要的服务贸易部门仍存在大量的贸易壁垒。下面以金融银行服务和电信服务为例。

1. 金融银行服务

印尼允许外国投资者拥有99%的银行股份，但是到目前为止，印尼还没有修改其WTO服务贸易承诺。在印尼的服务贸易减让表中，金融服务中外资持股比例仍然约束在52%以内。1998年亚洲金融危机后，印尼政府对外资银行在印尼开设分行开始设限，要求外资银行注册资本金为3万亿印尼盾（约合3亿多美元），外资参股的金融公司实缴资本额为内资金融公司的两倍。外国保险公司在印尼可以成立合资保险公司。除非被保险人为外商独资实体或印尼国内无法办理的特殊险种，所有保单均应由印尼内资或合资保险公司办理。

2. 电信服务

印尼允许外资在增值和移动通信服务中的最高持股比例为65%，在固话业务中最高持股比例为49%。2008年，印尼通信信息部限制当地企业建造、管理和拥有电讯塔并要求现有投资者在两年的时间内退出该市场。2010年，印尼通信信息部还推出了一系列针对印尼国内IPTV（交互式网络电视）业务的新规定，旨在为国内的IPTV行业保护提供更多的法律依据。根据新规定，印尼的IPTV运营商必须由至少两家印尼合法机构合资组成并需要获得相关营业执照，且合法的IPTV运营商必须同时具备提供当地的固定电话业务、多媒体业务以及付费电视业务的资格。规定内容还包括，一旦某企业成为其中一家IPTV运营商的成员，那么它将不得再加入其他的IPTV运营商团体。上述规定，使得外国服务提供者在进入印尼IPTV市场时处于不公平的弱势地位。

专栏9—2　　印尼设贸易壁垒限制不必要进口

全球经济环境本不乐观，贸易保护的频繁出现更是给国际市场添加了一丝不安定因素。2011年12月7日，印尼贸易部长吉塔在雅加达表示，印尼当局实施设置贸易壁垒，限制不必要的进口产品等一系列保护措施，以应对全球经济不断衰退和海外产品汹涌而入的状况。吉塔称，这些保护措施主要包括扩大检疫政策范围，设置非关税障碍，强制使用国家标准检测系统，并对所有进口的农产品在指定的检测窗口设置了更严格的检疫中心。另一项保护措施是对于那些不符合标签制度和保质期要求的进口产品，将进一步加强使用国家标准检测系统来衡量是否对其进口。

吉塔表示，印尼支持建立一个开放的多边贸易体制，避免各种保护主义，设置的这些贸易障碍措施并不与印尼早前所作出的自由贸易承诺背道而驰，也不属于保护主义。因为这些措施也被应用在许多发达国家。

对此，印尼工商商会副主席表示，为保护本地企业而设置的贸易障碍，可能会违反WTO中的一些规则，也可能会恶化与一些贸易伙伴的关系。

资料来源　中国新闻网，http：//www.chinanews.com/gj/2011/12-08/3516797.shtml，2011-12-08。

延伸阅读 **禁烟，印尼让美国“低头”**

“吸烟有害健康”，世界各国都在努力减少烟民数量和香烟产量。2009 年 6 月，美国通过新法令进一步限制香烟生产和进口。然而，2010 年 4 月 7 日，印尼在 WTO 起诉美国，称新法令违反《技术性贸易壁垒协定》。2011 年 9 月 2 日，WTO 专家组作出裁定，在实体性问题上支持了印尼的主张，美国败诉。

一、香料之争

2009 年 6 月 22 日，美国总统奥巴马签署的《联邦食品、药品、化妆品法令》以及配套的《家庭禁烟和烟草控制计划》规定：任何香烟及其原材料（烟丝、过滤嘴和包装纸）都不能含有天然的或人工合成的引诱烟民的添加剂或香料（辅助香料），包括草莓、葡萄、橙子、丁香、桂皮、菠萝、香草、椰子、甘草、可可粉、巧克力、樱桃、咖啡，但是，添加薄荷是允许的。美国食品药品监管局有权对添加的薄荷和其他没有列明的香料采取必要的限制措施。同年 9 月 22 日，该法生效。

据美国食品药品监管局调查，美国每年至少有 40 万人死于因吸烟引发的疾病，比较有效的控制办法是预防青少年染上吸烟习惯；17 岁左右的青少年对含有辅助香料的香烟的喜爱程度比 25 岁左右的成年人高出两倍；这种香烟与无辅助香料的香烟对人体的危害程度是一样的。因此，美国国会认为，禁止这些辅助香料的使用，可以有效降低青少年烟民的数量，达到保护全民健康的目的。

印尼是世界上第三大烟草消费国。据《雅加达邮报》最新报道，印尼烟民占全国总人口的 34%，有 63% 的男人抽烟；近 15 年来烟草消费量以每年 26% 的速度递增；2010 年烟草业为印尼中央政府创收 66.1 亿美元，占 GDP 的 1%。与美国不同，印尼人非常喜欢添加了丁香味道的香烟，有 93% 的印尼产香烟都添加了丁香。

美国每年香烟进口数额较大，2007 年价值 162 万美元，2008 年价值 148 万美元，2009 年价值 75 万美元。虽然含丁香味道的香烟只占美国市场的 0.1%，但都来自于印尼，对印尼来说是一笔很大的外汇收入。美国是印尼香烟的主要出口国之一，美国的立法实际上把印尼产香烟拒之于美国国门之外。经过双方外交磋商未果后，印尼政府决定起诉美国。

二、专家组两难：健康还是秩序

“保护人类的生命健康是最重要的，没有任何利益比人类的生命健康权更重要。”这是各种 WTO 规则所确立的基本原则。WTO 争端解决机构在以往的裁决中，也多次重申了这个原则。表面看来，美国通过禁止辅助香料的使用降低香烟供求量并无不当。

美国、印尼双方争辩的核心集中在 WTO《技术性贸易壁垒协定》第 2 条和第 12 条。印尼认为，美国“禁烟”法令违反了上述规则：第一，美国不允许进口香烟含辅助香料，但是却允许美国国内生产的香烟含薄荷香料，没有给予进口产品国民待遇；第二，美国的措施超过了必要的限度，对印尼的贸易利益造成了不必要的障碍；第三，美国没有就这些禁止措施的采用对出口国作出充分的解释，违反了《技术性贸易壁垒协定》第 2 条的程序性规定；第四，美国没有充分考虑发展中国家的实际困难，没有给予特殊待遇；第五，法令从公布到实施，只有3个月的时间，没有给予出口国充分的准备时间，违反了程序性义务。

美国反驳印尼的主张，认为虽然《技术性贸易壁垒协定》第2条要求给予进口产品国民待遇，但并没有禁止进口国从公共健康考虑，设立合理的技术性规则；成千上万的美国人抽含薄荷香味的香烟，但截至目前还没有证据表明这种香烟对公共健康有多大的危害，所以美国没有禁止薄荷在香烟生产中的使用；法令符合《关税与贸易总协定》第20条关于保护公共健康例外的规定；对辅助香料的禁止是合理的，没有超过保护公共健康的必要限度；美国已经考虑了发展中国家的实际情况，并作了充分的解释；法令从公布到实施历时3个月，已经给予了出口国充分的准备时间。

专家组在裁决时面临很多两难选择。一方面，“禁烟”是保护公共健康之必需，已是大势所趋；另一方面，WTO所建立的国际贸易秩序必须维护。不过，作为WTO体系下的争端解决机构，专家组只能根据WTO规则进行裁决：美国的“禁烟”措施违反了《技术性贸易壁垒协定》第2条，因为它允许薄荷的使用，却禁止其他辅助香料的使用，导致在实际上没有给予来自其他国家的香烟以国民待遇；没有及时履行通知义务和解释义务；“禁烟”法令从公布到实施只有3个月的时间，没有给予出口国充分的准备时间。同时，专家组认为印尼没有提供充分的证据证明其他诉求，不予支持。

三、印尼无法阻挡美国“禁烟”

根据争端解决规则，争端双方都有权对专家组裁决提出上诉。不管双方是否上诉，此案的裁决结果无法阻挡美国“禁烟”的脚步，烟草类产品进入美国市场会越来越难。如果美国禁止薄荷在香烟生产中的使用，并及时履行程序性的通知义务和解释义务，印尼不可能胜诉。美国会这样做的，薄荷的使用迟早会被禁止，程序性义务也很容易履行，无非是文来文往罢了。

资料来源　罗汉伟：《秩序赢了，健康输了：禁烟，印尼让美国“低头”》，载《中国经济周刊》，2011（36）。

思考题：本案例中，WTO判决美国败诉的理由是什么？

复习思考题

1. 在印尼，与贸易有关的法律有哪些？
2. 印尼对进口产品分哪几类进行关税征收？
3. 在实施进口管理时，印尼政府主要采取什么形式？分别适用哪些产品？
4. 印尼对出口产品分哪几类进行管理？
5. 试述印尼的进口限制措施有哪些，主要针对什么商品。

第十章　加拿大的贸易政策

学习目标

通过对加拿大贸易政策的学习，应了解我国与加拿大双边经贸关系的发展概况以及加拿大的贸易壁垒政策的实施情况；熟悉加拿大对外贸易立法及其特点；重点掌握加拿大关税政策的种类、进出口贸易政策的具体实施措施。

开篇案例

加拿大对葡萄酒和啤酒的减免税政策及其贸易争端

一、欧盟作为控诉方

2006 年 11 月 29 日，欧盟就加拿大对葡萄酒和啤酒的免税和减税政策要求与加拿大进行磋商。欧盟提出的问题是：(1) 按照加拿大税务局2006 年6 月15 日的公告，在加拿大生产的葡萄酒以及全部由在加拿大生长的农作物或植物构成的产品，加拿大将豁免其联邦消费税；(2) 按照加拿大税务局2006 年 7 月 9 日的公告，对首批由国内已获得许可证的酿造商生产和包装的750 升的啤酒和麦芽酒，加拿大降低了其消费税。

欧盟认为这些措施与《SCM 协定》(《补贴与反补贴协定》) 和《1994 年关贸总协定》项下加拿大承担的义务不相符：首先，对于葡萄酒，该政策与《1994 年关贸总协定》第 3 条第 2 款 (国民待遇原则) 不相符；其次，对于酿酒所需的农作物和植物产品，该政策与《SCM 协定》第 3.1 (b) 条 (禁止本地成分的补贴)、第 3.2 条以及《1994 年关贸总协定》第 3 条第 2 款、第 4 款 (国民待遇原则) 不相符；最后，对于啤酒和麦芽酒，该政策与《1994 年关贸总协定》第 3 条第 2 款 (国民待遇原则) 不相符。

二、双方达成一致的解决方案

2008 年 12 月 17 日，根据 DSU (谅解备忘录) 第 3.6 条双方达成一致的解决方案，欧盟和加拿大通报了 WTO 争端解决机构 (DSB)。该方案认为，在最惠国待遇基础上，对加拿大进口的某些产品进行关税削减。

资料来源　WTO 官方网站，http://www.wto.org。

第一节　中国与加拿大双边经贸概况

加拿大是西方七大工业国家之一，制造业、高科技产业、服务业发达，资源工业、初级制造业和农业是加拿大国民经济的主要支柱。近年来，加拿大经济增长较为强劲，增速在发达工业国中名列前茅。2010 年国内生产总值 (GDP) 达到 15 740.05 亿美元，世界排名第 9；人均国内生产总值 46 214.9 美元，世界排名第 11。加拿大以贸易立国，对外贸依赖较大。2010 年对外商品贸易额为 8 186.6 亿加元，出口额与进口额分别增长 9.6% 与 10.6%。2005—2010 年，加拿大外贸概况见表 10—1。

表 10—1 **2005—2010 加拿大外贸概况** 单位：亿加元

年份	2005	2006	2007	2008	2009	2010
出口额	4 530.60	4 585.70	4 504	4 898.6	3 697.6	4 048.3
进口额	3 882.10	4 042.79	4 067	4 429.9	3 743.7	4 138.3
差额	648.50	542.91	437	468.7	-46.1	-90

资料来源 根据《加拿大经济观察》(2011) 整理所得。

加拿大与中国的贸易往来始于 1780 年，到 18 世纪末，广州的丝绸、杭州的茶叶和景德镇的瓷器就远销加拿大，加拿大不列颠哥伦比亚省的皮毛和木材也远销中国。中加两国正式贸易关系始于 1961 年双方签订的小麦协定。自 1973 年中加建交并签订政府间贸易协定以来，两国经济贸易关系发展顺利，友好合作保持良好发展势头。近年来，中加经济贸易关系有了较大的发展，已从单一的商品贸易发展到全方位、跨领域、多元化的贸易和经济技术合作，商品、服务、人员和资本的流动日益频繁，两国间的经济联系不断加深。2005 年 4 月 19 日，加拿大政府发表了题为《在世界上扮演令人骄傲和有影响力角色》的"对外政策声明"，系统阐述其对外政策。声明认为，中、印、巴西等发展中大国崛起对世界经济产生了重要影响。加将致力于与其建立双向、长期和规范化的合作机制，希望借助中、印实现加经贸关系多元化。中国将成为 21 世纪最重要的经济大国。加拿大将在现有基础上，不断发掘新的合作渠道，包括积极探索商签自由贸易协定等方式，进一步发展与中国的政治、经济关系。

中国是加第二大贸易伙伴、第二大进口来源地及第三大出口市场，加是中国第十三大贸易伙伴。据加拿大统计局统计，2010 年加拿大与中国双边货物进出口额为 559.9 亿美元，增长 25.2%。其中，加拿大对中国出口 128.7 亿美元，增长 31.7%，占加拿大出口总额的 3.3%，增长 0.2 个百分点；加拿大自中国进口 431.2 亿美元，增长 23.4%，占加拿大进口总额的 11.0%，增长 0.2 百分点。中国是加拿大最大逆差来源国，逆差为 302.5 亿美元，增长 20.1%。

矿产品是加拿大对中国出口的第一大类产品，2010 年出口额为 27.4 亿美元，增长 29.1%，占加拿大对中国出口总额的 21.3%。纤维素浆、纸张是加对中国出口的第二大类商品，出口额为 21.0 亿美元，增长 60.3%，占加对中国出口总额的 16.3%。贱金属及制品是加对中国出口的第三大类商品，出口额为 15.4 亿美元，增长 24.8%，占加对中国出口总额的 12.0%。2010 年加拿大对中国食品饮料烟草、动植物油脂和木及制品出口额大幅上扬，分别增长 449.9%、169.8% 和 137.9%，其中，食品工业的残渣及废料增长 849.9%。

加拿大自中国进口的主要商品为机电产品、家具玩具产品和纺织品及原料，2010 年合计进口 288.6 亿美元，占加拿大自中国进口总额的 66.9%。中国在劳动密集型产品的出口上继续保持优势，家具玩具、纺织品及原料和鞋靴伞等轻工产品分别列加拿大自中国进口大类商品（HS 类）的第二位、第三位和第六位，占加拿大进口市场的 46.0%、40.3% 和 69.9%，在这些产品上，美国、墨西哥、印度、越南等国是中国的主要竞争对手。2010 年 1—9 月中加贸易进出口商品构成金额见表 10—2。

表 10—2　**中加贸易进出口商品构成金额（2010 年 1—9 月）**　单位：百万美元

加拿大对中国出口					加拿大对中国进口				
商品类别	金额	上年同期	同比（%）	占比（%）	商品类别	金额	上年同期	同比（%）	占比（%）
矿产品	2 737	2 121	29.1	21.3	机电产品	18 207	13 854	31.4	42.2
纤维素浆；纸张	2 096	1 307	60.3	16.3	家具、玩具、杂项制品	5 872	5 194	13.1	13.6
贱金属及制品	1 542	1 235	24.8	12.0	纺织品及原料	4 783	4 280	11.8	11.1
植物产品	1 169	1 636	-28.5	9.1	贱金属及制品	3 245	2 565	26.5	7.5
机电产品	981	1 053	-6.8	7.6	塑料、橡胶	1 736	1 421	22.1	4.0
化工产品	950	533	78.2	7.4	鞋靴、伞等轻工产品	1 613	1 423	13.4	3.7
动植物油脂	936	347	169.8	7.3	运输设备	1 220	980	24.5	2.8
木及制品	814	342	137.9	6.3	化工产品	1 066	811	31.4	2.5
活动物；动物产品	367	242	51.9	2.9	光学、钟表、医疗设备	1 061	896	18.4	2.5
塑料、橡胶	311	354	-12.3	2.4	皮革制品；箱包	922	772	19.4	2.1
食品、饮料、烟草	217	39	449.9	1.7	陶瓷；玻璃	841	661	27.2	2.0
光学、钟表、医疗设备	211	199	5.9	1.6	木及制品	594	466	27.5	1.4
运输设备	206	117	75.6	1.6	纤维素浆；纸张	542	464	16.8	1.3
皮革制品；箱包	192	134	43.1	1.5	活动物；动物产品	318	288	10.5	0.7
纺织品及原料	27	34	-20.8	0.2	食品、饮料、烟草	318	285	11.5	0.7

资料来源　根据国别贸易报告——加拿大 2011 年第 1 期整理所得。

专栏 10—1　与中国往来较多的加拿大著名公司和经济团体

（1）庞巴迪公司（Bombardier Inc.）：成立于 1942 年，总部设在魁北克市，主要业务为设计、开发、制造、销售飞机、火车、有轨电车等大型交通运输设备及相关产品，是全球大型交通运输设备领军企业之一。2008 年总收益为 175.06 亿美元，总资产 221.2 亿美元。董事长：博杜安（Laurent Beaudoin）。

（2）鲍尔公司（Power Corp. of Canada）：成立于 1925 年，主要从事广播电视、出版、金融、采矿、房地产等业务，由德马雷家族控股。多位前总理卸任后均在鲍尔公司任职。公司总资产 4 542.83 亿美元，2008 年营业额 370.99 亿加元。董事长：保罗·德马雷（Paul Desmarais，Jr.）。总裁兼首席执行官：安德烈·德马雷（Andre Desmarais）。

（3）加中贸易理事会（Canada-China Business Council）：加拿大一非营利性民间机构，成立于1978年，宗旨是推动和促进加拿大与中国之间的贸易和投资。总部设在多伦多，在加拿大温哥华和中国北京、上海、沈阳、南京、成都、深圳设有办事处。董事会主席：彼得·克鲁依特（Peter Kruyt），也是鲍尔公司副总裁。会长：彼得·哈德（Peter Harder）。机构网址：www. ccbc. com。

资料来源 《加拿大国家概况》，中华人民共和国外交部，http：//www. fmprc. gov. cn/chn/pds/gjhdq/gj/bmz/1206_18，2012-01-18。

第二节 加拿大对外贸易法律制度综述

一、贸易主管部门

外交与国际贸易部是加拿大主管外交与国际贸易的政府部门。该部的外交职责是推进全球和平与繁荣，以及加拿大的价值观，其职责是帮助国内企业进入国际市场，占据商业先机，积极促进国内商业活动，以及负责贸易协定的谈判和监督。其宗旨是为国内外企业服务，提供加拿大经济贸易政策信息。

二、加拿大对外贸易立法

加拿大属于市场经济国家，市场开放程度高，市场管理制度成熟。经济领域立法方面，加拿大的目标是维护市场的公平竞争环境及承担国际协定的义务；对外贸易方面，加拿大并没有统一的一部综合性立法，其立法主要是针对市场管理的需要而制定相应的单行法律。与贸易有关的法律法规主要包括《海关法》、《海关关税法》、《出口法》、《出口发展法》、《进出口许可法》、《特别进口措施法》、《特别进口措施规则》、《进口许可证规定》、《国际贸易法庭法》、《进口货物标识法》、《消费者包装与标记法》、《贵重金属标识法》、《加拿大农产品法》、《纺织品标签法》和《纺织品标签及广告法》等。其有关对外贸易方面的立法可分为两大类：

（一）国内立法

1. 《特殊进口措施法》

该法于1984年通过，主要是依照加拿大参与的同国际贸易相关的条约或协定的规定，在加拿大国内法范畴内确定倾销和补贴的核定办法，并授予加海关税务署对进口产品是否构成倾销或受到政府补贴进行调查的权利，以及在加国际贸易法庭对损害裁定后征收反倾销或反补贴税的权利。该法共76条，分别对反倾销、反补贴、临时税的责任、正常价值、出口价格、倾销幅度、补贴数额、倾销和补贴调查程序、重新裁定和上诉等实体和程序内容作了规定。

2. 《海关关税法》

该法于1997年通过，主要是依照加拿大参与的同国际贸易相关的条约或协定，特别是世界海关组织制定的《商品名称及编码协调制度的国际公约》，授权加内阁在财政部长和/或国际贸易部长的建议下，发布、制定、修改进口货物原产地规则，海关进口税收税则，关税待遇规则，特别、紧急和保障措施，关税减免等规定。

3.《海关法》

该法于1986年经第二次修订通过，主要规定了加拿大海关的职责和相应程序。该法共169条，共分七个部分，包括总则、进口、关税的计算、关税的减免及补偿、出口、执法、刑事犯罪的执法以及从属规章的规定等。

4.《国际贸易法庭法》

该法于1988通过，主要是通过该法设立国际贸易法庭，并对其职能权限作了详细规定。加国际贸易法庭性质为独立的准司法行政法庭，其通过加财政部长向国会负责。该法庭承担着类似美国国际贸易委员会的角色。其主要职责是受理加拿大国内产业的立案和延期申请，针对进口量猛增的产品是否已经对或对国内产业造成严重损害进行保障措施调查；受理加国内产业的立案和延期申请，针对倾销或受到补贴的进口产品是否已经对国内产业造成实质损害进行反倾销和反补贴调查；受理针对加拿大海关税务署依据《海关法》、《货物税法》和《特别进口措施法》进行的行政裁定的行政上诉申请；受内阁或财政部长的委托，就经济、贸易和关税问题进行调查和汇报；受理供货商依照《北美自由贸易协定》、《国内贸易协定》和WTO《政府采购协议》提起的联邦政府采买立案等。

5.《进出口许可法》

该法于1999年最新修订通过，主要是授权加拿大内阁针对一些有战略意义的或其他同加拿大或国际社会的安全、环保、经济贸易秩序相关的产品以及其他货物进行监控，并对该等产品的出口和进口要求进口商或出口商取得必要的许可证。关于出口，该法授权加内阁针对一些国际禁运战略性武器的国家或禁运自动武器的国家设立“区域控制清单”或“自动武器国家控制清单”。关于进口，该法授权内阁针对资源稀缺的产品、受保护的动植物产品、军火和规避WTO《纺织品协议》的进口产品设立“进口控制清单”。

6.《出口法》

该法于1985年修订通过，主要是授权加内阁对有关木材、纸浆、某些特定矿产品、烈性酒的出口以及关税征收等方面作出管理规定。

7.《出口发展法》

该法于1985年修订后通过，主要是为支持和发展加拿大与其他国家之间的贸易，提高加拿大在国际市场上的竞争力，依该法设立加拿大出口发展公司，为加公司、企业、个人提供贷款、保险、再保险、赔偿、担保、咨询服务等。该法对出口发展公司的设立、业务范围、特权（免缴所得税）以及其他经营规范作了详细规定。

8.《文化资产进出口法》

该法于1985年修订后通过，主要是对加拿大进口文化资产和从国外非法进口的文化资产作了规定。根据该法，加制定文化资产管制清单，并实行许可证管理，同时成立加拿大文化资产出口审议委员会，对文化资产出口有关问题进行审议并作出决定。

（二）为执行国际多双边协定的立法

为履行加拿大缔结或加入的国际多双边协定、公约等，将其权利义务转化为加国内立法，加拿大在对外贸易方面先后颁布了《执行〈世界贸易组织〉法》、《执行〈北美自由贸易协定〉法》、《执行〈加拿大—智利自由贸易协定〉法》和《执行〈加拿大—以色列自由贸易协定〉法》等四个法律。

三、加拿大对外贸易立法特点

（1）加拿大虽然没有一部完整的对外贸易法典，但其通过不同的专题立法，建立了非常完善的外经贸法律体系，特别是进出口环节立法较多，包括出口法、文化资产进出口法、特别进口措施法等。

（2）加对外贸易立法在WTO框架下，依然保留了大量的许可证贸易管理方式，对进出口许可证管理作了专门的立法，在其他法律中（如出口法）也有许可证管理的内容。

（3）为有效实施管理，掌握进出口商品信息，加对外贸易立法采取了进出口管制清单，如在文化资产进出口法、国际贸易法庭法、特别进口措施法中均有规定。

（4）加在开展对外贸易中，专门制定出口发展策略，并据此设立出口发展公司，对发展出口进行促进。

（5）加对外贸易立法根据需要不断进行修改调整，其所有立法都进行了多次修订调整工作。例如，为及时保护本国利益，其根据中国加入世贸组织议定书承诺及时颁布C-50法案，对国际贸易法庭法、特别进口措施法、进出口许可证法、海关关税法等进行了适时修改，并通过一个法案予以体现，提高了其立法效率。

（6）加对外贸易立法为进一步做好有关低一级法律程序的立法留下了空间，几乎其所有对外贸易法令中，都有所需进一步立法明确有关内容的规定。

（7）加对外贸易立法体现了其对国内产业、企业的充分保护，除在国际贸易法庭法、特别进口措施中对有关反倾销、反补贴、保障措施、特殊保障措施进行专门规定外，在海关法、海关关税法、进出口许可证法等中也有对国内产业、企业提供保护的法律救济措施。另外，其反倾销等规定的法律层次较高，由议会通过。

（8）加对外贸易立法中对有关具体法律实施情况，要形成年度报告，并向国会报告。

（9）加对所缔结加入的多双边公约、协定，进行专门立法，把相关权利义务进行转化，并对执行公约、协定中对本国的保护进一步细化。

第三节 加拿大的对外贸易政策

一、关税政策

加拿大的法律规定只有联邦政府有权对进口产品征收关税，各省政府均不得实施征税权。关税的具体执行工作由加拿大边境服务署负责。大多数进口产品的关税税率为从价税率。对来自不同国家的产品征收何种关税主要看加拿大对产品原产地实施何种关税待遇。加拿大已同意通过关贸总协定的连续谈判逐渐降低本国关税，目前加拿大对不同国家主要有以下5种待遇：

第一，最惠国待遇（MFN）：适用于所有关贸总协定成员及与加拿大有双边贸易协定的国家。

第二，英联邦优惠制（BP）：适用于所有英联邦的成员国。

第三，普遍优惠制（GPT）：适用于160多个发展中国家。

第四，美国关税：适用于美国。

第五，对不包括在以上四项内的国家实施的关税。

对进口到国内的大多数产品，加拿大征收的关税都低于最惠国待遇的规定，有些出口国家的产品则可以同时享有几种特殊关税待遇。

在加拿大所有关税中，最高的是普通关税，适用于既非关贸总协定成员也与加拿大无双边贸易协定的国家，如朝鲜、阿尔巴尼亚、阿曼和利比亚。而对来自发展中国家的产品所征收的普惠制下的税率比其他种类的税都低。加拿大的普遍优惠制税率于1974年7月1日开始生效，旨在帮助发展中国家扩大对加拿大的出口。但并不是来自发展中国家的所有产品都可享受到普惠制待遇，如纺织品、服装、鞋及加工的食品就不能享受普惠制待遇。当享受普惠制待遇的外国产品进口到加拿大，对加拿大国内同行业制造商造成严重损害或将造成严重损害时，加拿大企业可利用“安全条款”请联邦政府撤销对有关产品的普惠制待遇，或对享受普惠制待遇的进口产品实施配额限制。此外，在《美加自由贸易协定》下，对来自美国的产品，其进口关税正逐渐降低，10年内将完全取消关税。

加拿大的关税结构特征之一是对不同产品实施不同税率。一般情况下，大多数原材料的进口关税税率为零或很低，进口产品加工程度越高，关税税率越高。加拿大进口产品的平均关税税率约为9%，比美国、欧盟和日本的关税税率高5%～7%。

加拿大对大多数进口产品的关税税率实行从价税率，即按产品价值的百分比征税。对于有些产品则按重量征税，即从量税，有时也对产品征收混合税。加拿大《海关法》制定有一整套规则来确定进口商品的关税价值，并依照适用的关税税率测算关税额。其方法以WTO的估值规则为基准。按照《海关法》，关税估算的首要依据为商品的成交价格（即根据《海关法》规定调整后的、已支付过或者应支付的、向加拿大出口的商品在出口前与之相关联交易的成交价格）。如果不能采用成交价格，《海关法》另外规定了变通办法计算。

二、进口管理政策

加拿大进出口的主要管理部门是外交国贸部。与进出口贸易有关的主要法律法规有《出口法》、《出口发展法》、《进出口许可法》、《特别进口措施法》、《国际贸易法庭法》以及《进口许可证规定》等。

（一）进口许可

在加拿大，绝大部分商品的进口不需要许可证。但是根据《进出口许可法》，某些商品进口需要提供进口许可证，并被列在“进口控制清单”中，由加拿大进出口控制局负责签发进口许可和证明。“进口控制清单”通常包括产品清单，其中仅对特定国家和地区一些产品实行控制，“进口控制清单”中的所有产品都需要获得进口许可。目前加拿大

"进口控制清单"中所列的产品主要包括四大类，即农产品、武器及军需品、纺织品及服装、钢铁产品。其中，农产品主要包含鸡肉、牛肉、蛋类、奶制品、小麦制品等，钢铁产品包括碳钢及特种钢。

（二）进口禁止

除进口许可外，加拿大还在《2008年海关关税税则》中对禁止进口的产品做出了明确规定，禁止进口的产品包括部分鸟类、枪支、妨碍治安的宣传资料等。该税则明确规定，禁止进口各种型号的旧机动车辆或二手车，但是对来自美国的旧机动车只要符合加拿大安全标准仍可进口。另外，对于从墨西哥进口的旧车辆也正在逐渐放宽进口限制，并计划于2019年取消对墨西哥旧车的进口限制。

（三）特殊进口措施

特殊进口措施是指加拿大产业由于进口商品的不公平竞争而遭受实质性损害时，加拿大政府可对该商品实施反倾销和反补贴措施。其依据的相关法律是《特殊进口措施法》和《国际贸易法庭法》。该规定要求加国内受损害产业的企业对涉嫌不公平竞争的进口产品先向加海关和税务署提出书面申诉，加海关和税务署负责调查该进口商品是否属于倾销或得到出口国政府补贴，加国际贸易法庭负责调查加国内产业是否受到了所诉进口商品的损害。如不公平竞争情况属实，加政府可征收反倾销税或反补贴税。

（四）进口程序

为了简化进口，加拿大海关采用了海关自动估价系统。通过对进口商身份的识别，该系统可以对预先认可的进口商的所有进口产品进行流线式计算和支付程序，同时也提供迅速清关服务。随着该系统程序的不断增加，进口程序将大大简化。

为了加快货物的通关速度，加拿大还采用了预抵港审核系统以及经常进口商放行系统。预抵港审核系统允许进口商在货物到达加拿大前提前30天至1小时提交所需进口材料，在货物抵港时通常只需数分钟就可以清关。

（五）原产地规则

加拿大的原产地证明主要有三大类：第一类为自由贸易协定国的原产地证明；第二类为原产地证明格式A或者出口商关于原产地的声明，适用于普遍优惠制关税以及最不发达国家关税涉及的除纺织品和服装外的产品；第三类为原产地证明格式B255，适用于从最不发达国家进口的纺织品及服装的原产地证明。若海关要求，进口商应出示进口产品的原产地证明。

三、出口管理政策

同其他国家一样，加拿大出口管理的重点是出口促进。根据加拿大《进出口许可法》的规定，加拿大政府对部分产品和地区实行出口控制，出口受控的产品或向受控地区出口产品均需获得出口许可证。需要实行出口控制管理的产品与地区分别列在"出口控制清单"和"地区控制清单"中。出口许可包括普遍许可和单独许可。普遍许可是针对销往某些国家的、符合特定条件的产品预先授予出口权，实行简化程序。单独许可是针对单个进口商或出口商的。大多数受控产品都需要获得单独许可。

依照加拿大“出口控制清单”所列，共有八组产品需要出口许可：第一组为两用清单；第二组为军火产品清单；第三组为核不扩散产品清单；第四组为与核有关的两用清单；第五组为杂货；第六组为导弹技术控制制度清单；第七组为非扩散化学和生物武器清单；第八组为生产违法药物的化学制品清单。

对于“地区控制清单”，加拿大会不定期修改。2010 年 7 月 13 日，加拿大将朝鲜列入“地区控制清单”中。目前朝鲜是该清单中所列的唯一国家。

除了受控产品外，以下情况的非受控产品在出口前，出口商必须填写出口申报单，向加拿大边境服务署报告：产品价值达到或超过 2 000 加元的；出口目的地是除美国、波多黎各、美属维京群岛以外的国家或地区的产品。

四、进出口商品检验检疫

加拿大作为一个工业化国家，其市场管理的特征之一就是对其产品从制造到销售建立了一套完善的质量保障及监督制度。该制度适用于整个市场，无论本地还是进口产品。与检验检疫有关的法律法规主要有《食品与药物法》、《危险品法》、《肉类检验法》、《鱼类检验法》、《动物卫生法》和《野生动植物贸易规定》等。

以下两种仅涉及与进口产品有关的商品检验制度：

商业用产品：多属于制造商从国外进口所需设备和零部件，用于生产下游商品，不直接进入消费品市场。此类产品均按有关行业的国际标准生产，并经过认证。加拿大政府不介入此类产品的质量检验。但如进口危险原料产品，则需要政府检验部门批准。

消费类产品：此类产品进口后直接进入加拿大国内市场，加拿大对此类产品制定了严格的检验标准和程序，其中：

（1）家用电器：进口商必须确保此类产品获得北美主要质量标准机构（如 CSA 和 ULC）的认证。

（2）农渔产品、食品、动植物等：须符合《食品与药物法》。进口商负责确保此类产品符合加拿大食品检验局（CFIA）的检验标准。

（3）具有潜在危险的产品：指可能有化学、机械和电子危险及易燃易爆的产品，如玩具、儿童家具、含有毒油漆制品、打火机等。进口商在市场销售此类产品之前需向加拿大政府检验部门出具符合产品安全标准的证明文件，由加拿大卫生部产品安全局依据《危险品法》负责实施。

五、贸易救济政策

自 1984 年 12 月 1 日加拿大按《特别进出口法》执行反倾销和反补贴调查以来，截至 2010 年底，加拿大对中国产品共发起 27 起单独反倾销调查、10 起反倾销反补贴合并调查、2 起保障措施调查和 1 起特保措施调查。

近年来，加拿大多次对中国产品同时发起反倾销和反补贴合并调查。2010 年 9 月 20 日，加拿大边境服务署正式立案对原产于或进口于中国的钢格板产品发起反倾销和反补贴调查。据统计，该案涉案金额约为 7 810 万美元，此案是加拿大对中国出口产品发起的第 10 起反倾销和反补贴合并调查。

加拿大对华反倾销和反补贴调查中存在很多问题，主要有：第一，调查过程不符合“程序公正”原则，缺乏必要的透明度，未能给予应诉方公平待遇；第二，对中国产业政策和国有企业改革重组存在偏见，在国有企业低价提供原材料等补贴项目的认定和补贴量的计算问题上存在错误；第三，在市场经济地位问题上出现倒退，频繁认定中国涉案行业为非市场经济行业，采用不合理的第三国数据裁定中国企业高额反倾销税，同时征收反补贴税，存在明显的双重计算问题，严重影响中国政府及企业的应诉积极性和出口利益。

第四节 加拿大的贸易壁垒

一、关税壁垒

（一）关税高峰

加拿大平均关税税率处于较低水平，大多数原材料的进口关税很低或为零，但是仍对部分进口产品征收较高关税，主要涉及纺织品、服装及鞋类。根据《加拿大海关关税法2009》，大部分服装及织物制品等的进口关税税率为18%或16%；部分鞋类的进口关税税率为18%。

（二）关税升级

加拿大的关税升级现象主要存在于食品、饮料、烟草和皮革领域。例如，未加工烟草为零关税，但是对烟草制卷烟征收12.5%的进口关税。生牛皮、生马皮等原料多数为零关税，至多被征收2% ~5%的关税，但皮革制衣及衣服附件的关税税率则升至7% ~15.5%。

（三）关税配额

加拿大关税配额类产品占总关税税目的2%左右，所有配额产品都是农产品，主要是奶制品、鸡肉、火鸡以及蛋类，由加拿大供应管理系统对其进行配额管理。关税配额以内的农产品进口关税较低，甚至为零，但是对关税配额以外的进口征收高关税，如对配额外的部分奶制品征收245.5%的高关税，对配额外农产品的最高关税达313.5%。

二、进口限制

加拿大对于酒类进口有一定的限制。进口酒精饮料及跨省交易需要受到联邦《麻醉性酒类进口法案》的管制。该法案赋予各省对烈性酒的销售、进口、跨省运输等的自主裁决权。目前加拿大10个省的酒类控制委员会是行使上述权力的垄断机构。酒类控制委员会对进口饮料的歧视性政策包括：强迫进口产品接受比加拿大国内同类产品更高的加价；申请列表程序或取消列表程序的差别措施（酒类控制委员会决定进口产品是否属于品牌或各种蒸馏酒、啤酒等的销售途径）；限制私人运输和私人销售点；对进口品设置最低和最高价格。加拿大政府的上述做法与《GATT 1994》第3条所规定的国民待遇原则不符，阻碍了外国酒类饮料进入加拿大市场。

三、技术性贸易壁垒

（一）纺织品标签要求

根据加拿大《纺织品标签法》以及标签处理方法的规定，衣物产品必须标明以下四类信息：（1）经销商身份或加拿大进口商代码；（2）原产国；（3）纤维成分；（4）清洁说明。除经销商名称可使用一种官方语言外，标签内容文字必须同时使用英文及法文两种语言。但是《纺织品标签法》并未对服装填充物（例如充绒羽绒服）的纤维成分要求特别做出标识。加拿大联邦级法规并不要求对填充物内容纤维进行说明，但魁北克、安大略和曼尼托巴三省为了防止企业使用不清洁的填充物，对棉大衣、羽绒服等填充服做出了特殊的标签要求。上述省份规定，每件填充服装都需贴有特殊标签，而且这些产品的生产商也需按照三省的相关法案规定在省级机关进行登记注册，而且每家生产商须就每种填充材料缴纳400加元的登记费。以上三省的特殊要求，给企业造成了不必要的登记费以及标签的额外费用，生产商难以在生产过程中或装船前完成产品标签的注册登记工作。缺少标签的产品在抵达上述省份时将被查封，直到完成所有标签登记工作，往往导致运输延误，给出口企业增加了额外费用。

（二）产品包装限制

加拿大对婴儿食品以及新鲜或加工的蔬菜水果产品的包装尺寸进行了强制规定。加拿大《加工产品条例》要求在加拿大销售的婴儿水果及蔬菜加工产品必须符合两种包装尺寸：容量128ml和213ml。加拿大禁止进口超过一定包装尺寸的新鲜或加工蔬菜水果，除非加拿大进口商能够证明其国内市场对该种产品的供应不足。如果加拿大对某种新鲜蔬果产品的包装箱尺寸标准做出具体规定，则限制进口大包装的产品。

四、卫生与植物卫生措施

加拿大食品检验局的鱼类进口检验计划规定，用于商业销售的鱼类及海产品的进口商必须持有加拿大食品检验局颁发的鱼类进口许可证或质量管理计划进口许可证。对于从未将鱼类及海产品出口至加拿大的加工商来说，其产品的检验率需为100%，也就是说首批鱼产品中的每个包装件都需要进行抽样检验。进口鱼类产品的检验频率根据历史纪录，从2%（对所有批次的非卫生与安全分析，如标签分析）到最高5%不等（卫生与安全分析，如汞残留及农药残留分析）。

如果检测结果显示某种产品或某个原产国的产品有问题，加拿大食品检验局将提高检验率至100%。如果某批产品经检验不符合加拿大要求，而且产品同进口商提供的材料不符，则该整批产品将被退回或销毁。另外，该外国出口加工商将被列入加拿大食品检验局的进口预警名单，且该出口加工商之后的产品都需要100%检验，直到连续四批样品通过检测符合加拿大要求为止。加拿大对鱼类检验的要求过于苛刻，不利于相关贸易的积极开展。

五、政府采购

加拿大政府采购采取两套不同的规则，即联邦层面和次联邦层面。虽然加拿大是《政府采购协议》（GPA）的签署国，允许外国供应商在无歧视的基础上竞争联邦政府GPA条款所覆盖的合同，但是仅限于联邦级的政府采购。对于其次联邦级的采购，各省、地区或市级采购制度中则存在着各种国内优惠政策，如价格优惠、本国成分要求，有利于在该领土内生产或销售的货物或服务等。同时，也存在给予小型企业优惠的价格或配额等。关于政府采购国内成分的要求，最近的例子是安大略省。该省已于2009年通过了《绿色能源法》，其中关于可再生能源项目的采购就包含了重要的国内成分要求。该法律规定，至少有25%的风力发电项目和50%的大型太阳能项目必须包含安大略省的商品和劳务。到2011年，对于太阳能项目的比例要求会增加至60%，到2012年，对于风力发电项目将增至50%。加拿大的这种做法增加了其政府采购体系的复杂性，外国供应商往往不清楚该适用于哪种规则，造成了一定的困惑。

延伸阅读　　日本向WTO诉加拿大FIT能源计划

2010年9月13日，日本要求就加拿大FIT能源计划关于规定设备中国内含量要求的措施与加拿大进行磋商。

日本声称，该措施与《1994年关贸总协定》第3条第4款和第5款项下规定的加拿大所承担的义务不一致。加拿大政府为了扩大其国内可再生能源发电设备的销售和使用，对国外进口的该类设备的规定低于由国内安大略省生产的设备规定。这些措施包括关于能源设施的比例混合、加工程序或者使用一定数量由安大略省提供的特定设备的国内含量规定，从而扩大安大略省生产的设备的使用，这与《1994年关贸总协定》第3条第1款的原则相悖。

日本还声称，这些措施还与《TRIMs协定》第2.1条不一致。

最后，日本控诉这种措施是一种价格支持，会给国内生产该类设备的企业带来经济利益，是一种间接性的补贴形式。日本还声称，这种补贴在《SCM协定》第3.1（b）条和第3.2条项下是被禁止的补贴，加拿大的这种补贴更像是针对生产可再生能源设备的安大略省而定。

2010年9月24日，美国要求加入磋商。2010年9月27日，欧盟也要求加入磋商。随后，加拿大通知DSB，它已经接受了欧盟和美国加入磋商的请求。

2011年6月1日，日本要求成立一个专家小组。在2011年6月17日的会议上，DSB推迟成立一个专家小组。

在2011年7月20日的会议上，DSB成立专家小组。澳大利亚、中国、欧盟、洪都拉斯、韩国、挪威、中国台北和美国保留第三方权利。随后，巴西、萨尔瓦多、印度、墨西哥和沙特阿拉伯保留第三方权利。2011年9月26日，日本要求总干事确定该小组的组成。2011年10月6日，总干事组成了专家小组。

资料来源　WTO官方网站，http：//www. wto. org。

思考题：日本为什么要上诉加拿大FIT能源计划？

复习思考题

1. 加拿大有哪些对外贸易立法？其立法特点是什么？
2. 针对不同的国家，加拿大有哪几种关税待遇？

3. 加拿大进口管理政策中的特殊进口措施指什么？
4. 在加拿大“出口控制清单”中，有哪些产品需要出口许可？
5. 加拿大对华反倾销和反补贴调查中存在哪些主要问题？

第十一章　菲律宾的贸易政策

学习目标

通过对菲律宾贸易政策的全面学习，应初步了解菲律宾主要贸易发展概况，深入了解我国与菲律宾双边经贸发展现状；熟悉菲律宾贸易救济的相关政策；掌握菲律宾对外贸易进出口管理政策及关税政策。

开篇案例

菲律宾最新货物进口制度案例

2000 年 5 月 29 日，菲律宾政府便宣布将逐步取消装船前检验，作为实施全球贸易自由化的一项重要措施。但 2010 年 4 月，菲律宾又宣布重开装船前检验，进口的散装货物或杂货物必须由认可的检验机构在发航港进行检验，包括货物的质量、数量和核价。此外，菲律宾经常以打击走私、加强海关检查等多种理由把多数进口货物列入“红色通道”，对这些产品进行严格的单据审核和货物实体检验。繁琐的单据审核和货物检验延长了进口货物的通关时间，对货物进口带来了不利影响。

菲律宾自 2001 年起开始实施 WTO《海关估价协议》的相关规定，目前正在准备加入国际关税组织《京都公约》。虽然菲律宾一直在国际和国内层面致力于建立透明公正的通关环境，但是在实际操作中经常采用参考价以及未记录的酬劳费代替实际交易价格，而且在海关估价过程中有私人机构参与。菲律宾海关还经常拖延估价期限，给企业造成额外的负担。

分析：菲律宾的上述做法提高了产品出口到菲的门槛，可能对进口货物的通关造成实质性障碍，是实施贸易自由化过程中的一种倒退。

资料来源　根据国别贸易投资环境报告——菲律宾 2006—2011 年整理所得。

第一节　中国与菲律宾双边经贸概况

中菲有着悠久的经济往来关系，早在历史著名的“郑和七次下西洋”时，郑和所率的船队就曾经多次到达菲律宾。自 1975 年建交以来，中菲两国关系不断向前发展，取得了丰富成果。作为东盟经济发展迅速的国家之一，菲律宾是中国重要的经济合作伙伴。近年来两国双边贸易规模迅速扩大，中菲贸易的发展远远高于同期菲律宾外贸的增长速度，中国是菲律宾出口增长最快的市场之一。据中国海关统计，2010 年中国和菲律宾双边贸易总额为 277.5 亿美元，同比增长 35.1%。其中，中国对菲律宾出口 115.4 亿美元，同比增长 34.3%；自菲律宾进口 162.1 亿美元，同比增长 35.6%；中方逆差 46.7 亿美元（见

表11—1)。中国对菲律宾出口的主要产品为电器设备、机械设备、矿物燃料、针织或钩编的服装及衣着附件、塑料及其制品、钢铁制品、钢铁、车辆、纺织纱线、织物及制品等，自菲律宾进口的主要产品为电器设备，机械设备，铜及其制品，塑料及其制品，光学、医疗仪器设备，农产品，玩具及运动用品，铝及其制品，矿物燃料等。

表11—1　　2006—2010年菲律宾与中国双边贸易情况一览表

年份	贸易总额（亿美元）	增长率（%）	对中出口（亿美元）	增长率（%）	自中进口（亿美元）	增长率（%）	菲律宾顺差（亿美元）
2006	234.1	33.3	176.7	37.3	57.4	22.4	119.3
2007	306.2	30.8	231.2	30.8	75.0	30.7	156.2
2008	285.8	6.7	195.0	-15.3	90.8	21.1	104.2
2009	205.3	-28.3	119.5	38.8	85.8	6.0	33.7
2010	277.5	35.1	162.1	35.6	115.4	34.3	46.7

资料来源　《中国海关统计》(2007—2011)。

第二节　菲律宾进出口管理政策

一、进口管理政策

菲律宾有关进口管理的规定分散在1963年《食品医药法》、1998年《渔业法》、2003年《烟草法》等专门针对产品的法律法规中。除菲贸工部之外，主管菲律宾进口贸易的机构还包括食品药品局、农业部等行政管理部门。

菲律宾将进口商品分为三类：自由进口产品、限制进口产品和禁止进口产品。菲律宾绝大多数商品为自由进口产品。限制进口产品必须经过菲律宾政府机构如农业部、食品药品局核实发放进口许可证才能进口。禁止进口产品主要包括损害公共健康、国家安全、国际承诺和当地工业发展的商品。限制进口产品包括无水醋酸、大米、氰化钠、氟利昂及其他臭氧消耗物质等。此外，菲律宾还对大米、玉米、鸡、鸭等多种农产品实施关税配额制度，配额内关税税率一般为30%～50%，配额外关税税率为35%～65%。

2010年10月13日，菲律宾贸工部下属产品标准局（BPS）发布通知，要求进口商在财政部关税局放行货物后3天内至产品标准局认证的检验机构接受清点和抽样。产品标准局此次通知要求的对象为进口商品许可证体系（ICC）涵盖的进口商，对违反要求的进口商，产品标准局可对其后续进口不予放行。进口商品许可证体系适用于进口商品。对于进口的属于强制性菲律宾国家标准（PNS）覆盖范围内的产品，进口产品经过菲律宾产品标准局评价满足对应的菲律宾国家标准或国际上普遍接受的国外标准要求后，BPS将给产品进口商颁发ICC许可证书，准许其适用ICC标志。

专栏11—1　　菲律宾最新装船前检验

2010年4月，菲律宾货物检验公司认可委员会宣布，2010年4月1日及以后到港的散装货物或者杂货均需接受装船前检验（PSI），进口的散装货物或杂货必须由认可的检验机构在发航港进行检验，包括货物的质量、数量和核价。此举意味着菲律宾已开始正式重开装船前检验，产品出口到菲的门槛将提高，出现问题的货物将在出口国被制止。早在2000年5月29日，菲律宾政府便宣布将逐渐取消货物装船前检验，作为实施全球贸易自由化的一项重要措施，并中止与瑞士SGS公司的合约。菲律宾过去是通过SGS公司来执行装船前货物检验的规定，目的是确定货物在进口地的真正价值和税率，以防范走私、瞒税及漏税行为。此次菲律宾重启装船前检验并宣布必维国际检验集团（BV）获得菲律宾货物检验公司认可委员会的授权，对任何出口到菲律宾的散装货物或者杂货实施装船前检验。目前必维国际检验集团在中国开展的装船前检验业务主要来自于安哥拉、孟加拉国、刚果等国家，这些国家基本都采用货物到达目的港后再进行检验的做法。菲律宾则要求如果出口货物出现数量、核价等方面的问题，在中国就应被制止，而不会到港后才滞留在菲律宾，这种做法降低了菲律宾进口商出运风险。

资料来源 根据国别贸易投资环境——菲律宾2011年第1期整理所得。

二、出口管理政策

2000年《出口发展法》是菲律宾管理出口贸易的主要法律，贸工部和农业部等部门是管理出口贸易的主要行政机构。

菲律宾大部分产品可自由出口，但对少数产品实行出口管制，分为禁止出口和限制出口两大类。禁止出口产品主要包括苎麻种子及幼苗、部分野生动物及活鱼等。限制出口产品主要包括矿产、水泥、石油及石油产品、军火及部分植物原材料等。出口限制产品必须事先获得菲律宾农业部、环境和自然资源部等国家主管单位的许可。

依据菲律宾《综合投资法典》、《出口发展法》和其他法规的规定，菲律宾对符合条件的出口导向型企业和出口产品规定了优惠政策。优惠政策包括：简化出口手续并免征出口附加税，进口商品再出口可享受增值税退税、外汇辅助以及使用出口加工区的低成本设施，免税进口生产出口商品所需原料，保留100%的出口外汇所得，给予出口融资和出口信用担保等。此外，出口加工区、保税仓库和各种类型的工业园区内的出口加工企业，还可享受原材料、关税等方面的鼓励措施等。

第三节 菲律宾关税政策

一、关税管理政策

菲律宾管理进出口贸易的相关法律主要是2001年修订的《1991年海关法》。该法对菲律宾管理进出口货物海关估价、税费征收及海关监管等方面做出了规定。菲律宾关税委员会主要负责关税政策的制定，包括关税的减让、变更、退还，负责反倾销和反补贴的公众听证会和磋商以及保障措施的调查工作。菲律宾财政部下设的关税局负责防止走私等不法行为，管制从事国际贸易的轮船和航空器，执行关税法，管制进出口货物，实施没收扣押等措施。

菲律宾对大部分产品征收从价关税，税率范围为0～65%，但对酒精饮料、烟花爆竹、烟草制品、手表、矿物燃料、卡通、糖精、扑克等产品征收从量关税。工业用的食品和其他产品免交进口税。电器产品、木材、照相设备和耗材、家具、汽车及零件的进口税率为20%，化妆品和香水的进口税率为30%。菲律宾经常审查关税税率并根据实际需要调整关税。

根据《中国—东盟全面经济合作框架协议货物贸易协议》，菲律宾对纳入该协议范围的中国产品实施优惠税率。此外，根据该协议的相关承诺，菲律宾还需在2012年前逐步将从中国进口的正常产品关税降为零；在2012年前把从中国进口的敏感产品关税降到20%，到2018年降为0～5%；在2015年前把从中国进口的高敏感产品关税降到50%。

二、平均关税税率及其变化情况

2009年财政年度，菲律宾最惠国关税简单平均税率为6.3%，其中农产品最惠国关税简单平均税率为9.8%，非农产品最惠国关税简单平均税率为5.8%。2010年菲律宾在关税水平方面的调整主要如下：2010年6月，菲律宾关税委员会分别发布第892号和第894号行政令，为了实施东盟自贸区共同有效优惠关税计划，削减来自东盟自贸区国家的糖类产品和大米的关税。根据行政令，糖类关税将由2010年的38%逐年下降至2015年的5%，大米关税将由2010年的40%逐年下降至2015年的35%。

为执行在东盟自贸区共同有效优惠关税计划中的承诺，2004年1月，菲律宾关税委员会发布第268号行政令，决定将柏油的税率降为零。2009年12月，菲律宾关税委员会发布第850号行政令，决定将原油和石油的税率降为零。2010年6月，菲律宾关税委员会发布第890号行政令，宣布为了不在东盟成员国和其他进口国之间形成歧视待遇，将来自非东盟国家的原油、石油和柏油的进口关税由3%降为零。

2008年11月，菲律宾颁布第765号行政令，将小麦及饲料小麦的关税分别由3%和7%调整为零关税。2009年6月，菲律宾贸工部颁布第818号行政令，将小麦进口零关税延长6个月，同时对饲料小麦附加7%的进口税。2010年2月，菲律宾颁布的第863号行政令表示，由于小麦进口零关税有利于降低面粉生产成本、稳定面包价格，该政策将再延长6个月。

2008年11月，菲律宾颁布第766号行政令，决定撤销5%（对贸易最惠国）及3%（对东盟国家）的水泥进口税。2009年7月，菲律宾颁布第819号行政令，宣布将水泥进口的零关税再延长6个月。2010年2月，菲律宾颁布的第862号行政令表示，由于水泥进口零关税将支持建筑行业的发展，该政策将再延长6个月。

第四节 菲律宾贸易救济政策

菲律宾的贸易救济法规主要包括《1999年反倾销法》、《1998年反补贴法》和《2000年保障措施法》，以及上述法律的实施细则和条例等。

在反倾销程序中，菲律宾贸工部下设的进口服务署（DTI-BIS）负责工业产品的反倾销调查，菲律宾农业部（DA）负责农产品的反倾销调查。这两个机构主要负责受理申请，做出初步调查并决定是否实施临时措施。菲律宾关税委员会负责正式调查并向上述两机构之一提交是否征收反倾销税的最终报告。菲律宾财政部下设的关税局负责执行并征收反倾销税。

保障措施程序和反补贴程序与反倾销程序大致相同，但在特定情况下，菲律宾农业部可以对敏感农产品实施特殊保障措施，要求菲律宾财政部下设的关税局征收不超过现行关税税率 1/3 的特殊保障税。

第五节 菲律宾其他相关政策

菲律宾对不同的进口农产品，有着不同的装运前检疫要求。其中，对进口苹果、柑橘等水果类的装运前要求为：货物须从原产地以封存的冷藏柜运输，在运输途中不允许开箱；原产地签发的植物卫生证明须随货物同行；在随行的出口文件中须注明封存号；证明水果未染有幼果蛾、苹果蛆、圣琼斯介壳虫的附加澄清文件。同时，在随行的植物卫生证明的附加澄清文件中须注明进口许可证编号。对进口洋葱、大蒜等蔬菜类的装运前要求为：将大蒜以 1.5 克/立方米浓度的磷化氢气体在 28 摄氏度下熏蒸 72 小时。该处理过程须在随运的植物卫生文件中注明。对进口杂交水稻种子进关前要求为：在签发进口许可和实际进口之前，出口商要联系检验检疫部门制定检疫工作安排。菲律宾植物检疫官员须在原产地进行澄清工作，如在杂交水稻生长的合适阶段，在生长田间进行虫害观察和评估；监督中国种子健康部门进行日常的种子健康试验；监督以下用以杀死（清除）已发现目标害虫的必要措施（以磷化铝熏剂熏蒸稻种、货垫、船舱和集装箱；用热水处理稻种以杀灭白顶线虫；施用杀菌剂和杀虫剂；用次氯酸钠处理以杀灭水稻黑穗病）。种子须经清检，不含杂草和其他掺杂物，须由国家种子健康部门签发健康证明。上述工作须在中国国家植物检疫部门的紧密协调下进行。中国国家植物检疫部门签发的植物卫生证书和中国国家种子健康机构出具的杂草分析证书须与货物随运。货物一经抵达菲律宾，还须经菲律宾植物检疫检查，如果发现异常，对该批货物仍将采取适当的处理措施。

专栏 11—2　　菲律宾有关补贴政策

菲律宾通过设置出口加工区、自由港区以及其他的特别工业区促进以出口为导向的投资。此外，菲律宾还实施投资优先计划对以出口为导向的投资提供财政激励。在该计划下从事活动的企业可到投资署注册以取得财政补贴，包括个税免税期、所得税减免、对进口的种畜及遗传物质免税、对在当地购买种畜和遗传物质进行税收抵扣。要获得上述财政补贴，企业必须满足一定的条件，即 60% 的股份为菲公民所有并且出口占其生产量的 50%。达不到菲公民持股 60% 的条件的企业，如果其从事的项目位于投资优先计划下的“先驱”列表中或者其出口占生产量的 70%，也可获得上述财政补贴。

菲律宾还实施出口汽车计划以促进本国汽车及零配件的出口。根据该计划，注册汽车制造商出口汽车时可享受优惠税率，税率由其出口成品汽车获得外汇水平决定。

资料来源：根据国别贸易投资环境报告——菲律宾 2011 年第 1 期整理所得。

延伸阅读　　　　　回顾菲对进口印花玻璃、浮法玻璃等的保障措施

2006 年 11 月，菲贸工部发布公告，对进口印花玻璃、浮法玻璃等采取为期 3 年的保障措施，这是菲律宾在 2004 年的保障措施期满以后，对上述产品连续采取的第二次保障措施。根据裁决，除列明的发展中国家之外，对来自于包括中国在内的进口印花玻璃、浮法玻璃和玻璃镜等产品征收每吨 2274. 30 比索的保障措施关税。

自 2004 年保障措施实施以来，中国的玻璃及制品对菲律宾的出口急剧下降，2004 年的出口金额仅为 2003 年的 10%，2005 年的出口金额仅为 2003 年的 35%。但是，2007 年 12 月，菲贸工部称由于菲 ASAHI 玻璃制造公司已经暂停生产印花玻璃，因此，贸工部曾下令暂停对进口印花玻璃采取保障措施。

根据 2006 年菲贸工部做出对进口玻璃采取保障措施延长 3 年的决定，延长后的保护关税税率每年审议后决定。2008 年度的税率为：透明浮法玻璃 94 美元/公吨，着色浮法玻璃 120 美元/公吨，玻璃镜 104 美元/公吨。由于菲玻璃制造公司 ASAHI 已成功转型，菲律宾贸工部于 2008 年 1 月开始暂停对花纹玻璃的保障措施。

2008 年、2009 年菲贸工部仍实施对印花玻璃、浮法玻璃和玻璃镜的保障措施。

菲律宾贸工部于 2010 年 1 月 13 日作出保障措施日落复审终裁，决定继续对印花玻璃和浮法玻璃征收保障措施税，为期 4 年。

资料来源　根据《全球贸易摩擦研究报告》(2011) 整理所得。

思考题：根据上述资料，请你给中国出口商提出相关建议。

复习思考题

1. 菲律宾贸易进出口政策主要包括哪些?
2. 简述菲律宾关税税率的改变对我国的影响。
3. 简述中菲双边贸易的概况。
4. 简述菲律宾贸易救济政策的主要内容。

第十二章　南非的贸易政策

学习目标

通过对南非贸易政策的学习，应了解南非主要贸易概况，深入了解我国与南非双边经贸关系的发展概况；熟悉南非贸易救济的相关政策；掌握南非主要的贸易政策，其中包括进口政策、出口政策、外汇管理政策，同时，掌握南非的关税政策。

开篇案例

南非对华合成纤维短纤反倾销案

2009 年 1 月 23 日，应南非国际贸易服务组织的申请，南非对原产于中国的合成纤维短纤进行反倾销立案调查。涉案产品海关编码为 55032000。本案的倾销调查期为 2007 年 7 月 1 日至 2008 年 6 月 30 日；损害调查期为 2005 年 1 月 1 日至 2008 年 6 月 30 日。

2009 年 10 月 1 日，南非国际贸易管理委员会对此案作出反倾销初裁：对浙江华盛化纤有限公司生产的涉案产品征收 12.47% 的临时反倾销税，对其他未应诉企业征收 122.97% 的临时反倾销税，不对慈溪市江南化纤有限公司、南通三嘉化纤有限公司、四川汇维仕化纤有限公司和宁波大发化纤有限公司征收临时反倾销税。

2010 年 4 月 1 日，南非国际贸易管理委员会对该案作出反倾销终裁：对浙江华盛化纤有限公司征收 0.93 兰特/千克的反倾销税，对其他涉案的中国企业征收 5.83 兰特/千克的反倾销税，不对慈溪市江南化纤有限公司、南通三嘉化纤有限公司、四川汇维仕化纤有限公司和宁波大发化纤有限公司征收反倾销税。

资料来源　根据《全球贸易摩擦研究报告》（2011）整理所得。

第一节　中国与南非双边经贸概况

早在 1960 年 7 月中国中断了同南非的所有往来，两国的直接贸易也因此隔绝了 30 多年，直到 20 世纪 90 年代才恢复正式交往。尽管如此，这一时期通过中国香港、中国台湾、日本等地的转口，两国间依然有间接的贸易往来。20 世纪 90 年代初，中国和南非开始由间接贸易转变为直接贸易。1998 年 1 月 1 日，中南正式建立外交关系后，两国经贸关系发展较快，相继签订了投资保护协定、经贸联委会协定、贸易经济和技术合作协定、科学技术合作协定、动植物检疫检验合作协定、避免双重征税协定、航空协定、海运协定等经贸合作协定。2004 年两国确立平等互利、共同发展的战略伙伴关系。同年 6 月，南非宣布承认中国市场经济地位，并代表南部非洲关税同盟与中国启动自由贸易区谈判。

南非位于非洲大陆最南端，是非洲经济实力最强的国家，在南部非洲发展共同体中影响力最大，也是南部非洲关税同盟的重要成员。进入21世纪以来，中国与南非在保持本国经济高速增长的同时，积极发展双边贸易（见表12—1）。据南非统计局统计，2011年1—6月中南双边贸易额为118.5亿美元，同比增长37.9%。其中，南非对中国出口55.9亿美元，同比增长57.4%；自中国进口62.6亿美元，同比增长24.2%；南方逆差6.7亿美元，同比下降55.1%。中国为南非第一大贸易伙伴、第一大出口目的地和第一大进口来源地。

表12—1　　**2006—2010年南非与中国双边贸易情况一览表**

年份	贸易总额（亿美元）	增长率（%）	对中出口（亿美元）	增长率（%）	自中进口（亿美元）	增长率（%）	南非顺差（亿美元）
2006	98.6	35.6	40.9	18.7	57.7	50.8	-16.8
2007	140.4	42.5	66.1	61.9	74.3	28.8	-8.2
2008	178.2	26.9	92.3	39.6	85.9	15.7	6.4
2009	160.6	-10	86.9	-5.9	73.7	-14.5	13.2
2010	256	59.5	148	70.4	108	46.7	40

资料来源　《中国海关统计》（2007—2011）。

2011年以来南非货物贸易保持延续增长势头，据南非统计局统计，2011年1—6月南非货物贸易进出口950.7亿美元，同比增长29.2%。其中，出口472.1亿美元，同比增长29.9%；进口478.7亿美元，同比增长28.5%。贸易逆差6.6亿美元，同比下降27.5%。分国别（地区）看，2011年1—6月，南非对中国、美国、日本和德国的出口额分别占南非出口总额的11.9%、8.7%、8.3%和6.7%，为55.9亿美元、41.2亿美元、39.0亿美元和31.4亿美元，同比增长57.4%、31.1%、32.1%和10.4%，对上述四国出口占南非出口总额的35.5%。2011年1—6月，南非自中国、德国、美国和沙特阿拉伯的进口额分别占南非进口总额的13.1%、10.6%、8.2%和4.8%，为62.6亿美元、50.9亿美元、39.1亿美元和22.9亿美元，同比增长24.2%、16.5%、52.5%和34.5%（见表12—2和表12—3）。

表12—2　　**南非对主要贸易伙伴出口额（2011年1—6月）**　　单位：百万美元

国家和地区	金额	同比（%）	占比（%）
总值	47 207	30.0	100.0
中国	5 593	57.4	11.9
美国	4 122	31.1	8.7
日本	3 901	32.1	8.3
德国	3 138	10.4	6.7
英国	1 928	12.3	4.1
印度	1 602	16.6	3.4
荷兰	1 595	38.9	3.4
瑞士	1 446	44.3	3.1
韩国	1 237	58.7	2.6
莫桑比克	1 237	38.6	2.6

资料来源　根据国别贸易报告——南非2011年第3期整理所得。

表 12—3 南非自主要贸易伙伴进口额（2011 年 1—6 月） 单位：百万美元

国家和地区	金额	同比（%）	占比（%）
总值	47 866	28.6	100.0
中国	6 260	24.2	13.1
德国	5 090	16.5	10.6
美国	3 905	52.5	8.2
沙特阿拉伯	2 288	34.5	4.8
日本	2 183	12.5	4.6
英国	1 995	38.8	4.2
伊朗	1 930	57.6	4.0
印度	1 733	35.6	3.6
尼日利亚	1 622	106.6	3.4
法国	1 412	24.3	3.0

资料来源　根据国别贸易报告——南非 2011 年第 3 期整理所得。

分商品看，贵金属及制品、矿产品和贱金属及制品是南非的主要出口商品，2011 年 1—6 月出口额分别占南非出口总额的 25.5%、23.8%和 15.2%，为 120.4 亿美元、112.2 亿美元和 71.8 亿美元，同比增长 32.1%、49.7%和 16.7%。出口呈现普遍上涨局面，矿产品出口增幅名列前茅。机电产品、矿产品和运输设备是南非进口的前三大类商品，2011 年 1—6 月合计进口 276.2 亿美元，占南非进口总额的 57.7%。进口亦呈现全面增长之势，其中，矿产品进出两旺，进口增幅达到 43.0%，为进口增长最快的大类商品（见表 12—4 和表 12—5）。

表 12—4 南非主要出口商品构成（类）（2011 年 1—6 月） 单位：百万美元

海关分类	HS 编码	商品类别	2011 年 1—6 月	上年同期	同比（%）	占比（%）
类	章	总值	47 207	36 328	30.0	100.0
第 14 类	71	贵金属及制品	12 037	9 115	32.1	25.5
第 5 类	25—27	矿产品	11 219	7 492	49.7	23.8
第 15 类	72—83	贱金属及制品	7 178	6 151	16.7	15.2
第 17 类	86—89	运输设备	3 842	3 077	24.9	8.1
第 16 类	84—85	机电产品	3 774	2 895	30.4	8.0
第 6 类	28—38	化工产品	2 623	1 983	32.2	5.6
第 2 类	06—14	植物产品	1 838	1 355	35.7	3.9
第 4 类	16—24	食品、饮料、烟草	1 218	1 285	-5.2	2.6
第 7 类	39—40	塑料、橡胶	794	567	40.1	1.7
第 10 类	47—49	纤维素浆；纸张	775	704	10.1	1.6

资料来源　根据国别贸易报告——南非 2011 年第 3 期整理所得。

表 12—5 **南非主要进口商品构成（类）（2011 年 1—6 月）** 单位：百万美元

海关分类	HS 编码	商品类别	2011 年 1—6 月	上年同期	同比（%）	占比（%）
类	章	总值	47 866	37 236	28.6	100.0
第 16 类	84—85	机电产品	11 594	9 538	21.6	24.2
第 5 类	25—27	矿产品	10 708	7 491	43.0	22.4
第 17 类	86—89	运输设备	5 318	3 919	35.7	11.1
第 6 类	28—38	化工产品	4 314	3 621	19.1	9.0
第 15 类	72—83	贱金属及制品	2 234	1 746	27.9	4.7
第 7 类	39—40	塑料、橡胶	1 921	1 515	26.8	4.0
第 11 类	50—63	纺织品及原料	1 410	1 111	26.9	3.0
第 18 类	90—92	光学、钟表、医疗设备	1 296	1 046	23.9	2.7
第 4 类	16—24	食品、饮料、烟草	1 095	885	23.7	2.3
第 2 类	06—14	植物产品	858	574	49.3	1.8

资料来源 根据国别贸易报告——南非 2011 年第 3 期整理所得。

近年来南非对中国出口的主要产品为石油、铁合金、铁砂矿及其精矿、锰矿砂及其精矿、铜砂矿及其精矿、不锈钢板材、羊毛等。矿产品一直是南非对中国出口最主要的产品，2011 年 1—6 月出口额为 42.2 亿美元，同比增长 70.1%，占南非对中国出口总额的 75.4%（见表 12—6）。矿产品以金属矿砂为主，矿物燃料出口也在增长，但增速不及金属矿砂。近年来，中国对南非出口的主要产品为电器设备、机械设备、针织或钩编的服装及衣着附件、非针织或非钩编的服装及衣着附件、鞋靴、家具、寝具、钢铁制品、有机化学品、车辆、塑料及其制品。南非自中国进口的机电产品、纺织品及原料和贱金属及制品，2011 年 1—6 月合计进口 40.8 亿美元，占南非自中国进口总额的 65.1%（见表 12—7）。总体来看，中南双边贸易稳定快速增长，双边贸易增幅高出南非总体贸易增幅近 10%，且南非对中国出口增速远高于自中国进口增幅，双边贸易呈现良好发展态势。

表 12—6 **南非对中国出口主要商品构成（类）（2011 年 1—6 月）** 单位：百万美元

海关分类	HS 编码	商品类别	2011 年 1—6 月	上年同期	同比（%）	占比（%）
类	章	总值	5 593	3 554	57.4	100.0
第 5 类	25—27	矿产品	4 219	2 480	70.1	75.4
第 15 类	72—83	贱金属及制品	872	599	45.7	15.6
第 14 类	71	贵金属及制品	115	112	2.4	2.1
第 6 类	28—38	化工产品	79	104	-24.2	1.4
第 10 类	47—49	纤维素浆；纸张	78	43	81.8	1.4
第 11 类	50—63	纺织品及原料	58	74	-21.9	1.0
第 7 类	39—40	塑料、橡胶	56	42	32.2	1.0
第 1 类	01—05	活动物；动物产品	24	8	201.5	0.4
第 4 类	16—24	食品、饮料、烟草	24	31	-20.9	0.4
第 16 类	84—85	机电产品	23	30	-24.8	0.4

资料来源 根据国别贸易报告——南非 2011 年第 3 期整理所得。

表 12—7　**南非自中国进口主要商品构成（类）（2011 年 1—6 月）**　单位：百万美元

海关分类	HS 编码	商品类别	2011 年 1—6 月	上年同期	同比（%）	占比（%）
类	章	总值	6 260	5 040	24.2	100.0
第 16 类	84—85	机电产品	2 840	2 289	24.1	45.4
第 11 类	50—63	纺织品及原料	727	603	20.5	11.6
第 15 类	72—83	贱金属及制品	510	352	44.9	8.1
第 6 类	28—38	化工产品	351	307	14.4	5.6
第 12 类	64—67	鞋靴、伞等轻工产品	349	260	34.6	5.6
第 20 类	94—96	家具、玩具、杂项制品	322	274	17.5	5.1
第 7 类	39—40	塑料、橡胶	291	209	39.2	4.7
第 17 类	86—89	运输设备	175	157	11.3	2.8
第 13 类	68—70	陶瓷；玻璃	143	124	14.6	2.3
第 18 类	90—92	光学、钟表、医疗设备	121	95	27.9	1.9

资料来源　根据国别贸易报告——南非 2011 年第 3 期整理所得。

2010 年 11 月 17 日，中国和南非有关部门和企业在高端商务论坛上签署多项经济合作协议，涵盖新能源、矿业、电力等多个领域。四项合作文件分别是：中国国家能源局与南非能源部《关于中方企业参与南非公益事业合作意向书》、中国商务部和南非贸工部《关于建立贸易统计分析联合工作组的纲要》、中国国家开发银行与南非能源部《关于能源领域合作谅解备忘录》、中国银监会与南非储备银行《银行监督署双边监管合作谅解备忘录》。目前，中国在南非的投资主要集中在采矿、金融等行业。今后两国会在基础设施、能源、通讯技术、制造业、绿色经济等方面加强合作，探讨合作新领域。

第二节　南非进出口政策

南非依据 2002 年《国际贸易管理法》对货物进出口贸易进行管理，其他相关法律还包括《1964 年海关与税收法》、《消费者事务法》和《销售和服务事务法》。2002 年 10 月 21 日，南非与博茨瓦纳、莱索托、纳米比亚和斯威士兰五国签订了《2002 年南部非洲关税同盟协定》（SACU），并于 2004 年 7 月 15 日正式生效。根据该协定，同盟中各成员国之间的货物流通免关税，对非成员国实行共同对外关税政策，南非负责关税同盟的管理工作。此外，南非还与马拉维、津巴布韦、匈牙利、莫桑比克、波兰、土耳其等国家之间签有双边贸易协定，提供互惠的贸易安排。南非贸易工业部（DTI）是负责管理南非对外贸易的主要政府部门，南非国际贸易管理委员会（ITAC）负责南部非洲关税同盟地区的贸易救济措施调查，并对进出口管理、许可证管理、关税体制改革、产业优惠政策进行管理和监督。其他与贸易相关的政府管理部门还包括南非税务总署和南非标准局。

一、进口管理政策

南非进口管理的基本法律制度有 2002 年颁布的《国际贸易管理法》、1990 年修订的

《进出口控制法》和2008年修订的《标准法案》。为了提高海关服务质量，南非税务总署采用了欧洲海关的申报形式——统一管理单证。所有进口货物报关时需向海关提供统一的管理单证及其他相关单据。南非一些大型港口海关部门可办理电子通关手续。由于电子通关的数据是通过软盘交换的，所以其数据须符合南非海关分类要求，同时还须附有打印的文本文件。为了加快清关速度，南非海关与港口当局合作在特定地区对集装箱进口实施电子通关。

南非贸易工业部部长负责制定进出口限制产品清单，对相关产品实施进出口限制。实施进口限制的产品主要包括以下四类：（1）二手货物。根据南非国际贸易管理委员会的规定，为了防止进口的二手货物损害南部非洲关税同盟内制造业的生产与发展，进口商只允许进口原产地是南非的二手货物。（2）废物、废料及残渣等。（3）有毒有害物质。（4）对质量有特殊要求的货物。除食品包括米、蔬菜、水果、奶类、棕色小麦面粉、蛋和豆类、肉类、鱼类及白面包等产品外，所有进口产品须缴纳14%的增值税。此外，进口含酒精及不含酒精饮品、烟草产品、矿泉水、某些石油产品、汽车、家居休闲用品及电动自行车、办公设备、胶卷及化妆品等奢侈消费品还需缴纳消费税。

根据《国际贸易管理法》，南非只对特殊商品实行许可证管理，包括鞋、废旧产品、部分农产品、石油及部分石化产品等。只有在出具根据《国际贸易管理法》第6条颁发的特别进口许可证的情况下，上述产品才能进口，进口商在进口这些产品之前必须先得到进口许可证，然后才能在海外装船。进口商如需申领进口许可证，须向南非贸易工业部下属的进出口管制局注册登记，再根据产品的不同，分别向不同的管理部门申领许可证。进口许可证的有效期为发放日至当年12月31日。在中国向南非重点出口商品中，仅有黄金饰品、茶叶和鲤鱼需要进口许可，分别由南非储备银行和农业部负责发放。

专栏12—1　　南非技术贸易壁垒

尽管中国于2004年与南非签订了测试结果互相认定协定，但是由于南非政府规定电器和电子设备及其部件的生产和进口必须获得授权书（LOA），并通过南非标准局的认证，因此，中国产品出口到南非必须通过它们的测试。

南非对进口或销售的皮革制品、纺织品、服装和鞋类维持着苛刻的标签要求，根据南非贸易工业部的规定，纺织品、服装和鞋类产品必须标示以下内容方可获准进口和在南非国内市场销售：（1）注明生产国别、生产企业注册号和/或进口商进口登记号、产品加工程度。（2）符合南非标准局关于纺织品服装标识标准（SANAO11）和人造及天然纤维标识标准。（3）以重量或数量方式标明原料成分及各自所占比例。（4）如经过重新加工、整理，须标明。（5）如成品纤维产品由两种或两种以上可化学分辨纤维经喷塑等方法制成，应按大小排序标明纤维名称及重量或数量比重。（6）产品中劳动力成本和原材料比重。

资料来源　国别贸易投资环境报告——南非2010年第1期整理所得。

二、出口管理政策

1990 年修订的《进出口控制法》和 2002 年颁布的《国际贸易管理法》构成了南非在出口管理方面的主要法律制度。南非国际贸易管理委员会负责出口管制和许可证管理，贸易工业部下属的进出口管制局负责发放出口许可证。

根据南非《国际贸易管理法》规定，所有的出口商需要在南非税务服务部进行注册，出口钻石的企业还须在南非钻石委员会注册。同时，南非对战略性物资、不可再生资源、废旧金属和汽车等实行出口许可证管理。其中，废旧金属须先以出口价的折扣价向下游产业提供，如果下游产业制造商没有答复或不需要，政府才可发放出口许可证。另外，根据南非 2003 年《酒产品法》，除了啤酒、高粱啤酒和药物外，出口任何含酒精成分超过 1% 的酒类产品须申请出口许可证。南非贸工部部长负责确定许可证管理产品的目录并在政府公报上发布。南非亦禁止鸵鸟及其种蛋的出口。此外，为了提高出口产品的附加值及创造就业机会，南非政府将减少包括黄金、铂及铬矿在内的原材料出口。出口商需要在贸易工业部登记注册后才能获得出口许可。

三、外汇管理政策

根据 1961 年《外汇管制规则》，任何南非公司和个人未经批准不得拥有外国资产或从外国借贷，外汇管制通过南非储备银行及其指定的银行机构实行。非居民可自由向南非投资，但资本移出受限制。近年来，南非外汇管制逐渐放松，个人向境外投资最高限额为 75 万兰特，公司向境外投资最高限额在非洲国家为 20 亿兰特、在其他国家为 10 亿兰特，长期保险、养老基金、管理基金等金融机构拥有外国资产的最高比例为 15%，信托基金为 20%，外资控股比例 75% 以上的公司在当地贷款受限制。目前对经常项目下交易的限制都已经取消。南非储备银行的外汇管理部负责南非的外汇管制工作，并通过商业银行中的“授权经销商”负责执行。

南非对那些通过股票投资的外国企业，没有任何限制。但投资者要注意，在购买南非上市公司的股票进行投资时，需确认股票证书上要有由授权经销商注明的“非居民”（Non-resident）字样，以便将来能往国内汇回股息等收益。投资者还应保留投入南非资金的记录。一般来说，南非对非居民投资所得的汇出没有限制，但由南非居民支付的外国贷款在汇出前需要先行批准。企业在向非南非居民支付股息时不需要中央储备银行的批准。企业撤销或清算后的资金，如汇给非南非居民，需出具文件对有关事实进行确认。

对汇出利润，或向境外汇款用于偿还海外贷款，南非储备银行规定的标准是：上述款项汇出后，当地借款的数额不能高于规定的数额，如高于规定的数额，须在汇出前降低当地汇款数额。

向非南非居民汇出与当地生产无关的特许经营权使用费、许可费和专利权使用费，要得到南非储备银行的批准。生产性（非销售性）特许经营权使用费的汇出，要得到贸工部的批准。贸工部做出决定后，通知专利权使用人或储备银行外汇管理部。有关商业银行根据上述决定向境外划出特许经营权使用费。经常账户下的支付，如管理费和其他服务费用的支付，只要不是按照销售额、利润、采购额或收入比例来计算的，都可由授权经销商根据发票汇出。

第三节 南非关税政策

一、关税管理政策

南非关税制度的基本法律由2005年修订的《1964年海关与税收法》和1997年修订的《1986年税贸局法案》构成。南非国际贸易管理委员会负责研究及提出调整南部非洲关税同盟地区关税水平的建议，以及管理与关税相关的各类计划，包括汽车产业发展计划和关税信用证书系统。同时，南非国际贸易管理委员会还有权根据进出口商的申请，对相关关税进行评审，以决定是否降低或提高该关税税率。南非税务总署负责征收关税。

根据2008年南非颁布的新《标准法案》，南非标准局继续作为南非贸易工业部下属的国家标准机构，负责制定及公布标准，提供试验、认证和培训服务以及执行WTO/TBT协定等。此外，南非标准局还承担南部非洲发展共同体法定计量合作组织秘书处的工作，参与制定南部非洲发展共同体标准。

二、平均关税税率及其调整

根据WTO的统计，2010年南非的简单平均最惠国适用关税税率为7.7%，比2009年下降了0.4%。其中，农产品的简单平均最惠国适用关税税率为8.9%，非农产品为7.5%，相比2009年10.1%和7.8%的水平而言，均有小幅下降。

根据2010年WTO的统计数据，南非的税率结构存在严重的关税升级现象。例如，南非对原材料征收的平均关税为3.6%，对半成品征收的平均关税为6.0%，而对制成品征收的平均关税为10.2%。纺织品方面，南非对纺织品原材料征收大约为6.0%的关税，而对纺织半成品征收约为15.5%的关税，对纺织制成品则征收高达27%的关税；木制品方面，南非对木制半成品征收约为4%的关税，而对木制品则征收15.5%的关税。

根据南非国际贸易管理委员会发布的第347号报告书，鉴于南非国内已不再生产汽车发动机活塞，继续对该产品征收进口关税，只会给国内相关的消费者或企业增加不必要的费用，因此决定取消该产品的进口关税。据此，南非政府于2010年10月1日发布第33585号政府公告，宣布自即日起，全部取消南非海关税则编码84099127项下汽车发动机活塞的进口关税。

第四节 南非贸易救济政策

2002年颁布的《国际贸易管理法》、2005年修订的《1964年海关与税收法》、2003年《反倾销条例》及2005年《反补贴条例》和《一般保障措施条例》构成了南非主要的贸易救济制度。南非国际贸易委员会是南非贸易救济的主要管理机构。此外，南部非洲关税同盟中的关税委员会和部长理事会也同样负责反倾销事务，其中关税委员会负责接受和审查南非国际贸易管理委员会提交的反倾销调查结果及拟采取的反倾销措施，并向部长理事会提出建议，由部长理事会做出最终的反倾销措施决定。

专栏 12—2　　南非最新《反倾销条例》修改内容

2006 年 11 月，南非国会通过 22 条《反倾销条例》修改建议，修改后的《反倾销条例》增加了透明度，同时缩短了完成调查的时间。主要修改内容包括：

（1）南非国际贸易委员会可以提议召开利害关系方的听证会；

（2）南非国际贸易委员会可以在反倾销产业损害调查中提出明显高于 WTO《反倾销协定》有关“国内产业定义”的要求；

（3）如果准备提出反倾销调查申请的国内产业由于产量低于南非所有同类生产商总产量 50% 而不能代表国内产业，那么，在这些国内产业提出申请之前，南非国际贸易委员会可以引进这些国内产业附加的最低价值；

（4）根据南非贸易工业部的要求，公共利益可以作为反倾销调查的一项考虑因素；

（5）即使调查表明倾销行为造成了实质性损害，南非国际贸易委员会对是否采取临时反倾销措施享有绝对的决定权；

（6）如果在反倾销复审期间没有发生出口，南非国际贸易委员会可以决定出口价格；

（7）南非国际贸易委员会将不再发布公报，通知利益相关方有关即将过期的反倾销税的日落复审的情况，相关企业可以通过该委员会的网站等替代方式获得相关信息；

（8）南非国际贸易委员会可以对参加期中复审和新出口商复审的当事方做出调整。

资料来源　国别贸易投资环境报告——南非 2011 年第 1 期整理所得。

延伸阅读　　我国轮胎业南非大捷

2005 年 10 月 28 日，南非对中国轮胎进行反倾销调查立案。包括埃及、阿根廷、土耳其、印度、秘鲁等在内的 10 个国家曾经对中国出口的轮胎发动过 10 余起反倾销调查，企业应诉后效果非常不好，最终的反倾销税率都非常高，再加上向南非的出口金额较小，该案刚开始时，中国轮胎企业的应诉积极性不强。在上述情况下，中国五矿化工进出口商会和中国橡胶工业协会轮胎分会立即出面进行了组织协调，并召集主要出口企业召开应诉准备会议，希望企业可以积极应诉，在会上专业人士向企业介绍了应诉南非反倾销案件的程序和特点，根据案件具体情况分析了应诉的优势和劣势，并阐释了应诉策略。8 家企业委托中国橡胶工业协会轮胎分会进行行业无损害抗辩，而其中 4 家企业则由五矿化工进出口商会带领，参加了单独税率的申请。

2006 年 7 月 27 日，南非公布了初裁报告，裁定成山轮胎股份有限公司、三角轮胎股份有限公司、佳通轮胎股份有限公司和风神轮胎股份有限公司 4 家中国轮胎出口企业为零税率，包括贵州轮胎股份有限公司、青岛双星轮胎工业有限公司、杭州中策橡胶有限公司、广州市华南橡胶轮胎有限公司 4 家企业的所有其他中国轮胎出口企业的反倾销税率分别为轿车轮胎 16.9%、轻卡轮胎 3%、重卡轮胎 22.3%。初裁后，五矿化工进出口商会和中国橡胶工业协会轮胎分会组织企业参加行业无损害和因果关系抗辩，没有获得零反倾销税率的 4 家企业到北京召开下一步应对工作会议。参与会议的律师、商会、协会和 4 家企业负责人一起制定了下一步的工作策略，将此案终裁前的工作继续放在行业无损害和因果关系抗辩工作上，同时为4家企业制定了争取价格承诺的策略，争取在不缴纳反倾销税的情况下获得比较理想的出口价格。此会议召开的两天后得知南非国际贸易管理委员会的反倾销调查局局长要来中国与我国商务部有关领导进行双边磋商，所有参加会议的人员立即亲赴商务部向主管领导汇报。商务部主管领导非常支持行业的抗辩意见，并表示一定在与南非反倾销调查局局长的双边磋商中敦促他们要公平公正处理此案，同时将案件调查过程中南非当局违反WTO反倾销规则的做法进行交涉抗议。

2007年4月10日，南非国际贸易管理委员会对原产自中国的轿车轮胎、轻卡轮胎和重卡轮胎反倾销调查做出终裁，在南非调查机关公布的终裁中，采纳了中方大部分无损害及因果关系抗辩意见，认为虽然南非申请人遭受到损害，但其基本不生产中国向南非出口的品种——斜交轮胎，尽管中国对南非轮胎的出口数量增长迅猛，但并没有构成实质性倾销；南非申请人本身是南非最大的轮胎进口商，从包括中国在内的世界各国进口轮胎，况且其无法证明其汽车轮胎原配套市场和二级替换修理市场分别遭受损害，中国出口的轮胎与申请人的损害不存在因果关系，决定终止本次反倾销调查，对所有中国轮胎不征收任何反倾销税。

最终，此案无损害及因果关系抗辩成功，以全行业不征收任何反倾销税的历史性最佳胜诉的结果结案。

资料来源　《完全胜诉　我轮胎南非大捷》，新浪财经网，http：//finance.sina.com.cn/g/20070417/09511339916.shtml，2007-04-17。

思考题：根据上述案例，结合其他课外材料，你认为案例胜诉的关键在哪？

复习思考题

1. 南非主要贸易进出口管理制度有哪些？
2. 南非关税制度有何特点？
3. 简述南非贸易管理机构的分工与职责。
4. 试述中南贸易的前景。

第十三章 墨西哥的贸易政策

学习目标

通过对墨西哥贸易政策的全面学习，应了解我国与墨西哥双边经贸关系的发展概况、墨西哥对外贸易促进机构及其具体职能；掌握墨西哥的关税政策和贸易壁垒的实施情况；重点掌握墨西哥进出口贸易政策以及对中国实施的反倾销贸易救济。

开篇案例

墨西哥能效新规抬高电子电器产品准入门槛

2011 年 9 月 10 日起，墨西哥新的能耗标签标示法规将正式开始实施，186 项电子电器产品输往墨西哥将遭遇能效壁垒。

按照规定，所有在墨西哥境内新销售的电子电器产品须依型号登记注册，按相关法规要求进行能耗测试，并以西班牙文在产品上表示每小时有多少瓦或多少千瓦的能耗，以让消费者可以选择购买较好的产品。若规管产品未标示相应能耗标签，墨西哥政府将会对制造商、进口商或零售商处以每个型号约 10 万美元的罚款。

随着各国主导的能效标签计划对电子电器产品市场准入标准的不断加码，用能产品纷纷带上能效紧箍咒，许多发展中国家也效仿发达国家出台各种能效标准和法规。相关出口企业应争取以最短时间和最小代价获取能效标识这个海外市场的通行证，并着力做好两方面工作：一方面，要对产品进行能效测试，适应生态设计的发展潮流，将生态环保设计理念融入到产品生命周期中，产品设计开发上注重能效设计要求，加速研发节能降耗的方法和装置，采用符合能源利用要求的节能环保型原材料和零部件，提高能效系数；另一方面，应清晰了解相关国家授权的能效测试机构和认证流程，及时委托具有相应资质的实验室按进口国标准进行检测，确保检测结果的有效性和准确性，有条件和资质的企业还应积极参加国际市场技术博弈来获得竞争机会。

资料来源 中国质检网，http：//www. cqn. com. cn/news/zggmsb/disi/457569. html，2011 08-19。

第一节 中国与墨西哥双边经贸概况

享有“玉米故乡”、“仙人掌国度”以及“玛雅文化”发源地等美誉的墨西哥是拉美现代化和开放度最高的工业制造国之一，同时也是世界上与别国签署《自由贸易协定》最多的国家，人均年收入接近发达国家水平。墨西哥是最早同中国建交的拉美国家之一，同时也是中国在拉美最重要的经贸合作伙伴之一。中墨都是重要的发展中国家，两国在很多方面存在着相似点：两国 GDP 都位居世界前列；进出口贸易对两国经济发展起着非常重要的作用；在2008年世界金融危机中两国经济并没有受到太大冲击，都实现了一定增长。不可否认，两国贸易的发展对此是有贡献的。中国广阔和开放的市场、持续增长的经济实力和墨西哥得天独厚的地缘和市场准入优势，为中墨双边经贸关系的健康、稳定发展奠定了坚实基础。进入21世纪以来，中墨贸易增长迅速，双边贸易额已由2001年的25.5亿美元上升至2010年的246.9亿美元，年均增长28.7%。近几年，中墨两国经贸关系快速发展，贸易总额不断增加。2010年，墨西哥已成为中国在拉美的第三大贸易伙伴（仅次于巴西、智利）、第二大出口市场（仅次于巴西）和第三大进口来源国（仅次于巴西、智利）。2006—2010年中墨双边贸易情况见表13—1。

表13—1 **2006—2010年中墨双边贸易情况** 单位：亿美元

年份	贸易总额	同比增长（%）	中对墨出口	同比增长（%）	中自墨进口	同比增长（%）	中国贸易顺差
2006	114. 3	47.2	88.2	59.3	26.1	17.1	62.1
2007	149.7	31	117.1	32.7	32.6	25.1	84.5
2008	175.6	17.5	138.5	18.3	37.1	13.6	101.4
2009	161.8	-7.8	123.0	-11.3	38.8	5.2	84.2
2010	246.9	52.6	178.7	45.4	68.2	66	110.5

资料来源 根据国别贸易报告——墨西哥2007年第1期、2008年第1期、2009年第1期、2010年第1期、2011年第1期整理所得。

中国是墨西哥的第二大商业伙伴，中国在墨西哥进口市场上的份额从2007年的11.1%提高到2010年的15.7%，市场份额占比仅次于美国（见表13—2）。中国产品的进口在2007—2010年的4年中（包括不景气的2009年）平均增长率为14.2%，是墨西哥十大商业伙伴中最高的增长率。

表13—2 **2007—2010年墨西哥商品十大进口来源国（地区）统计表** 单位：百万美元

原产国（地区）		2007	2008	2009	2010	市场份额（%）		增长率（%）
						2007	2010	
1	美国	131 444	143 920	112 068	134 980	48.1	44.8	0.7
2	中国	30 211	35 085	33 111	47 415	11.1	15.7	14.2
3	日本	17 168	17 758	13 409	15 926	6.3	5.3	-1.8
4	德国	12 149	14 785	10 354	12 901	4.4	4.3	1.5
5	韩国	12 294	13 659	10 807	13 344	4.5	4.4	2.1
6	加拿大	8 419	10 084	7 747	9 569	3.1	3.2	3.5
7	巴西	5 488	6 220	4 877	6 313	2.0	2.1	3.8
8	中国台湾	6 003	6 545	4 541	5 694	2.2	1.9	-1.3
9	马来西亚	4 645	4 564	3 953	5 426	1.7	1.8	4.2
10	法国	3 789	3 989	3 061	5 164	1.4	1.7	9.1

资料来源 中国商务部外贸发展局，http：//www.dragonmart.org/mexico-6.asp。

与此同时，双方企业在投资、承包劳务等领域的合作也取得了长足的进展。截至2010年底，中国累计在墨西哥投资2.2亿美元，主要涉及矿业、电视机生产、铜管加工、纺织服装和农业开发等领域；签订承包工程、劳务合作及设计咨询合同额20.5亿美元，完成营业额29.1亿美元，其中承包工程业务主要集中在石油、天然气勘探测绘、打井及钻井维修、电信等领域。墨西哥在中国累计设立企业160家，实际投入金额8 665万美元，投资主要涉及仓储、房地产、冶金等行业，大部分分布在沿海地区，尤以江苏、上海、浙江为多。

从商品结构来看，矿产品、贱金属及制品和运输设备是墨西哥对中国出口的前三大类商品，2010年出口额为17.6亿美元、7.3亿美元和6.4亿美元，分别增长215.8%、22.5%和206.1%，合计占墨西哥对中国出口总额的74.1%。由于2009年出口基数较低，对中国出口的纤维素浆、纸张和陶瓷玻璃出现较大增幅，分别增长257.6%和252.7%。

墨西哥自中国进口的主要商品为机电产品，2010年进口额为324.1亿美元，增长43.7%，占墨西哥自中国进口总额的71.1%，中国在此类商品上的主要竞争对手是美国、韩国、日本和德国。此外，中国在墨西哥家具、玩具的进口市场上具有较强的竞争实力，超过美国成为其第一大进口来源国，占墨西哥该类产品进口市场的41.8%。在贱金属及其制品、光学医疗设备和塑料橡胶等商品的进口市场上，中国仅次于美国，是墨西哥的第二大进口来源国。

第二节 墨西哥对外贸易促进机构

经过多年的对外贸易开放，特别是加入世界贸易组织和北美自由贸易区以后，墨西哥强化了对外贸易促进体系的建设，基本形成了管理有效的对外贸易机构。该体系包括政府主管部、财政金融机构、中介组织和企业。墨西哥经济部主管产业政策和对外贸易；海关总署配合经济部制定海关法规，确定关税标准；墨西哥对外贸易银行实施对出口企业财政支持措施；墨西哥外贸委员会指导各产业商会对墨西哥对外贸易政策的制定、实施以及多边贸易谈判提供咨询建议并为企业提供相应服务；企业依据墨西哥有关法规实施进出口。

一、墨西哥经济部

（一）组织结构

墨西哥经济部主管墨西哥国际贸易事务，下设五个副部级单位，分别为国际贸易谈判、标准化及工业和外贸服务、中小企业、工业和贸易、计划和交流技术副部长办公室；此外，还有计划、联络和通讯技术局，办公厅，矿业协调局和法律局。在上述部门中，涉及对外贸易事务的有两个副部级单位，分别是：

（1）国际贸易谈判副部长办公室。下设欧洲司，美洲司，亚洲、非洲、大洋洲和多边组织（亚太经合组织、联合国贸发组织和世界贸易组织）司，自由贸易协定墨西哥事务司。

（2）标准化及工业和外贸服务副部长办公室。下设国际贸易惯例总局、外贸服务司、标准司和产业司。其中，国际贸易惯例总局专职监察并处罚各类不公正贸易行为；外贸服务司负责制订并监督执行各项促进出口计划、配额及许可证管理，发放原产地证等。

（二）主要职能

墨西哥经济部有19项职能，其中涉及国际贸易的有11项，它们是：制定和指导国际贸易政策、与墨西哥外交部协调国际贸易政策、协调和引导国外直接投资、国际贸易发展事务、与墨西哥财政部协调研究和制定关税标准、研究和制定进出口产品的许可证措施、制定原产地规则和监督对外贸易、确定进出口配额、制定贸易保护措施、协调国际贸易和制定鼓励出口政策等。

二、墨西哥外交部

外交部内设有4个与经贸有关的司局单位，分别是：双边经济关系司、经济推动和宣传司、国际经济谈判司和经合组织司。它们主要协调处理与有关国家的双边经贸事务和经合组织的政策性工作，与经济部既有分工也有合作，主要发挥外交在经贸事务中的联系与协调作用。

三、墨西哥海关总署

海关总署归墨西哥财政部管理。海关总署主要有以下六大职能：

（1）代表墨西哥政府管理墨西哥海关关口；

（2）与墨西哥经济部协调制定墨西哥关税标准；

（3）负责海关估价；

（4）履行有关海关协议；

（5）根据墨西哥进出口总税法和增值税法征收海关关税；

（6）研究和制定入关产品的反倾销税标准并负责反倾销税的征收。

海关总署下设10个主管海关业务的司局级机构，分别是：海关关口司、海关计划司、海关稽查司、实验室和科学服务司、信息司、财务和海关检查支持司、海关调查司、调查员管理司、财会司和海关估价司。

四、墨西哥外贸银行

（一）机构与职能

墨西哥外贸银行诞生于1937年，其宗旨是促进产品出口和保持贸易平衡。鉴于国家发展战略对外贸出口事业的重视，墨西哥政府授权外贸银行起着外贸信贷资金的协调作用。1986年1月20日，墨西哥外贸银行颁布其第一部组织法，正式规定国家外贸银行是联邦发展经济的金融机构，其职责是为墨西哥的外贸事业提供资金支持以促进墨西哥的外贸发展。为了实现有关目标，墨西哥外贸银行负责协调全国贸易出口的信贷担保，同时代表政府洽谈贸易、签署合同以及有关私营、国营、合营机构外贸信贷的管理工作。

墨西哥外贸银行主要从事以下三个方面的工作：（1）为那些可能有效益但又得不到信贷集团援助的项目提供资金；（2）通过出口产品发展基金（FOMEX）协调信贷集团，为出口企业提供优惠贷款，以保证获得更大的效益；（3）促进国家对外贸易及国际贸易事业的发展。

（二）外贸银行行政委员会构成与职能

墨西哥外贸银行行政委员会由13个委员组成，每月至少召开一次例会，其目的是更好地协调、完成外贸银行应尽的职责和任务。13个委员中，有9个联邦政府代表，包括财政部、外交部、能源部、农业部、经济部以及墨西哥银行等。该行政委员会的职能主要有以下六项：

（1）制定与墨西哥对外贸易有关的信贷及保险政策；

（2）为国家拟定信贷和保险的最大危险限额；

（3）审定国家级项目；

（4）审定出口产品是否符合有关国际惯例；

（5）倡议促进和发展对外贸易的有关活动，如广告宣传、出口商品及服务项目的研究、出口体制研究，以及生产者、商人和出口者之间的协调组织工作。

（6）建立出口者参加的地区委员会。

五、墨西哥对外贸易委员会

墨西哥对外贸易委员会归墨西哥经济部领导，委员会成员由墨西哥经济部、资源部、财政部、外交部、农业部、卫生部、墨西哥银行和联邦竞争委员会代表组成。其主要职能是：

（1）协助墨西哥经济部，负责对外贸易政策出台之前的咨询，以及政策实施期间的协调工作。

（2）定期检查对外贸易工作中的措施落实情况，对不可行政策及时提出修改意见。原则上是每半个月召开一次由各有关部副部长参加的例会，研究对外贸易工作中的具体问题。该委员会只处理货物贸易问题，不处理服务贸易和投资问题。

六、墨西哥主要民间对外贸易机构

（一）墨西哥对外贸易企业家组织协调会

该协调会负责在国际贸易谈判中为政府提供企业咨询，与墨西哥各有关商会平行运作，并通过墨西哥对外贸易协会为商会提供对外贸易谈判咨询服务。

（二）墨西哥对外贸易协会

该协会成立于1999年，由墨西哥企业家代表组成，其主要职能是：

（1）推动墨西哥对外贸易和国外投资；

（2）为墨西哥政府机构和非政府机构提供对外贸易及投资咨询服务；

（3）为推动和发展墨西哥贸易自由化和资本流动提供服务；

（4）为墨西哥政府及私人企业与国外对口单位联系提供沟通渠道；

（5）为墨西哥和国外相关机构或企业举办贸易、投资展览会等提供相关服务。

该协会下设五个联络部，分别是北美洲联络部，拉丁美洲、加勒比、非洲和中东联络部，西欧联络部，中欧、东欧、以色列和土耳其联络部，以及亚洲和太平洋盆地联络部。每个联络部又分设相关的企业家协会，如墨中企业家协会是其中的重要协会之一，近年来，它对促进墨中经贸交流起到了一定的作用。

（三）各类其他商会和协会

据不完全统计，墨西哥目前拥有近百个全国性产业商会或协会，属中介性服务机构，代表各相关产业利益，为企业提供咨询服务。同时，这些商会和协会还在对外贸易中为政府提供有关信息资料，对制定有关政策和贸易谈判施加影响。如墨西哥纺织、服装、制鞋、化工等商会为墨西哥经济部对中国相关进口产品实施反倾销政策提供了相应的依据。

第三节 墨西哥的对外贸易政策

一、墨西哥对外贸易相关法规

墨西哥对外贸易政策相关的法律法规主要包括墨西哥《宪法》第131条、《对外贸易法》及其相关条例、《应对不公平国际贸易活动规则》、《商业竞争法》、《采购、租赁和服务法》、《公共工程法》、《海关法》、《进出口关税法》、《联邦计量和标准化法》、《工业产权法》等。其中《对外贸易法》是墨西哥对外贸易的基本法。该法与其他相关法律相结合，共同规范和调整墨西哥的对外贸易活动。

二、关税政策

（一）关税管理制度

墨西哥海关和关税管理的法律法规主要是1995年《海关法》及其实施条例、《对外贸易总条例》及其附件、《进出口总税法》以及墨西哥签订的自由贸易协定中关税方面的规定。墨西哥对绝大部分进出口产品适用从价税，部分产品适用从量税、混合税和季节性关税。进出口关税的调整情况以发布总统令的方式在《官方公报》上公布。其中，《海关法》规定，对各类进口商品征收海关附加税（也称海关服务费），税率为进口商品FOB价格的0.8%。此外，墨西哥海关还对大部分进口货物征收15%的增值税。

（二）5年减免税计划

2008年12月24日，墨西哥经济部通过法令制订了一项截止到2013年的减免税计划，对将近97%的工业进口品实行为期5年的渐进减免税。根据该计划，进口工业制成品的平均最惠国关税税率已由2008年的10.4%降至2009年的8.3%，2010年的最新税率为5.2%，预计到2013年1月1日，平均税率将会降至4.3%，届时将有63%的工业制成品为零关税。从2009年1月2日起，墨西哥对进口服装和纺织品实施降税，进口服装和纺织品的关税税率自35%减至30%，并于2010年1月1日或2011年1月1日将部分产品的关税税率进一步减至25%，于2012年1月1日或2013年1月1日将部分产品的关税税率减至20%。该开放措施意味着墨西哥工业进口品的平均关税税率将从2008年的10.4%下降到2013年的4.3%。其中，到2013年，墨西哥120种服装和45种鞋的进口关税税率将从35%下调到20%。此外，从2012年1月1日开始，纱线、机织物、编织物、特殊及工业用纺织品的进口关税也由15%降至10%。

但是这项政策并没有被墨西哥国内企业完全接受。2012年3月1日，墨西哥鞋业、玩具、服装、钢材以及电动工具等商会不仅提出反对，而且呼吁将部分产品进口关税税率提高到35%，并将针对下调关税寻求法律保护。墨西哥瓜纳华托州鞋业商会主席也表示，希望回归到最惠国待遇的35%的最高关税；在最惠国框架下墨西哥有确定关税的自主权，特别是执行权利。

（三）关税联盟

墨西哥还通过与贸易伙伴签订自由贸易区协定，建立关税联盟，提供更加优惠的关税待遇。墨西哥是签订自由贸易协定最多的国家之一，共签订了234个双边协定和122个多边协定。在拉美地区，墨西哥与洪都拉斯、萨尔瓦多、危地马拉、哥斯达黎加、哥伦比亚、玻利维亚、智利、尼加拉瓜和乌拉圭签订了自由贸易协定（TLC），并与阿根廷、巴西、秘鲁、巴拉圭和古巴签订了经济互补协定（ACE）。根据与拉美一体化联盟各国分别签订的贸易协定，墨西哥对从这些国家进口的商品提供一定的减免税优惠。北美自由贸易协定生效以后，墨、美、加三国之间的商品流通逐步趋向自由化。

专栏13—1 **北美自由贸易协定**

北美自由贸易协定是由美国、加拿大和墨西哥3国组成的区域性自由贸易组织。1992年12月17日，美、加和墨3国签署了旨在促进地区贸易和投资自由化的三边自由贸易协定——北美自由贸易协定。与欧盟性质不一样，北美自由贸易协定不是凌驾于国家政府和国家法律上的一项协议。该协定于1994年1月1日正式生效，并同时宣告北美自由贸易区（North America Free Trade Area，NAFTA）正式成立。北美自由贸易区总面积为2 130.8万多平方公里，人口约3.64亿，产值达7万多亿美元，其经济实力和市场规模都超过欧洲联盟，成为世界上经济实力最雄厚的地区经济一体化组织。

一、宗旨

美、加、墨3国将在10~15年内正式建立一个自由贸易区，减少贸易壁垒，促进商品和劳务在缔约国间的流通；改善自由贸易区内的竞争环境；增加各成员国境内的投资机会；在各成员国境内有效保护知识产权；创造有效程序以确保协定的履行和争端的解决；建立机制，扩展和加强协定利益。

二、组织机构

贸易委员会：协定的实施机构，每年举行一次年会，其日常工作由协定规定设立的各工作委员会和小组的3国官员负责，这些工作委员会和小组将以一致同意的方式进行工作。

秘书处：贸易委员会下设的常设机构，其职责是协助贸易委员会以及各工作委员会和小组解决协定执行过程中的分歧或争端。

北美自由贸易协定是一项国际协议，与条约非常类似。在美国法律中，它被作为国会—行政协定。协定规定，3个会员国必须遵守协定规定的原则和规则，如国民待遇、最惠国待遇及程序上的透明化等来实现其宗旨，以消除贸易障碍。在权利方面，自由贸易区内的国家，货物可以互相流通并减免关税，但对贸易区以外的国家，则仍然维持原关税及障碍。

10 多年来，北美自由贸易区取得的成果主要有：促进了地区贸易增长和增加了直接投资、发达国家保持经济强势地位、发展中国家收益明显、合作范围不断扩大等。

资料来源　根据中国拉丁美洲研究所网，http：//ilas. cass. cn/cn/lmgl/morecontent. asp? InfoID = 3533，2007-05-21 及相关资料整理所得。

三、进出口管理政策

《对外贸易法》是墨西哥规范进出口管理的基本法律，《海关法》、《进出口总税法》也在进出口管理方面发挥重要作用。经济部是墨西哥对外贸易的主管部门，其下属的国际贸易谈判局、标准化及工业和外贸服务局、国际贸易惯例总局以及工业和贸易局等负责具体的进出口贸易管理工作。

（一）进口管理

对于货物的进口，墨西哥主要采取自由进口、禁止进口以及进口许可证三种政策。

1. 禁止进口

对于禁止进口的货物，墨西哥将货物清单列在《进出口海关税则》中，并在联邦《官方公报》上发布。

2. 进口许可证

许可证是墨西哥经济部对有争议商品的进出口所采取的一种限制工具。在许可证规则中，经济部规定了该进口商品的性能、储存条件和时间限制，限定了该进口商品的价格、数量或体积，还规定了其需要的附加信息或要求。但许可证不能用于限制以下方面：商品进口对国内市场造成损害，形成不公平贸易或以满足墨西哥官方标准规定为目的而进行的商品出口、进口、流通或转运。

对于部分商品，墨西哥实行预先进口许可证管理，主要包括石油化工产品、发动机、大型运输汽车和小汽车、武器、办公设备等。墨西哥签订优惠协定涉及的部分产品以及“特殊行业鼓励计划”（PROSEC）下公司进口的零部件和机械也需要预先许可。该许可证不可转让，有效期 1 年。

2010 年 9 月 23 日，墨西哥《官方公报》公布了以下几项措施：保持汽油、柴油及其混合物的进出口许可要求，免除润滑油及其添加剂的进口许可要求；放松进口用于钢铁和巧克力工业的部分货物的进口许可要求，并为此类产品用于该行业提供便利。

另外，根据相关法律规定，墨西哥保留对石油部门的控制权。国家石油公司是代表国家对石油、天然气和基础石油化工企业进行管理的控股公司，对所有石油工业活动实行指导，享有石油的进出口许可权。

3. 标准价格

对于某些进口产品，墨西哥政府制定了“标准价格”，并从 2000 年 10 月开始对这些产品实行进口保证金制度。当进口商向海关提交的申报价格低于参考进口价格，需要对差额部分提供现金担保并说明原因。2008 年 3 月 31 日，墨西哥政府废除了除二手汽车以外的参考价格制度，进口商无需缴纳保证金或任何其他形式的支出。

4. 其他政策

墨西哥的“北部边境带和边境地区进口计划”允许下加利福尼亚州、南下加利福尼亚州等地区进口用于客运机动车或卡车的部分旧轮胎、变压器、静式变流器、电话机、传声器等产品。参与墨西哥“特殊行业鼓励计划”的公司在进口原产于北美自贸区之外的产品或用于生产特定产品的原料时，可享受不超过5%的优惠关税。该计划涉及电子、玩具、制鞋、采矿冶金、资本货物、农业机械、化工、橡胶和塑料制造、钢铁、医药和医药设备制造、纸及纸板制造、皮革制造、汽车及零件制造、纺织等24个重要工业部门。

（二）出口管理

墨西哥《对外贸易法》及其相关条例、《海关法》以及《进出口总税法》是其出口管理制度的主要依据，墨经济部负责发放出口许可证，建立出口促进机制。

1. 禁止出口

墨西哥禁止部分货物出口，主要包括部分动植物产品、大麻、麻醉剂和考古物等。

2. 出口许可证

墨西哥经济部对16个税号项下的出口产品实施预先出口许可证管理，涉及产品主要包括原油及从沥青矿物中提取的原油、石油及从沥青矿物中提取的油类（原油除外）、石油气及其他烃类气、石蜡、微晶石蜡、圣女果等。此外，墨西哥禁止部分货物出口，主要包括部分动植物产品、大麻、活动物以及部分危害人类健康的用于生产有毒物质的化学品。

3. 出口促进

墨西哥大力促进出口，特别是鼓励非石油产品的出口。为此，墨西哥经济部制订和实施了很多出口计划，并在税收和行政管理方面给予出口行业优惠。

墨西哥通过《外国贸易和投资促进计划》促进吸引外国投资的工作，通过《国家发展计划（2006—2012）》明确提出促进贸易自由化和吸引投资的基本政策。出口促进联合委员会通过在出口部门和政府官员之间建立对话机制，进行咨询和磋商，推动简化管理程序和帮助出口商克服面临的技术性壁垒以促进出口，其服务对象主要是中小企业。“国家出口商指南计划”是另外一个出口促进工具，该计划通过墨西哥境内的62个咨询点对企业提供有关出口机会的信息、免费的指导和建议。墨西哥国家外贸银行提供各种出口促进服务，包括为中小企业提供技术帮助、向墨西哥公司提供培训及针对不同出口市场贸易管理方面的具体建议。墨西哥2008年成立的投资贸易促进局也为墨西哥企业特别是中小企业的出口活动提供建议。墨西哥部分州也有各自的出口促进项目，提供技术支持、建议和识别国外销售机会。

4.《制造、保税装配业和出口服务促进法令》

从2008年至今，墨西哥实行《制造、保税装配业和出口服务促进法令》（简称“IMMEX法令”），将“保税加工出口工厂计划”和“为出口而临时进口计划”进行了合并，终止了“为出口而临时进口计划”，将“保税加工出口工厂计划”更名为“制造、保税装配业和出口服务计划”。在“制造、保税装配业和出口服务计划”中，临时进口的原材料和零部件暂缓缴纳关税，待装配产品出口时再缴付关税，原材料、零部件和提供的出口服务都免征增值税。

专栏 13—2　　**墨西哥与中美洲 5 国签署自由贸易协定**

2011 年 11 月 22 日，墨西哥和中美洲萨尔瓦多、洪都拉斯、危地马拉、尼加拉瓜、哥斯达黎加 5 国在萨首都圣萨尔瓦多市签署了三项自由贸易协定。此次自由贸易协定的签订取代了现行的哥、尼及中美洲北三角（萨、危、洪）与墨分别签署的自贸协定。该自贸协定将给中美洲与墨西哥的双边经贸往来注入新的活力，有利于增进该地区与墨的一体化进程。协定统一了上述国家之间的双边原产地规定，将有利于墨西哥农牧业、工业、汽车业和服务业的出口，以及中小企业的发展。此外，协定还取消了原双边贸易协定的有关法律框架，形成了一个统一的管理体系。该自由贸易协定在农牧业方面对墨西哥的机遇超过墨西哥与日本的自由贸易协定，因为墨西哥将面对一个 3 800 万人口的中美洲市场。在签订自由贸易协定前，在中美洲每年约 480 亿美元的进口中，墨西哥仅占 8%，即墨对中美洲的出口不足 50 亿美元。此次自由贸易协定的签订将扩大墨西哥出口在该地区的占有率。

资料来源　中国贸易救济信息网，http：//www. cacs. gov. cn/maoyijiuji/ show. aspx？ str1 = 27&articleId =91867，2011-11-25。

四、反倾销贸易救济措施

墨西哥有关贸易救济的法律主要包括《对外贸易法》和《应对不公平国际贸易活动规则》。当《对外贸易法》对不公平国际贸易行为和保障措施程序未做明文规定时，应适用《联邦税收法典》。此外，墨西哥签订的各种地区或双边协定中也有涉及反倾销、反补贴和保障措施的规定。

根据《对外贸易法》第 31 条，出口到墨西哥的产品的正常价值通常是相同或相似产品在原产国国内市场上正常贸易过程中的可比较价格，即“原产国国内价格”。如果相同或相似产品在原产国没有销售或者这类销售无法进行恰当的比较，正常价值可以是正常贸易过程中相同或类似产品从原产国向第三国出口的可比价格，即“第三国出口价格”，或者依据原产国国内正常贸易过程中的生产成本、一般费用和合理利润得出的原产国计算价格，即通常意义上的“结构性正常价格”。墨西哥对来自非市场经济国家的产品往往采取替代国方法，确定替代国相似产品的原产国国内价格或出口价格，以此作为被调查产品的正常价值。如果没有市场经济第三国生产与非市场经济国家被调查产品相同或相似的产品，即不存在替代国，应将墨西哥相似产品的国内市场价格或向第三国出口价格作为被调查产品的正常价值。

截至 2010 年底，墨西哥共对中国产品发起 51 起反倾销调查。2007—2010 年，墨西哥对中国发起反倾销调查案共 8 起（见表 13—3）。2011 年 7 月 12 日，墨西哥决定对原产于中国和印度的三水阿莫西林发起反倾销、反补贴调查，并将以西班牙国内销售价格计算中国产品的正常价值，成为拉美国家对华产品发起的首起“双反”调查。墨西哥是对中国发起反倾销调查数量排名前十位的国家之一。

表 13—3 2007—2010 年墨西哥对中国发起的反倾销调查案

编号	立案时间	涉案产品	海关编码	案件进展
1	2010. 9. 1	电弧炉用石墨电极	85451101	调查中，暂未初裁
2	2010. 4. 21	牛仔布	52094201、52094299、52114201、52114299	调查中，初裁暂不征税
3	2009. 2. 3	碳钢螺母	73181603、73181604	已完成
4	2009. 9. 4	无缝钢管	73041902、73041999、73043906、73043999	调查中
5	2007. 1. 29	锁具	8301400	—
6	2007. 3. 26	钢板	72085101、72082102、72085103、72085201	调查中，初裁征收 29. 27% 的临时反倾销税
7	2007. 10. 27	塑料喷雾器	96161001	调查中，初裁征收 114% 的临时反倾销税
8	2007. 10. 17	金属罩阀门	—	调查中，初裁暂不征收反倾销税

资料来源 根据国别贸易报告——墨西哥 2007 年第 1 期、2008 年第 1 期、2009 年第 1 期、2010 年第 1 期、2011 年第 1 期整理所得。

墨西哥至今依然没有正式承认中国的市场经济地位，在反倾销调查中，墨西哥往往采用歧视性的替代国或第三国价格，甚至用墨西哥本国相似产品的国内市场价格，来衡量中国出口产品的正常价值，曾使用美国、德国、韩国、印度尼西亚、印度、土耳其、意大利、委内瑞拉、阿根廷等国家作为替代国。这一做法容易导致中国对墨西哥出口产品倾销的成立或倾销幅度的高估。

第四节 墨西哥的贸易壁垒

一、关税壁垒

（一）关税高峰

2007 年，墨西哥对关税进行了较大调整，但农产品仍受到较高的关税保护。农产品的简单平均关税税率为 22. 1%，非农产品的简单平均关税税率为 9. 9%。2009 年，墨西哥继续对 50 多种农产品实行高于 100% 的关税。例如，对家禽脂肪、猪脂肪、动植物油、脂及其分离品的关税税率高达 254%；鲜或冷藏马铃薯的关税税率高达 245%。

（二）关税升级

墨西哥进口的工业制成品平均关税比原材料的平均关税高很多，比较突出的是皮革、纺织、服装行业。

2009 年，在皮革行业中，墨西哥有关生皮及皮革的 65 个 8 位税号项下产品的平均关税税率约为 5.8%，而有关皮革制品、鞍具及挽具、手提包等制成品的 33 个 8 位税号项下产品的平均关税税率高达 29.33%，大部分皮革制品的关税税率高达 35%，原材料和制成品的平均关税税率差达 23.53%。

2010 年，墨西哥对纺织品原料继续维持低关税，其平均税率不到 10%，化学纤维长丝等原料甚至无需缴纳进口关税，而海关税则第 61 章（针织或钩编的服装及衣着附件）、62 章（非针织或非钩编的服装及衣着附件）、63 章（其他纺织品、成套物品、旧衣着及旧纺织品、碎织物）等纺织制品平均关税税率高达 35%。

（三）关税配额

墨西哥的关税配额政策有多种，墨西哥受关税配额限制的农产品主要包括禽肉、动物脂肪、奶粉、干酪、芸豆、西红柿、咖啡、小麦、大麦、玉米和富含糖类的产品，如奶粉，配额内关税为零，配额外关税为 125.1%。由于多种配额的存在，墨西哥对配额的管理比较复杂并缺少透明度。此外，虽然墨西哥《对外贸易法》规定了发放配额的程序和原则，但墨西哥绝大部分关税配额只给少数特定国家。因此，对于其他大多数国家而言，向墨西哥出口的同类产品都被征收明显偏高的配额外关税。

二、进口限制

2009 年，墨西哥对 100 多个税号项下的产品实施进口许可证管理，涉及的产品主要有石油产品、二手轮胎、二手交通工具、果糖、旧衣服、防污染设备、研究设备、“特殊行业鼓励计划”所需的产品。墨西哥一般在《官方公报》上公布其需申请进口许可证的产品税则号，但这类产品税则号变更比较频繁，缺乏稳定性。对于二手交通工具和二手机器，墨西哥经济部只有在该类外国产品没有国内替代产品时才发放进口许可证。该做法有悖于 GATT 1994 第 11 条关于普遍取消数量限制的相关规定。

三、通关环节壁垒

墨西哥对酒类、服装、化学品、鞋类、钢铁、手动工具、器具、胶合板、苹果、大米、家禽等产品制定了参考进口价格或官方评估价格。如进口商向海关提交的申报价格低于参考进口价格，需要提供担保并说明原因。墨西哥政府有权在 6 个月内决定是否开始正式调查或免除担保。但该措施没有规定有关进口货物海关估价的举证程序或裁定程序，缺乏相应的救济措施；参考进口价格的确定和海关实施过程也缺乏透明度，增加了贸易活动的不确定性。WTO《海关估价协定》第 7 条明确禁止在最低海关限价、任意或虚构的价格基础上进行海关估价，墨西哥却在海关估价中使用最低海关限价，明显违反了《海关估价协定》的相关规则，对外国相关产品进入墨西哥市场构成障碍。

2008 年，墨西哥一项新要求也对国外产品进入墨西哥造成了一定阻碍。该要求用于检测所有化学制品样本和以气体、液体或粉末形式运至墨西哥的产品。部分化学品出口商反映他们需要向海关报关行支付 500 美元的费用，这增加了使用报关行的额外费用。另外，墨西哥只有一家实验室检测相关产品，在海关通关方面造成了严重的延迟。

四、技术性贸易壁垒

墨西哥的标签要求非常复杂，对纺织品、皮革制品、酒类产品、玻璃陶瓷产品等消费品的标签要求给国外出口商带来了负担。墨西哥要求每个产品标签上都需要标明商业信息，生产商可以通过墨西哥政府授权的私人机构对其产品标签是否符合墨西哥相关标准进行审核，但费用昂贵，每个标签费用为200~250美元。

墨西哥对进口产品的标签信息要求比国内产品严格，对于进口产品的检验一般要进行两次，第一次为进口时的检验，在产品投放市场时还要由消费者保护机构进行第二次检验。

此外，对于化妆品，墨西哥要求必须将成分的国际名称翻译成西班牙语，而国际上通常只要求按照化妆品成分的国际名称来标识成分，墨西哥的相关要求过于严格，且无必要性，给进口商带来了额外成本。对于纺织品，墨西哥要求标签上不但要标明产品生产相关信息，还需标明进口商的税务登记号码，这一强制性要求出口商很难做到，因为在产品的生产和加贴标签的阶段还很难确定具体的进口商。墨西哥海关拒绝某些纺织品的国际通用描述，且墨西哥标准对纺织品标签中洗涤和保养方法的图例与国际标准不同，因此进口商只得为其进口的产品重新制作和加贴标签，这给出口商带来额外成本。

对于墨西哥官方认证的申请，墨西哥政府规定只有国内的生产商和进口商可以申请，这给国外生产企业造成了额外的负担。例如，对于进口玩具，生产商无法直接申请产品认证，只能由进口商申请认证，且证书只对提出申请的进口商有效。如果另一进口商进口相同的产品，则需重复认证。

延伸阅读　　　　美、欧、墨与中国稀土之战

中国稀土，终于震撼了世界。

近年来，出于环保和合理利用的考虑，中国开始对稀土工业进行限产及采取出口配额制度。这引起了国际主要稀土买家的躁动，使得相关利益国家高度警惕与重视并最终上诉至WTO。2009年6月23日，美国和欧盟同时向WTO起诉中国对稀土出口实施限制。同年8月21日，墨西哥也以同样理由提起诉讼。

2009年12月21日，WTO成立了一个专家组，对3个诉讼合并审理。阿根廷、巴西、加拿大、智利、哥伦比亚、厄瓜多尔、印度、日本、韩国、挪威、中国台湾、土耳其和沙特阿拉伯以第三方身份参诉。但在2010年10月22日，世贸组织在一份文件中称，美国、欧盟和墨西哥与中国之间的稀土之诉无法在近期内裁决，预计审查工作会推迟到2011年4月。

在磋商阶段，起诉方对中国的指控主要有四条：（1）中国政府对铝矾土、焦炭、氟石、硅铁和锌的出口实施数量限制；（2）对铝矾土、焦炭、氟石、锰、硅铁、黄磷和锌的出口征收额外出口税；（3）通过设定额外条件和程序，对出口权进行限制，并对外资企业的出口权采用歧视性措施；（4）要求出口合同和出口价格必须获得政府批准，出口价格必须高于政府规定的“底线”。美、欧、墨方面称，这些限制措施规定在《对外贸易法》、《海关法》、《货物进出口监管条例》、《货物出口许可证管理措施》、《货物出口配额管理措施》等32个法律法规之中，还有一些尚未公布的变相措施。起诉方认为这些措施违反了《1994年关贸总协定》第8条、第10条和第11条的规定，同时也违反了《中国入世议定书》第5条、第8条和第11条的规定。

那么，世贸相关规则是如何规定的呢？

《1994年关贸总协定》第8条是一个规范进出口费用和程序的条款，要求成员政府在进出口许可证管理、发票审核、证书签发、检验检疫或者提供其他官方服务时，除了承诺表中约定的关税和费用之外，不能再额外征收费用、提高服务费征收标准或者对进出口文件和手续设定更高的要求；要逐步降低收费标准，简化海关手续，并定期审核措施的执行情况。

第10条是一个贸易规则公布条款，要求成员必须向其他成员及时公布与贸易有关的法律、法规、条例和其他行政管理措施；在公布之前，不能执行这些措施。

第11条是普遍取消数量限制条款，除了关税和必须征收的费用之外，任何成员不能以设定配额、进出口许可证或其他措施的方式限制产品的进出口。但是，如果成员为了保障国内粮食安全和其他核心利益，为了执行产品国际标准或者为了农业和渔业产业调整，可以限制进出口。

《中国入世议定书》第5条是贸易权条款，规定："在不损害中国以符合《WTO协定》的方式管理贸易的权利的情况下，中国应逐步放宽贸易权的获得及其范围，以便在加入后3年内，使所有在中国的企业均有权在中国的全部关税领土内从事所有货物的贸易"；"中国应根据该附件中所列时间表逐步取消在给予贸易权方面的限制"；"除本议定书另有规定外，对于所有外国个人和企业，包括未在中国投资或注册的外国个人和企业，在贸易权方面应给予其不低于给予在中国的企业的待遇"。

第8条是进出口许可程序条款，要求中国在官方刊物上及时公布或者向相关国际机构及时通知与进出口许可程序有关的措施；除另有规定外，对于外国个人、企业和外商投资企业在进出口许可证和配额分配方面，应给予不低于给予其他个人和企业的待遇。

第11条是规范进出口征税的条款，要求中国各级主管机关实施或管理的海关规费和费用、增值税必须符合《关贸总协定》的规定；除另有约定外，中国应取消适用于出口产品的全部税费；在边境税调整方面，对于外国个人、企业和外商投资企业，自加入时起应给予不低于给予其他个人和企业的待遇。

本案中，起诉方引用的证据或者是中国官方公布的法律法规，或者是WTO条约中的具体条款。就诉讼技术而言，如果中国能够提供证据证明这些法律法规已经失效、不存在，或者与起诉方主张的论点之间不存在因果关系，是对起诉最有效的抗辩。当然，因为这些法律法规门类很多，分不同的层次和效力，在证明时需要分门别类，逐个进行，很复杂。

如果无法有效反驳起诉方的证据，中国还有两个可以利用的抗辩理由：一是"环保例外条款"。根据《1994年关贸总协定》第20条（g）项，如果中国能证明这些限制措施是保护濒危自然资源所必需，并且没有对外国企业歧视性对待；或者稀土资源的开采严重破坏环境，并且这种滥采是因为出口监管不力造成的。二是“国内生产例外”。根据《1994年关贸总协定》第20条（i）项，如果某种原材料由于政府经济稳定计划，其国内价格低于国际市场价格，为了保证国内产业生产之必需，可以实施出口限制，只要这种限制不是为了增加出口而保护国内产业，并且在其他成员之间没有歧视。

资料来源 罗汉伟：《中国怎样赢得稀土之诉》，载《中国经济周刊》，2010（44）。

思考题：在该案中，中国作为应诉方能抗辩什么？

复习思考题

1. 墨西哥对外贸易促进机构有哪些？
2. 墨西哥外贸银行的具体工作是什么？
3. 简述墨西哥“5年减免税计划”。
4. 墨西哥有哪些计划和机构促进产品出口？
5. 对于出口到墨西哥的产品，怎样确定其正常价值？

第十四章 土耳其的贸易政策

学习目标

通过对土耳其贸易政策的学习，应了解我国与土耳其双边经贸发展概况和相关贸易法规；熟悉土耳其贸易壁垒；掌握土耳其主要贸易政策，其中，重点掌握土耳其关税管理制度、进口贸易政策以及对中国的贸易壁垒。

开篇案例

土耳其对我国橡胶轮胎实施临时性保障措施

从2005年3月10日起，土耳其对自我国进口的用于小汽车、客车、卡车、农用车及施工机械的橡胶轮胎实施临时性保障措施，按CIF价一律加征33%的进口税。

2004年8月20日，土耳其外贸署应当地企业Petlas轮胎工贸公司、Pirelli轮胎公司和Brisa Bridgestone Sabanci轮胎工贸公司的要求开始对自中国进口的橡胶轮胎进行调查。调查结果显示：

（1）从2001年到2003年，土自中国进口的小汽车轮胎进口数量增长1 483.3%，进口金额增长1 837.4%，该类产品从中国的进口量占总进口量的比例分别由2001年的1.48%增至2002年的2.45%和2003年的10.2%；

（2）2001年土自中国进口的轻型商务车轮胎为31 117个，2002年增长212.6%，达到97 290个，2003年又增长373.5%，达到460 751个，即从2001年到2003年，进口数量增长1 380.7%，进口金额增长1 311.1%，该类产品从中国的进口量占总进口量的比例分别由2001年的18.06%增至2002年的24.25%和2003年的56.37%；

（3）2001年土自中国进口的重型汽车轮胎为70 224个，2002年增长167.6%，达到187 951个，2003年又增长123.8%，达到420 642个，即从2001年到2003年，进口数量增长499%，进口金额增长512.9%，该类产品从中国的进口量占总进口量的比例分别由2001年的24.67%增至2002年的32.45%和2003年的46.27%；

（4）2001年土自中国进口的农用机械轮胎为5 078个，2002年增长478.4%，达到29 372个，2003年又增长411.8%，达到150 326个，即从2001年到2003年，进口数量增长2 860.3%，进口金额增长1 393.6%，该类产品从中国的进口量占总进口量的比例分别由2001年的10.64%增至2002年的31.58%和2003年的59.11%；

（5）2001年土自中国进口的施工机械轮胎为4 885个，2002年增长1 009.1%，达到54 180个，2003年又增长144.2%，达到132 351个，即从2001年到2003年，进口数量增长2 609.3%，进口金额增长776.4%，该类产品从中国的进口量占总进口量的比例分别由2001年的7.05%增至2002年的27.9%和2003年的48.29%。

调查结果还显示，从2001年至2003年，上述5类产品中，土本国产品所占的国内市场份额由60.92%、79.48%、68.89%、85.88%和15.96%降为50.75%、45.7%、48.44%、61.85%和4.84%。公告指出，根据调查结果，自中国进口的橡胶轮胎的过度增长，使得本国产品的市场份额明显缩小，库存增加，利润率下降，从而导致该行业的投资下滑。鉴此，根据进口中不正当竞争评估委员会的决定，对自中国进口的橡胶轮胎实施临时性保障措施，时间最长为6个月。

资料来源　中华商务网，http://www.chinaccm.com/87/8702/870201/news/20050315/092339.asp，2005-03-15。

第一节　中国与土耳其双边经贸概况

“从这个跳板的中心点出发，向周边行驶4个小时，这个市场有多大？占全球市场的1/4。这就是土耳其。”土耳其—中国商会主席雅乌兹·欧乃先生曾用笔沿着土耳其首都安卡拉在世界地图上画了一个大圆圈，并且非常自豪地介绍说：“土耳其是联结欧洲和亚洲的桥梁，更是能源的通道，战略地理位置非常重要。近年来，土耳其经济发展迅猛，人均收入水平可以与重量级的美国、德国、巴西和俄国相媲美。据经济学人智库（EIU）统计，2010年土耳其人均收入排名上升到世界第六位，人均收入达1万美元的人口超过7 000万人。2010年的经济增长率高达8.9%，土耳其的人均收入也随之增长进入高收入国家行列。”①

中国和土耳其友好交往历史悠久。伊斯坦布尔城曾是历史上著名的“丝绸之路”的西端终点。我们两个民族的先人，通过这条古道进行了广泛的交往，并与其他民族一道共同促进了东西方文明的交流和贸易的开展，为早期国际友好关系的建立和发展作出了重要贡献。自1971年8月中土建交以来，两国关系发展顺利。近年来，中土经贸合作发展迅速。2009年6月，居尔总统对中国进行国事访问，中土签署7份双边合作文件。2010年10月，温家宝总理对土耳其进行正式访问，两国关系提升为战略合作关系。2011年土耳其和中国互设银行，开启金融合作，以积极推动两国经贸关系的发展。2012年将在土耳其举办中国年，2013年将在中国举办土耳其年。截至2010年底，双边贸易额达到151亿美元，中国在土非金融直接投资3.9亿美元，土对华实际投资1.2亿美元，涉及基础设施建设、工程、通讯、贸易、银行等领域。中土在工程承包、投资等领域也不断加强合作，效果良好。中国机械进出口总公司、中铁建总公司、中钢集团等企业都曾成功中标，承包土方铁路、钢厂、发电厂、煤矿开发等工程项目，土方企业向中国投资的积极性也逐年增大，在热水器、尼龙编织袋等行业投资增长很快。2006—2010年中国与阿根廷的双边贸易情况、进出口贸易情况如图14—1和图14—2所示。

---

① 中国土耳其经贸合作网，http://www.ctc.mofcom.gov.cn/article/ctcjmzx/201109/77002_1.html。

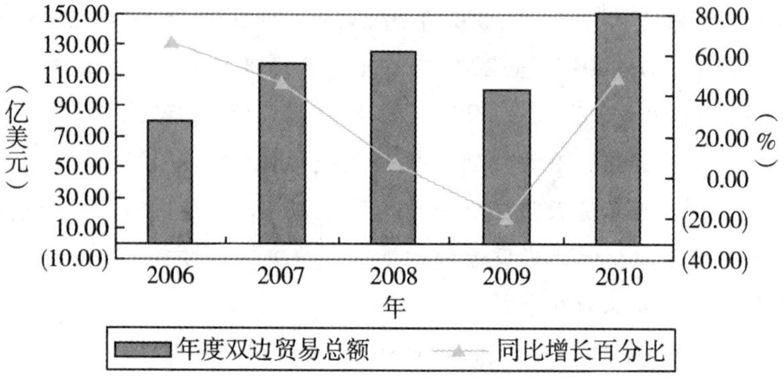

图 14—1　中国与土耳其双边贸易年度情况

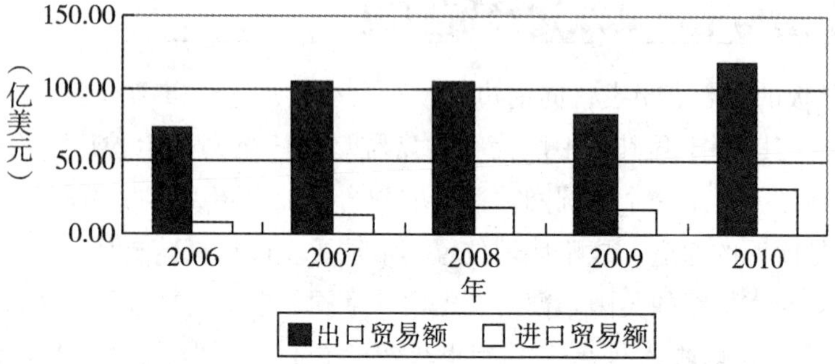

图 14—2　中国与土耳其进出口贸易年度情况

资料来源　根据国别贸易报告——土耳其 2007 年第 1 期、2008 年第 1 期、2009 年第 1 期、2010 年第 1 期、2011 年第 1 期整理所得。

从以上两图可以看出，尽管中土贸易总额大体上是呈递增趋势，但是年增长率总体趋势却是逐年递减的，2010 年才较上年出现增加；中国对土耳其主要是出口，且顺差比较大。

专栏 14—1　　中方缩小对土顺差签 43 亿美元贸易协议

2012 年 2 月 21 日，在土耳其访问的中国国家副主席习近平给中土关系带去了极大的“利好消息”。中土双方签署了七项重要协议，涉及经济、贸易、金融、投资、食品和基础建设等诸多领域。其中，最重要的是金融领域的合作，中国央行与土耳其签署了 100 亿元人民币的双边本币互换协议，合同期是 3 年，届时还可以延长，两国间贸易由此将开始采取本币结算。中国还可能会与土耳其签订核能合作协议，中国将会在土耳其投资兴建核电厂，帮助土耳其和平利用核能等。此外，22 日，两国在经贸合作论坛上签署了几十个合作协议，总额约为 43 亿美元。

美国《波士顿邮报》当天评论说，中国代表团在土耳其签下 43 亿美元的大单，意味着向安卡拉当局送去了和谐共赢的信号。“阿拉伯市场”网站也评论称，中土双方签署的大单“令人羡慕无比”。

据统计，在过去的一年，中国和土耳其之间的贸易额将近 188 亿美元，同比增长近

25%，中国成为土耳其的第一大进口国和第三大贸易伙伴。除贸易外，两国在相互投资、工程承包等经济领域的合作也初具规模。中土虽然经贸往来频繁，但并不意味着没有问题。在过去10年里，中土两国的年经贸额已经上升到了240亿美元，但是中国始终占据着出超的地位。为此土耳其政府多次强调希望看到两国贸易实现平衡发展，尤其是希望能够吸引更多中资到土耳其建立合资企业，扩大中国游客来土耳其旅游的数量。而这次中国的表现，让土耳其看到中国愿意来合作填补这个缺口，也让土耳其商界看到彼此巨大的合作潜力。

中国和土耳其，一个在亚洲的最东端，一个在亚洲最西头与欧洲交汇的地方，双方的合作联动非同寻常。除了这一地缘上的特殊意义外，两国都是有代表性的发展中国家的强国，中国是亚洲乃至世界上经济增速最快的国家，土耳其的经济增速也居中东地区第一，在资金、技术、市场等方面具有明显的互补优势。中国的"十二五"规划和土耳其制定的2023年进入世界经济十强的目标为两国扩大合作提供了良好机遇。此次中国与土耳其"强强联合"，将产生出人意料的效果。

资料来源 中国贸易金融网，http：//www. sinotf. com/GB/News/1003/ index_ 1. html，2012-02-23。

在商品结构上，通过表14—1和表14—2可知，中国对土出口额最大的10大类商品中，有9大类属于土耳其进口额最大的20大类商品，反映出我国向土出口的大类商品是适合土国内需要的，出口商品的结构是合理的。但是，我国向土出口额占土进口总额的比重都比较小。无论从各自人口、地域、资源、物产和消费因素来看，土耳其和中国的经贸合作都有着巨大发展潜力。

表14—1 **中国对土出口额最大的20大类商品**

电机、电气、音像设备	玩具、运动用品、棉花	杂项制品	家具、灯具
锅炉、机械器具	钢铁	橡胶及其制品	车辆零件
光学、照相、医疗设备	有机化学品	无机化学品、贵金属	非针织或非钩编服装
化学纤维短纤	矿物燃料、矿物油	旅行箱包	钢铁制品
化学纤维长纤	塑料制品	鞋、靴	钟表及零件

表14—2 **土耳其进口额最大的20大类商品**

矿物燃料、矿物油及产品	塑料及其制品	化学纤维短丝	锅炉、机械器具
有机化学	橡胶及其制品	钢铁	电机、电气、音像设备
药品	纸、纸浆、纸板、纸制品	钢铁制品	车辆及零件
鞣料、着色料、涂料	棉花	铜及制品	航空器及零件
杂项化学品	化学纤维长丝	铝及制品	光学、照相、医疗设备

资料来源 中国驻土耳其大使馆经济商务参赞处，http：//tr. mofcom. gov. cn/index. shtml。

第二节 土耳其的对外贸易政策

一、贸易主管部门

外贸署是总理府下属的一个副部级机构，是土耳其管理对外贸易的主要政府机构，主管对外贸易。其职责包括：制定、贯彻、协调土耳其的对外贸易政策，收集整理国内其他部门、机构针对贸易问题所提出的意见和建议，并提交立法部门进行审议等。其他相关部门包括负责制定海关政策、关税政策的海关署，负责检测工业品的土耳其标准局，以及负责制定和实施贸易类法律的工业和贸易部。

二、土耳其贸易政策的法律法规

土耳其是欧盟联系国之一，并于2005年10月正式启动入盟谈判。虽然欧盟委员会在2006年12月中止了与土耳其在金融服务、关税联盟和服务贸易等八个领域的入盟谈判，但是土耳其仍将继续参照欧盟相关法律，逐步进行改革，调整贸易投资等方面的法律法规。

当前，《对外贸易法》是土耳其贸易管理的主要法律，其他相关法律法规还包括《海关法》、《进口加工机制》、《配额及关税配额行政法》、《进口不公平竞争保护法》、《增值税法》、《自由贸易区法》、《出口促进关税措施》、《出口机制法规》、《出口加工体系法》等。

与进出口检验检疫相关的法律法规包括《卫生法》、《农业检疫法》、《动物卫生检验法》、《食品的生产、消费和检验法令》、《水产品法》、《土耳其食品药品法规》。

土耳其与外国投资有关的法律主要是《外商直接投资法》，其他还包括《外资框架法令》、《关于外国投资框架法令的公报》等。

三、土耳其主要的贸易政策

土耳其贸易法规体系主要包括关税、进口管理、出口管理和贸易救济四个方面。

（一）关税政策

1. 关税管理制度

土耳其对进口产品征收税费总共有五种，分别是：（1）海关关税；（2）货物税；（3）民众住宅基金税（针对鱼类产品）；（4）特别消费税（主要适用于石油产品、机动车、酒精饮料和烟草产品以及奢侈品）；（5）增值税。增值税对农产品和基本产品征收1%或8%的税率，对部分非农产品和奢侈品（包括化妆品、皮草、电视机和汽车）征收18%的税率。其征收方式也有五种，分别是：从价税、从量税、混合税、复合税和形式税。

1995年3月6日，土耳其与欧盟在布鲁塞尔正式签订了《欧盟—土耳其关税同盟协定》，并于1996年1月1日生效。协定规定，工业品（包括加工农产品，不包括基本农产品和欧洲煤钢共同体产品）可以在土耳其与欧盟之间自由流动，没有关税和非关税壁垒的限制。土耳其和欧盟对第三国执行共同对外关税政策。对于从第三国（该国既不是关税同盟成员国，也非土耳其的自贸协定缔约国）进口到土耳其的工业品和加工的农产品，在进入土耳其关内时，土耳其海关按关税同盟的统一税率对货物征税，纳税后的货物可零关税在土耳其与欧盟成员国之间自由流通。

2. 关税水平及其调整

土耳其的非农产品适用最惠国关税，税率相对较低，但其对农产品采取较高的关税保护。根据 WTO 可获得的最新统计数据，2008 年土耳其的简单平均最惠国适用关税税率为 9.7%，农产品的简单平均最惠国适用关税税率为 42.2%，非农产品为 4.8%。

对于部分产品的关税，土耳其也多次进行了调整。2006 年，土耳其对《海关法》进行了修改，降低或免除了部分进口产品的关税，包括酒精饮料、烟草、动物油、纺织品原材料和半成品、部分农产品和部分加工农产品、矿泉水和毛发等产品。2007 年土耳其对新增的民用航空器及其用品列表上的产品免除进口关税。2008 年，土耳其宣布，自 2009 年 1 月 1 日起将扁平材进口关税提高 8%。提高进口关税将会削弱进口钢材的价格竞争力，与土耳其签署自由贸易协定的国家会受益。2010 年 7 月 28 日，土耳其再次对《海关法》进行了修改，替代了之前于 2000 年生效的《海关法》。

（二）进口管理政策

土耳其外贸署根据进出口市场的情况，每年对土耳其的进口制度进行适当的修改，《2009 年土耳其进口制度》是土耳其现行的进口管理规范。

1. 进口禁止

为保护环境、公共安全、健康和公德，遵守国际公约，土耳其禁止进口以下十大类产品：毒品、化学武器、有损健康的燃料、武器弹药、侵犯商标权或名称的产品、违反《工业产权国际公约》的产品、蚕卵、农用天然肥料、游戏机、赌博机等。

2. 进口许可

根据《与进口监管执行相关的法令》和《进口监管实施法规》，土耳其外贸署进口总司可自行或依据申请，对可能对国内生产相同产品或直接竞争产品造成损害或损害威胁的进口产品做出监管决定。进口受监管的产品时，除须具备依据《海关法》所规定的文件外，还须出具进口总司颁布的监管商品进口许可证。

土耳其对部分产品进口实行许可证管理，包括含放射的相关产品、电信产品、机械及相关产品、机动车产品、爆炸物、化学品、有害健康产品、民用飞机、肥料、地图类产品、与生产化学武器相关的产品、代糖产品，其他还包括货币及证券、传输设备、濒危野生动植物、天然气、溶剂及石油产品、液态石油气。土耳其在进口上述产品时需要获得相关机构的许可证方可进口。

3. 进口监管

土耳其对部分进口产品实施监管，其法律依据是 2004 年颁布的《与进口监管执行相关的法令》和《进口监管实施法规》。当一种产品的进口对国内生产相同产品或直接竞争产品的生产商造成损害威胁，同时因国家利益又需要进口该种产品时，土耳其外贸署进口总司可以根据产业申请或自行对某一产品做出监管决定。

2010 年 3 月，土耳其发布第 2010/21 号公告，对所有遭遇其反倾销和反补贴措施的涉案产品采用监控措施。根据新法规，所有涉案产品自反倾销/反补贴立案开始就会被土耳其监管，以免出现规避现象。

4. 原产地规则

土耳其原产地规则有两种：非优惠原产地规则和优惠原产地规则。非优惠原产地规则主要适用于原产地为“产品最终实质性改变和重要生产阶段所在地”的进口产品。优惠原产地规则主要适用于与土耳其签订过双边或多边贸易优惠安排国家的进口产品。此外，根据土耳其与欧盟的关税同盟安排，自 1996 年 1 月 1 日起，从第三国进口的产品在土耳其适用与欧盟相同的原产地规则。

5. 进口加工机制（IPR）

作为出口支持制度的替代，进口加工机制使土耳其生产商/出口商可以依据相应的政策措施，不付关税获取用来生产出口产品的原材料、中间半成品。获得进口加工机制的授权后，生产商或出口商有权进口授权书上规定的货物，对其加工后再出口。进口加工机制主要包括关税暂缓制度①和退税制度②。

6. 加强进口纺织品安全检查

自 2009 年 2 月 1 日起，土耳其开始执行新的纺织品和服装进口登记条例，新规定要求进口商在进口规定范围内的纺织服装产品前需进行登记。登记表为一对一模式，有效期为 1 年，该规定适用于所有国家。2011 年 10 月，土耳其为了加大对进口纺织品和半成品服装的安全检查，在针对纺织品的检测中，还专门加大力度检测服装中所含各类原材料的比例是否符合标签标注。这是土耳其自 2009 年 2 月实行进口纺织品登记制度以来对纺织品进口的又一监管举措。

（三）出口管理政策

土耳其出口管理的主要法律是 1984 年生效的《对外贸易法》和 1963 年生效的《政府促进出口税收措施法》。其他与出口管理相关的法律还包括《出口制度法令》、《出口加工体制法令》和《自由贸易区法》。

对于国内出口商，土耳其要求其必须注册成为出口商联盟及当地商会的会员，并需交纳 FOB 出口额的 0.05% 作为会员费。

（1）出口登记。土耳其对部分产品要求强制出口登记，包括：享受价格稳定与支持基金（SPSF）下减免保险费用的出口产品；由价格稳定与支持基金支付的产品；《土耳其—俄罗斯联邦天然气协定》所规定的产品；对联合国经济制裁国家出口的产品；《保护臭氧层维也纳公约》中所保护的臭氧层产品；未加工橄榄油以及加工散装或桶装橄榄油、甘草根、生海泡石；未加工的袋装或盒装橄榄、牲畜、散装朝天椒、生橄榄（未发酵）、废铜废锌、大理石、小黄瓜和水泥。

---

① 关税暂缓制度：生产商/出口商在进口时可以不付进口税和增值税，即可进口原材料生产加工，再出口。在这种制度下，进口加工制度受益人必须提交保证函或相当于所有关税和增值税总额的保证金。满足一定条件时，授权持有者可以获得优惠的保证金率。

② 退税制度：商品进口所付的费用在履行出口诺言后可以退税。在退税制度下，商品在土耳其境内自由流通时，应缴进口税和增值税。当成品出口后，可以退还增值税和进口税。

（2）出口许可。军民两用产品或“敏感”产品出口时，需要获得出口许可。需要获得出口许可的产品还包括武器弹药，鸦片，麻醉和精神药品，受《巴塞尔公约》控制的危险废料，肥料（除化肥），野猪、狼、狐狸、蛇等动物，天然气，兽药等共24类。

（3）出口禁止。出于环境、健康或文化或国际公约等原因，土耳其禁止出口14大类相关产品，主要包括历史文化作品和自然动物、印度大麻、烟草植株、安哥拉山羊、所有的野生及狩猎动物（允许出口产品清单上的除外），某些植物，如胡桃、桑树、樱桃树、李子、紫杉、岑树、榆树、菩提树等，《保护臭氧层维也纳公约》中所列明的产品、禁止出口的开花植物的球茎、木柴和木炭、亚洲苏合香及某些化学品等。

此外，为鼓励出口，部长委员会根据《特别消费税法第5493号》的决定，从2006年6月1日起免除部分地区运输出口货物的运输汽车在运输过程中汽油的特别消费税和增值税。

（四）贸易救济

土耳其根据WTO的相关规定建立了本国的贸易救济法律制度。其中实施反倾销及反补贴的法律依据包括1989年生效的《防止进口产品不公平竞争法》和《防止进口产品不公平竞争条例》。对外实施保障措施的法律依据包括2004年生效的《进口产品保障措施法令》和《进口产品保障措施实施规定》。贸易救济的调查工作由土耳其外贸署进口总司负责。

自2001年中国加入世界贸易组织以来，中国成了全球反倾销头号对象国。在经历了与美国、欧盟之间几次大规模的贸易摩擦后，全球对华反倾销态势在悄悄地发生变化：发展中国家对华反倾销案例猛增，数量上已超过发达国家，其影响也越来越大，个中暴露出的问题已引起我国高度关注。而在对华实行反倾销的发展中国家中，土耳其的表现相当典型。截至2010年底，土耳其共对中国发起57起反倾销调查。此外，还发起23起一般保障措施调查、6起特别保障措施调查和2起反规避调查，目前案件主要集中在轻工产品和纺织品行业。

专栏14—2　土耳其对华实施反倾销等贸易救济措施已呈现示范效应，易引发连锁反应

自1979年欧共体对我国国产糖精钠发起首次反倾销调查以来，欧美发达国家长期以来一直在对华反倾销方面扮演主要角色。进入世纪之交，虽然作为发展中大国的印度对华反倾销案例数量直线上升，但其影响基本局限在印度一国之内。而土耳其的表现则大不相同，2004年前，由于中土贸易额不大，虽然在这期间土耳其也针对我国商品发起过多起反倾销调查，但这些措施对我国的影响微乎其微，在我国也没有引起反响。但是，2004年3月3日，在美国的鼓动下，由土耳其牵头，伊斯坦布尔纺织品和服装出口商协会（ITKIB）、美国纺织品生产商协会（ATMI）及美国制造商贸易行动联盟（AMTAC）联合发起，并在伊斯坦布尔共同签署了《纺织品服装公平贸易伊斯坦布尔宣言》，违背1994年乌拉圭回合谈判所达成的《纺织品与服装协定》（ATC）规定及世贸组织的基本原则，提议将取消纺织品配额的日期从2005年推迟至2008年，以避免各国纺织业受到中国纺织品的“威胁”。

由于利益趋同和美国的多方游说，这一宣言一经发表，迅速赢得了不少国家，尤其是非洲、美洲发展中国家纺织业界的支持，仅在2004年内签署支持的组织就从发起时的16国的19个纺织协会猛增到65国的115个协会。而到2005年上半年，土耳其继而得到了54国的96个纺织业团体所组成的“纺织品公平贸易全球联盟”的支持，要求世贸组织对我国纺织品出口进行限制。

虽然世贸组织最终并没有接受《纺织品服装公平贸易伊斯坦布尔宣言》，但土耳其政府依然不顾中方强烈反对，援引世贸组织《中国加入工作组报告书》第242段的规定，以“市场扰乱”或“市场扰乱威胁”为借口，于2004年12月23日通过立法，单方面宣布对中国42类纺织品实施特别保障措施。

2005年12月17日，土耳其进一步宣布2006年将实施范围扩大到44类。2008年1月2日，土耳其政府正式通知我国，2008年继续对来自中国的44类纺织品实施配额限制。不仅如此，从2006年至2010年，土耳其针对我国商品接连发起了15起反倾销、3起特别保障措施和4起一般保障措施调查。有了土耳其这些做法的示范效应，欧盟、美国 、阿根廷、墨西哥等也先后对我国纺织品设限，乌拉圭回合谈判的重要成果《纺织品与服装协定》的实施期限一拖再拖，几近名存实亡。

资料来源 姜明新：《土耳其对华实施反倾销等贸易救济措施的特点及其成因》，载《西亚非洲》，2009（6）。

第三节 土耳其的对外贸易壁垒

一、关税壁垒

（一）关税高峰

关税高峰是指在总体关税水平较低的情况下少数产品维持的高关税。特定产品的高关税不合理地阻碍了其他国家相关产品的正常出口，构成贸易壁垒。土耳其对许多食品和进口农产品征收较高的关税（大多数最惠国关税的平均税率为28.3%）。例如，土耳其对冷、鲜猪、牛、羊肉的进口征收225%的高关税，对干制、熏制肉干等征收114.3%的关税，对牛奶及奶油征收150%的关税，对酸奶征收170%的高关税，对黄油及乳酪征收140%的关税。新鲜水果的关税范围在15.4%～145.8%。土耳其政府还经常在国内收获季节提高对谷物的关税。此外，土耳其政府对进口酒精饮料征收较高的进口关税（85%～100%）、特别消费税（275%）以及其他国内税费，这些税费的征收使得酒精饮料的批发价格增长超过200%。

（二）关税配额

关税配额是一种进口国限制进口货物数量的措施。进口国对进口货物制定一数量限制，对于凡在某一限额内进口的货物可以适用较低的税率或免税，但关税配额对于超过限额后所进口的货物则适用较高或一般的税率。

土耳其对进口大米实行关税配额管理，并规定了“境内消费要求”，即进口商必须在土耳其境内购买指定数量的土耳其大米，才能以配额内关税进口指定数量的外国大米。实际上，土耳其的上述做法违反了WTO的相关规定，对国外大米的出口造成了阻碍。此外，土耳其关税配额的数量、实施情况、时间表更新和进口许可证的颁发情况均不透明。

（三）关税升级

关税升级是设定关税的一种方式，根据这种方式设定的关税随着一个产品改变程度的深入而提高。例如，适合做车身的钢材的关税税率可能是5%，用同一种钢材做成的车身零件的关税可能会是15%，而成品汽车的税率则可能是30%。使用这种方式的目的是通过对进口简单制成品给予优惠来促进国内制造业的增长。而这一措施的代价一般由消费者承担。这种方式的正当性几乎总是体现在被认为是创造就业和鼓励技术转让的一种措施。土耳其在纺织品和服装部门存在关税升级现象，食品、饮料和烟草业的关税升级现象尤其突出。化工和塑料产业也存在从初级加工产品到半成品间的关税升级。总体而言，土耳其呈现混合关税升级现象，从初级产品到半成品略呈现为负向升级（-0.3%），从半成品到制成品呈现正向升级（10.9%）。这主要是由于初级农产品的高关税造成的。

二、进口限制

（一）许可证限制

土耳其对部分产品的进口规定了许可证限制。这些产品主要包括需要售后服务的产品（例如，复印机、先进的数据处理设备以及柴油发电机）、蒸馏酒精以及部分农产品。土耳其的进口许可证制度由于缺乏透明度，造成相关出口产品时间延误，并因此产生滞留费等其他不确定因素，增加了出口企业的成本，阻碍了相关产品的正常贸易。另外，包括豌豆、坚果、水果干、棉花、谷物以及含油的种籽等在内的部分季节性农产品，在国内收获季节很难获得土耳其的进口许可证。

此外，土耳其对所有食品进口所需的文件要求存在不一致和不透明的现象，经常出现由于繁复的文件证明临时变更导致出口货物滞留港口。土耳其的这种做法给出口企业造成很大困扰。

（二）针对中国产品的数量限制

1. 土耳其对中国出口的日用陶瓷设有配额限制

自2005年以来，中国出口到土耳其的日用陶瓷增长迅猛，2007年达到36千吨，为此土耳其决定自2008年7月1日起，对中国出口的日用陶瓷实行为期5年的进口数量限制。此外，土耳其方面还对中国瓷器采取了其他种种限制手段，比如：要求出口商提供以前从来没有要求过的产品健康证明，要求中国瓷器的土耳其进口商把从中国进口的瓷器运至远离海关100多公里以外的仓库进行检验，检验将耗时20~30天，并对每箱货物抽取大数量产品进行检验，经常出现损坏和货品丢失。没有中国陶瓷工业协会盖章放行的提单，土耳其海关不予进口清关。这些限制措施大大增加了中国陶瓷出口的成本，对中国出口商造成了极大的损失。

2. 针对中国纺织品的数量限制

土耳其针对中国纺织品的数量限制措施从 2005 年 1 月开始正式实施，进口商须领取进口许可证方能进口相关产品。2008 年，土耳其政府决定继续对来自中国的纺织品实施数量限制，为期 1 年。土耳其政府此次决定除了继续对中国产品设限外，还调整了设限产品的分类，将原来的 44 个类别改为 20 个组，以组为单位规定了进口额度，并设置了更为苛刻的管理办法。

土耳其政府授权伊斯坦布尔纺织服装出口商协会具体负责配额的分配和管理，并规定：每个类别商品进口配额总量的 75% 将专供传统进口商；其余 25% 自由发放。2007 年此项规定的比例是各 50%，此举更加限制了配额的使用。

此外，土方还规定，进口商少量进口（在单个报关单范围内不超过 25 千克或 50 个/双/套）的情况，可在不扣减进口许可证上配额数量的基础上，仅凭进口许可证进口。但对于一个企业，此特殊措施仅限使用一次。

三、通关环节壁垒

（一）进口产品监管

土耳其外贸署以实施进口监管的方式对部分进口产品进行通关限制。如果某类产品被施以进口监管，那么若该类产品的价格低于土耳其设置的“最低监管价格”（即最低进口价），则需要向外贸署申请进口监管许可证。2006 年土耳其的进口监管产品列表新增 14 类产品，其中涉及中国的主要出口产品为家具、餐具、厨具、彩电和聚乙烯。2007 年土耳其发布了第 26399 号公报，决定对鞋、箱包、餐具、厨具等 12 种商品进行进口监管。此外，土耳其在对玩具等产品进行进口监管的过程中，还存在数量限制的做法。土耳其的上述做法对外国产品的进口造成了阻碍，在通关环节上构成了贸易壁垒。

（二）货物物权纠纷

土耳其海关规定，货物到达土耳其港口 45 天内（非海运方式 20 天内）无人认领的，海关将作无主货处理，有权拍卖该批货物，拍卖所得充抵仓储费和相关费用。货物被拍卖时，在同等条件下，进口商可以作为第一竞拍人以很低的价格拍得货物；货物到港后，如果未收到收货人的正式“拒绝收货通知”，海关不允许货物退运回出口港或转售。土耳其海关的这一规定使出口商处于不公平的地位，中国出口企业经常遭遇土耳其进口商拒绝提货、拒绝付款等，使中国相关产品的出口商利益蒙受损失。

四、技术性贸易壁垒

土耳其的技术标准和卫生要求未能及时对 WTO 成员进行通报。大多数的法规变化都立即生效，很少或者根本不告知其贸易伙伴。这通常会引起很多的贸易不便。土耳其的技术法规、标准及合格评定程序执行存在严重的任意性。而且，土耳其不同的港口对于法律和法规的实施不一致，导致不可预见性，对进出口商来说很难执行。

土耳其对来自欧盟和其他国家的产品采取区别对待。对于其他国家出口的部分产品，尤其是医用设备，虽然加贴了 CE 标志，但是滞留土耳其港口接受各种要求的检验的情况时有发生。但是对于来自欧盟，同样贴有 CE 标志的产品，却可以立即进入土耳其市场，无需其他额外的测试，因此土耳其的这种做法构成了明显的歧视。

五、卫生与植物卫生措施

土耳其的卫生与植物卫生措施缺乏透明度，出口商很难获得相关信息。土耳其对WTO的相关通报也非常少。2008年1月，土耳其向WTO通报了一项关于种用马铃薯植物要求的SPS措施，这是土耳其自2004年以来第一次进行相关通报。

自1996年起，土耳其禁止从诸多国家进口肉类。目前土耳其政府仍然出于卫生原因禁止肉类的进口，但是却没有建立任何公共的肉类准入卫生标准。土耳其要求所有从外国进口的禽类加工设备需经检验和批准，费用由土耳其进口商支付，这种要求也阻止了外国禽类的进口。

目前，土耳其还没有与农业生物技术相关的生效实施的法律，只有审议的土耳其《国家生物安全法》第四草案。该草案已经造成大豆以及以大豆或玉米为基础的相关产品的出口受阻，并影响到棉花对土耳其的出口。

延伸阅读　　美国诉土耳其大米限制政策

一、美国作为投诉方

2005年11月2日，美国要求就土耳其对从美国进口的大米实施进口限制与土耳其进行磋商。根据土耳其的规定，进口大米时需要进口许可证，但在责任约束税率内未能给予此类许可证。此外，土耳其还对大米的进口实行关税配额管理，为了按较低的关税水平进口特定数量的大米，进口商必须购买特定数量的国内大米，包括从土耳其粮食局(TMO)、土耳其生产者协会等处购买（下称“国内采购要求”）。另外，土耳其的规定列表列出了10余种对大米的进口限制，包括第96/7794号法令对技术法规和标准化制度的总体评价。

美国认为，上述措施不符合下列规定：

(1)《TRIMs协定》附件1中第2.1条和第1（a）段；

(2)《1994年关贸总协定》第3条（包括第4、5和7段）和第11条第1款；

(3)《农业协定》第4.2条；

(4)《进口许可协议》第1.2、1.3、1.4、1.5、1.6、3.2、3.3、3.5（A)、3.5(b)、3.5（D)、3.5（E)、3.5（F)、3.5（C)、3.5（H)、3.5（K)、5.1、5.2、5.3和5.4条。

2005年11月16日，澳大利亚和泰国要求加入磋商。2006年2月6日，美国要求成立专家小组。在2006年2月17日的会议上，争端解决机构（DSB）推迟成立一个小组。

二、专家小组和上诉机构的程序

在2006年3月17日的会议上，DSB成立了专家小组。澳大利亚、中国、欧盟、韩国和泰国保留了第三方权利。随后，阿根廷、埃及和巴基斯坦也保留了第三方权利。2006年7月20日，美国要求总干事组成专家小组。2006年7月31日，总干事组成了专家小组。

2007 年 1 月 31 日，专家小组主席通知 DSB，由于该争端的性质和范围，不可能在 6 个月内解决，预计到 2007 年 5 月方可完成。

2007 年 9 月 21 日，专家小组的报告分发给各位成员。专家小组认为土耳其在 2003 年 9 月和不同时期的决定，否认或不给予在关税配额外的进口大米证书，构成了一个定量的进口限制以及《农业协定》第 4.2 条脚注 1 中自由裁量的进口许可。因此，它是一个要求转换成普通关税的措施，不符合《农业协定》第 4.2 条。

专家小组还得出结论，为了按降低的关税水平进口特定数量的大米，土耳其规定进口商必须购买国内大米，从而给予从国外进口比从国内购买更低的待遇，这与《1994 年关贸总协定》第 2 条第 4 款不一致。

2007 年 10 月 22 日，DSB 通过专家小组的报告。

三、报告的执行

2007 年 11 月 20 日，土耳其通知 DSB，在执行 DSB 的裁决和建议的过程中，已与美国磋商可能会采取额外的步骤，以确保一个双方都满意的结果。2008 年 4 月 9 日，土耳其和美国通知 DSB，它们一致认为土耳遵守 DSB 的建议和裁决的合理期限为 6 个月，于 2008 年 4 月 22 日届满。2008 年 5 月 7 日，土耳其和美国就《关于争端解决规则与程序的谅解》第 21 条和第 22 条程序下的协定通知 DSB。

在 2008 年 10 月 21 日的 DSB 会议上，土耳其声称遵守 DSB 的建议。

资料来源　WTO 官方网站，http：//www. wto. org。

思考题：美国为什么会对土耳其的大米政策提起上诉？

复习思考题

1. 土耳其对进口产品征收的税费和征收方式各有哪几种？
2. 在什么情况下，土耳其政府可以对进口商品采取进口监管措施？
3. 在土耳其进口管理政策中，原产地规则有哪几种？分别适用什么产品的进口？
4. 土耳其的关税贸易壁垒有哪几种形式？各自的含义是什么？
5. 土耳其针对中国产品的数量限制措施有哪些？主要内容是什么？

第十五章 阿根廷的贸易政策

学习目标

通过对阿根廷对外贸易政策的学习，应了解阿根廷对外贸易情况以及中阿双边经贸概况；熟悉阿根廷的关税和贸易救济政策；重点掌握阿根廷进出口政策和贸易壁垒具体实施措施。

开篇案例

我国与阿根廷就反倾销案件达成首例价格承诺

近年来，国外对我国医药出口商品发起的反倾销逐渐指向高附加值产品。反倾销发起的动议不再局限于行业损害，贸易保护联动趋势明显，贸易保护色彩日益浓重。2009 年我国共出口一次性注射器 68 亿支，出口总额为 2.3 亿美元，产品主要销往阿根廷、巴西等国家和地区。其中，出口阿根廷的一次性注射器贸易额约为 1 亿美元，占阿根廷总需求量的 1/3 左右。近 3 年来我国一次性注射器贸易量增长均超过 30%。有业内人士认为，近年来，国际市场上一次性注射器需求强劲，点燃了中国企业出口的热情。由于生产一次性注射器技术含量不高，国内产能快速扩张，给贸易摩擦埋下了隐患。2009 年 9 月，阿根廷对我国一次性注射器发起反倾销调查，并在 2011 年 3 月 15 日作出仲裁，阿方接受应诉企业（中国温州五洲进出口公司）的价格承诺方案，根据不同产品规格执行 0.0179 ~ 0.4629 美元/件不等的 FOB 最低限价。该决定于 2011 年 3 月 16 日生效，有效期 5 年。这是我国与阿根廷乃至整个拉美地区首例在政府牵线搭桥下，通过推动业界对话达成的价格承诺，既保证了我国在阿根廷注射器市场的份额，又促进了出口经营秩序的健康发展。

资料来源　中华人民共和国商务部进出口公平贸易局，http：//gpj. mofcom. gov. cn/aarticle/b/201105/20110507573728. html，2011-05-27。

第一节 阿根廷对外贸易概况

一、阿根廷对外贸易基本情况

阿根廷曾长期奉行进口替代政策，贸易保护主义色彩浓厚。1989 年以来，阿政府在推行新经济政策时，大力发展外贸，采取了一系列改革措施，取消了对进口的限制，几次调低关税，还制定了鼓励出口的政策。进入 20 世纪 90 年代，阿根廷外贸高速增长，市场逐步开放和活跃，外资大量涌入，消费热潮形成。1996 年，阿根廷的国内生产总值翻了一番，人均国内生产总值达 8 445.8 美元，跃至拉丁美洲各国之首。但是，受俄罗斯和巴西财政金融危机的冲击，阿根廷的经济从 1998 年第三季度开始陷入停顿，并连续 3 年经济衰退。2002 年，阿根廷的人均国内生产总值降至不足 2 700 美元，失业率高达 19.7%。2003 年，内托斯·基什内尔就任阿根廷第 27 届总统，任职期间，基什内尔政府严厉批判新自由市场经济模式，号召建立生产型经济模式，使阿根廷摆脱了危机，恢复了增长。

阿根廷是传统的农牧业产品出口国，是世界粮食和肉类的重要生产国和出口国之一，素有“世界粮仓和肉库”之称。其农牧产品在出口中占重要位置，约占出口总额的 50%。不少产品在世界市场上占较大份额，如阿根廷的豆油与葵花油出口量居世界第一位，蜂蜜居世界第二位，玉米居世界第三位，小麦和葡萄酒分别居世界第五位。长期以来，阿一直致力于发展民族工业，努力改变出口结构，扩大工业制成品的出口。近年来也取得一定效果，但由于历史和自然条件等因素的影响，农牧渔产品在阿对外贸易中仍占举足轻重的地位。

阿根廷的主要贸易伙伴是南方共同市场成员国，主要出口市场为：巴西、美国、智利、西班牙、意大利、中国、乌拉圭和巴拉圭；进口市场主要来自：巴西、美国、德国、意大利、日本、中国、法国、西班牙、智利、墨西哥、韩国、英国。2010 年 1—9 月阿根廷出口额和进口额分别排在前 10 位的国家和地区见表 15—1 和表 15—2。

表 15—1 **阿根廷对贸易伙伴出口额前 10 位（2010 年 1—9 月）** 单位：百万美元

国家和地区	金额	同比（%）	占比（%）
总值	50 356	22.3	100.0
巴西	10 408	34.0	20.7
中国	5 143	56.9	10.2
智利	3 348	3.5	6.7
美国	2 381	-5.8	4.7
荷兰	1 806	3.6	3.6
西班牙	1 545	15.3	3.1
德国	1 308	29.1	2.6
印度	1 131	146.5	2.3
意大利	1 125	-3.1	2.2
乌拉圭	1 037	-16.2	2.1

资料来源 根据国别贸易报告——阿根廷 2010 年第 4 期整理所得。

表 15—2 **阿根廷的贸易伙伴进口额前 10 位（2010 年 1—9 月）** 单位：百万美元

国家和地区	金额	同比（%）	占比（%）
总值	40 573	45.6	100.0
巴西	12 622	54.3	31.1
中国	5 097	50.6	12.6
美国	4 484	24.5	11.1
德国	2 296	60.0	5.7
墨西哥	1 303	61.2	3.2
法国	1 185	106.4	2.9
意大利	927	50.8	2.3
日本	841	23.0	2.1
西班牙	746	30.1	1.8
韩国	680	50.4	1.7

资料来源 根据国别贸易报告——阿根廷 2010 年第 4 期整理所得。

二、中国与阿根廷双边经贸概况

阿根廷是中国在拉丁美洲最重要的贸易伙伴之一，阿根廷也一直把中国视为最重要的贸易伙伴之一。我国与阿根廷很早就有贸易往来，自 1972 年 2 月 19 日两国建交后，两国贸易关系有了进一步发展。1977 年 2 月双方签署中阿政府间贸易合作协定，1978 年 5 月签署海运协定，1980 年 6 月签署经济合作协定，2004 年 11 月中阿两国签署了《中华人民共和国与阿根廷共和国关于贸易和投资领域合作的谅解备忘录》，在备忘录中阿根廷正式承认了中国的市场经济地位。这对两国经贸关系的发展起了较大的推动作用。阿根廷已成为中国在拉美地区的主要贸易伙伴之一。阿根廷也非常重视拓展与亚太国家的关系，看重该地区经济发展速度、市场容量和潜力，把发展同亚太国家关系，特别是同中国的关系置于其外交政策的重要位置，积极寻求扩大与该地区的政治和经贸联系。

目前，中国为阿根廷第二大出口市场和第二大进口来源国。据中国海关统计，2010 年，中国和阿根廷双边贸易总额为 129.2 亿美元，同比增长 65.6%。其中，中国对阿根廷出口 61.2 亿美元，同比增长 75.6%；自阿根廷进口 68.0 亿美元，同比增长 57.1%。2006—2010 年中国与阿根廷的双边贸易情况、进出口贸易情况如图 15—1 和图 15—2 所示。

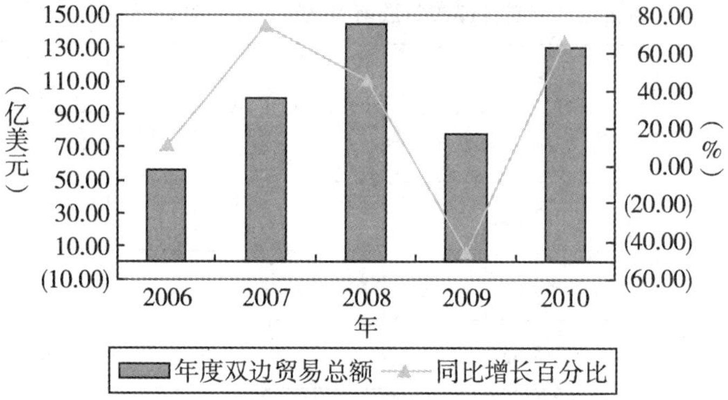

图 15—1 中国与阿根廷双边贸易年度情况

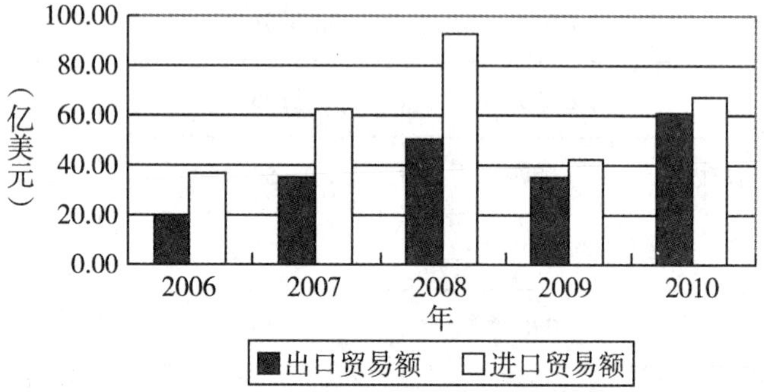

图 15—2 中国与阿根廷进出口贸易年度情况

资料来源 根据国别贸易报告——阿根廷 2007 年第 1 期、2008 年第 1 期、2009 年第 1 期、2010 年第 1 期、2011 年第 1 期整理所得。

2005 年以前，我国对阿根廷出口的产品主要是机电设备、化工产品和轻工产品；我国自阿根廷进口的产品主要是大豆、豆油、皮革和钢铁等。2005 年以后，我国对阿根廷出口的产品主要是摩托车及装有辅助发动机的脚踏车、自动数据处理设备及其部件、视频信号录制或重放设备、有机或无机化合物、空气泵或真空泵等；我国自阿根廷进口的产品主要是大豆、豆油、动植物油脂、矿物燃料、矿物油及其产品、皮革制品等。

随着经济的发展，我国对阿根廷的出口产品重点有所改变，由轻工业产品逐渐向高科技类产品转变。机动车、机电设备、音视频设备等仍是目前我国出口阿根廷的重点产品。

在经济合作方面，2010 年，中国公司在阿根廷完成承包工程营业额 1 亿美元，完成劳务合作合同金额 5 万美元；中国在阿根廷完成非金融类直接投资金额 6 603 万美元；阿根廷对华投资项目 7 个，实际使用金额 94 万美元。

第二节 阿根廷进出口贸易政策

一、阿根廷对外贸易管理体制

阿根廷经济生产部是阿对外贸易的管理机构，其下属的工业、贸易和中小企业国务秘书处负责制定外贸方面的规章制度并监督其执行。工业、贸易和中小企业国务秘书处下专设一外贸副国务秘书处，具体处理对外贸易事务。此外，工业、贸易和中小企业国务秘书处还在各省设有办事处。阿根廷国家海关也是负责执行外贸法规政策的重要机构。政府间的经贸谈判则由外交部主管，具体由外交部国际经济谈判司及其下属机构双边经济谈判处操作。

二、阿根廷进口管理政策

阿根廷是南方共同市场的主要发起国，并早在1967年10月就加入了WTO。阿根廷的市场相当开放，对外贸易基本没有特别的限制。其贸易政策与南方共同市场和WTO的有关协议基本是一致的。

阿根廷有关进口管理的法律主要是第22415号《海关法典》及其实施细则。

（一）进口许可

阿根廷进口许可的监管机构是工业、贸易和中小企业国务秘书处。进口许可证分为自动进口许可证和非自动进口许可证两种。自动进口许可证包括产品成分申报许可证和预先自动进口许可证。产品成分申报的程序由人工操作，其申请书要提交给贸易政策和管理副部长办公室下的进口司；预先自动进口许可证是阿根廷首例计算机管理的自动进口许可证。

受产品成分申报许可证管理的产品主要是纺织和服装产品；受预先自动进口许可证管理的产品包括鞋靴部件、卷纸、纺织品（包括棉花和合成纱线）、农业机械零件和备用件、电话零部件、纸板盒、部分木制家具、干蛋黄和罐装桃子等产品。

2009年，阿根廷加强对进口产品的管理，将1 200种产品纳入自动进口许可证制度的名单。新增的1 200种产品主要以消费品为主，其中包括部分自行车、部分鞋类、音响、女式袜子、汽车配件、玩具和电子产品等。除了增加实行自动进口许可证制度的产品外，阿根廷政府还对许多产品实行非自动进口许可证制度。受阿根廷非自动许可证管理的产品包括部分鞋及鞋部件、纸、部分自行车、家庭用品、玩具、轮胎及内胎、摩托车、纺织品和杂项制品等。2011年又新增实行非自动许可管理措施的产品，涉及冶金产品、电子产品、纺织品、高档汽车、各类模具、玻璃产品、自行车及配件。为了申请非自动进口许可证，进口商需向贸易政策和管理副国务秘书处下属的进口处提交申请书接受审核和检查。

专栏15—1　　阿根廷贸易保护措施数量居全球首位

2011年9月12日，阿根廷《民族报》援引全球贸易预警处公布的报告称，目前阿根廷生效的贸易保护措施多达121项，是世界上贸易保护措施最多的国家，其中半数以上的限制措施是针对中国产品的。

总部设在伦敦的全球贸易预警处是隶属于英国经济政策研究中心的独立机构，负责监督全球贸易状况。报告分析指出，阿根廷的市场封闭性很强，主要采取的贸易保护措施包括实施进口非自动许可证和进口配额、设立进口商品参考价格等。

在阿根廷采取的贸易保护措施中，中国是遭受限制最多的国家，有65项限制措施是针对中国产品的。来自泰国、印尼、马来西亚、新加坡、韩国和越南等亚洲国家产品遭受的限制措施也名列前茅。

贸易保护主义是一把双刃剑，阿根廷在对其他国家产品采取贸易保护措施的同时，也成为很多限制措施的受害者。统计显示，目前阿根廷产品面临其他国家采取的236项限制措施，其中来自俄罗斯的限制措施最多。

报告还指出，在世界主要经济体中，采取贸易保护措施较多的国家还包括俄罗斯（119项）、美国（88项）、印度（84项）、巴西（74项）、英国（63项）和法国(61项)。

资料来源　根据中国新闻网，http：//www.chinanews.com/cj/2011/09-13/3323351.shtml，2011-09-13及相关资料整理所得。

（二）禁止进口

阿根廷禁止进口对动植物和人类健康有害，或者对环境造成有害影响的产品。根据国内立法和对国际上的承诺，阿根廷还禁止进口涉及安全和军事的某些产品、废旧轮胎和废旧摩托车以及使用过的机械、运输设备和仪器。

阿根廷禁止进口的产品具体包括：金属回收用二手蓄电池、污泥堆肥、二手摩托车和机动脚踏两用车、二手汽车和汽车配件、杀虫剂（在其原产地禁用）、二手或翻新的轮胎、不合格的塑胶材料和二手工业制成品、酒类产品（装在容量超过5升的容器里）、医用材料（废弃的、不能使用的或过期的）、麻醉剂等。2010年3月，阿根廷卫生部作出明确规定，禁止含汞血压计的生产、进口和销售。

（三）进口配额

进口配额又称进口限额。它是一国政府在一定时间内，对于某些商品一定时期内的进口数量或金额，事先加以规定的限额，超过规定限额的不准进口。阿根廷对进口轿车和麻醉品实施进口配额管理。1994—1996年，对进口轿车进行配额的分配采用抽签方式，此后则通过招标方式进行分配。麻醉品的配额分配是根据国际公约和联合国经济社会理事会所规定的条件，按国家分配，并且这种配额是不能转让的。对纸浆、纸品和某些物品实施临时性进口配额管理，例如对精炼铜箔和铜条实行2万平方米的进口配额，配额内关税为2%，有效期1年。

三、阿根廷出口管理政策

规范阿根廷出口程序的主要法律是1981年第22415号《海关法典》、1982年第1001号法令以及联邦税收管理局2005年第1921号决议等。

（一）出口登记

根据2008年8月颁布的3433/2008号法令，阿根廷政府要求所有出口均需要登记，政府有权根据国内价格和供应条件来决定拒绝或延迟出口交易。该限制先前只被用于小麦、玉米、牛肉和奶制品的出口。自2009年11月开始，阿根廷又规定了玉米和小麦的强制性国内供应水平，当达到强制性供应水平后即解除出口限制。阿根廷还对部分农产品

(牛肉和谷物)、石油和天然气及其衍生产品的“出口登记”实行特别管理，用以保持国内物价平稳，应对国际商品价格高企。当国内价格上升时，出口登记审批会骤减，登记程序有时甚至会暂停。

(二) 禁止出口

阿根廷不存在因商业原因而禁止出口的规定，但会根据实际情况实施临时出口禁止措施。

(三) 出口促进

阿根廷第23101号法令建立了出口促进制度，支持中小企业进入国际市场，减少高附加值出口产品的成本。同时，为推动食品出口到国际市场，农牧渔业和食品国务秘书处实行“阿根廷——自然的选择”质检标记，并创立了阿根廷食品奖。此外，阿根廷国内一些机构协会对出口也有促进作用。阿根廷出口基金会对阿根廷公司的出口活动有支持作用，部分省份也有自己的出口促进机构。阿根廷出口基金会是贸易和国际经济关系国务秘书处下属的具有贸易促进职能的机构，该基金会可以提供的支持包括提供贸易数据、为阿根廷企业参与国际贸易事务提供协调和准备工作、组织商务旅行和贸易使团等。2010年5月，阿根廷第二大公共银行——投资和对外商业银行出台了一项补贴出口信贷项目，旨在促进出口性资本品及其相关服务的国内生产和营销。

(四) 出口融资

从1992年开始，阿根廷国有投资和外贸银行有权从不同的资金来源获得资金以资助出口。为了支持中小企业和地区发展，从1995年开始，阿根廷以利率折扣的方式向中小企业的出口或者人均GDP低于全国平均水平的地区出口提供资助。2010年，阿根廷政府宣布了一项1亿美元的软贷款，以促进汽车零部件生产行业的投资。该款项一部分用于支持中小企业融资，另外一部分用于采购资本品和设备的融资支持。

第三节 阿根廷关税及贸易救济政策

一、阿根廷关税政策

(一) 关税管理制度

阿根廷的关税曾是世界上最复杂、最多变的关税之一。阿根廷的关税分为普通关税与特别关税，对中国产品计征普通关税。现行的关税大致可以分为五类：一是南方共同市场的共同对外关税；二是针对南方共同市场成员国的自由贸易关税；三是特别关税，主要是对特定产品针对所有国家的一种关税；四是优惠关税，主要是针对同阿根廷签署多边和双边贸易协定的国家或国家集团的一种关税；五是其他关税减让。

阿根廷对贸易伙伴最低给予最惠国待遇。自1995年1月1日由阿根廷、巴西、乌拉圭和巴拉圭四国建立的南方共同市场正式运行后，关税同盟开始生效，实行共同对外关税，统一对外关税税率。

阿根廷对大部分产品征收从价税，但从2000年开始实行“最小从量税”，该税是一种混合税（从价税加上从量税），对来自除南方共同市场之外的所有国家的进口产品课征，且不能超过35%从价税的数额。涉及的产品包括纺织品、服装和其他特定纺织产品、鞋靴、帽子、部分类型的玩具、与信息技术和通讯产品相关的部分产品。2007年底，阿根廷公布了经济生产部第15/2007号决议，决定再度延长该措施的实施期限，为期3年。

2009年前，阿根廷对产自非南方共同市场成员国的资本货物实行零税率。从2009年开始，阿根廷将对信息和通讯相关产品实施修订后的共同对外关税，在此之前，信息和通讯相关产品一直适用单独的关税税率表。

（二）关税水平及其调整

自1999年以来，阿根廷逐渐降低关税，2009年阿根廷的简单平均关税税率为12.6%。其中，农产品的简单平均关税税率为10.3%，非农产品为13.0%。部分产品的简单平均关税税率见表15—3。

表15—3　　2009年阿根廷部分产品简单平均关税税率

产品	纺织品	服装	交通设备	蔗糖和糖食	奶制品
简单平均关税税率	22.5%	35%	20.2%	17.5%	15.1%

资料来源　根据国别贸易报告——阿根廷2010年第1期整理所得。

2008年，阿根廷将小麦和玉米出口关税调低5个百分点，分别降至23%和20%。此外，阿根廷还将面粉的出口关税由原来的10%上调至18%。2009年9月10日，阿根廷宣布，在保证2010年650万吨小麦和800万吨玉米可供国内市场的前提下，阿政府将对中小农户出口上述两种农产品的关税实施先征后退。

2010年，在南方共同市场的国家代表会议上，成员国共同承诺当进口商品从一个南方共同市场成员国进口且最终到另一成员国消费时，不会征收双重关税。

取消双重关税将经过三个阶段得以最终实现：首先，南方共同市场于2012年1月1日前取消自南方共同市场以外市场进口且从一成员国运至另一成员国的商品的双重关税，关税由该进口商品首次登陆的港口的海关征收。但在特别产业政策或海关制度下被免除共同对外关税的商品，在上述第一阶段仍继续征收双重关税。其次，第二阶段将始于南方共同市场对下列3种产品的待遇予以规定后：（1）符合共同外部关税法规的输入品；（2）来自特定关税区的输入品；（3）符合共同外部关税法规的来自特定关税区的产品。最后，南方共同市场将于2019年1月1日前取消在运至一南方共同市场成员国前，在另一成员国内获得了增值的产品的双重关税。南方共同市场成员国还同意执行统一的海关编码并实行单一的海关申报。

（三）两大自由贸易区关税政策

1. 火地岛自由贸易区

凡在该区进口并用于当地消费的商品享受关税优惠。由阿根廷方面提出要求进口到南极洲地区及一些小群岛（包括南桑威奇群岛和南设得兰群岛）的商品亦实行优惠关税。从第三国运往阿根廷邻国并经阿根廷领土过境的商品免征关税。

2. 拉普拉塔自由区

该区附近有港口、机场、公路、铁路，基础设施较完备。外国货物进出自由区不需交纳进出口关税和统计税。此外，货物可以在区内拆卸、整理、分类及重新包装，以便运输、储存；可以进行商业、服务业、工业活动；货物可以在海关指定仓库存放5年，在这一期间，可以销售、转让或运往第三国；可以制造在阿根廷其他地区不生产的资本货物，产品可进入阿根廷其他地区等。

二、阿根廷贸易救济政策

阿根廷有关贸易救济政策的法律制度主要以第281/97号决议和第622/95号法令为基础，相关法律法规见表15—4。

表15—4 **阿根廷有关贸易救济的法律法规**

年份	法律法规
1994	第2121号法令（包含保障措施的执行细则）
1994	第24425号法令（纳入乌拉圭回合协议）
1996	第1059号法令（保障措施规则）
1998	第1326号法令（纳入WTO《反倾销协定》）
1999	第826/99号决议
2006	第1219号法令（适用自非市场经济国家及转型经济国家的进口）
2008	第1393号法令（有关第24452号法令有效执行的准则和规章）

资料来源 根据国别贸易报告——阿根廷2011年第1期整理所得。

在反倾销调查中，阿根廷主要根据2006年前经济生产部发布的针对非市场经济国家及转型经济国家的第1219/2006号法令来确定来自相关国家出口产品的正常价值、价格可比性等。对于自非市场经济国家和转型经济国家进口的商品，其正常价值要以恰当的市场经济第三国的国内销售价格或该第三国对其他国家（包括阿根廷）出口同类商品的价格为基础确定。

在拉美地区，阿根廷是对中国发起贸易救济案件最多的国家，而中国是遭受阿根廷反倾销最多的国家之一。其措施不仅直接影响中国对阿的正常出口，而且也在拉美国家中产生消极示范效应。按照世界贸易组织的统计，阿根廷发起的反倾销调查中有1/4是针对中国产品的。截至2010年，阿根廷共对中国产品发起了84起贸易救济调查。其中，反倾销调查79起，保障措施5起，涉及轻工、纺织、机械、汽车、金属制品、化工、冶金、电子、建材和医药等10个行业。仅2006—2010年阿根廷对中国产品发起的反倾销调查就有36起（见表15—5）。阿根廷对华反倾销调查具有涉案数量多、影响面广和随意性大的特点。

表 15—5　　2006—2010 年阿根廷对中国产品发起的反倾销调查统计表

年份	案件数	涉案产品
2010	2	男士西服套装或西服式上衣、手锯用高速钢锯条
2009	18	纺织、鞋类、钢铁、电子等行业产品
2008	5	拉链及其零件、酸性染料及制品、陶瓷餐具等产品
2007	6	低碳钢焊接链、接线柱、汽车传动轴、电熨斗等产品
2006	5	玻璃水杯、茶杯及水罐产品

资料来源　根据国别贸易报告——阿根廷 2007 年第 1 期、2008 年第 1 期、2009 年第 1 期、2010 年第 1 期、2011 年第 1 期整理所得。

专栏 15—2　　对中国产品反倾销调查中存在的问题

一、关于中国市场经济地位

中阿两国政府于 2004 年 11 月 17 日签署了《中华人民共和国与阿根廷共和国关于贸易和投资领域合作的谅解备忘录》，阿根廷正式承认中国的市场经济国家地位，并宣布不会对来自中国的进口产品采取任何歧视性措施。但是阿根廷在进行反倾销调查时仍没有将中国作为市场经济国家对待，在调查中坚持采取第三国的替代价格对中国产品进行估价，使中方在反倾销应诉时面临更多的困难和挑战。

阿根廷在对中国产品发起的反倾销调查以及复审调查中，仍然将中国视为非市场经济国家。阿根廷对于替代国的选择较随意，既会选择巴西等发展中国家，也选择美国、英国、德国等发达国家。美、英、德等国的劳动力成本很高，生产资料等成本也明显高于中国，以这些国家作为替代国确定中国产品正常价值严重偏离实际情况，以此判断中国出口产品对阿根廷国内产业造成损害是不准确也是不负责任的。阿根廷政府应根据中阿签署的备忘录，尽快承认中国的市场经济国家地位，取消歧视性政策。

二、关于提交应诉资料的时间限制

阿根廷在对华反倾销调查中，要求涉案企业在 45 日内向阿根廷贸易政策和管理副国务秘书处下属的不公平竞争处提交应诉材料，30 日内提交答卷。有关材料和答卷应由公共翻译译为西班牙文，并由阿根廷驻华使领馆和阿根廷外交部双认证。这极大地增加了中国企业应诉的难度，不利于中国涉案企业的应诉。

资料来源　根据国别贸易报告——阿根廷 2011 年第 1 期整理所得。

第四节　阿根廷的贸易壁垒

一、关税壁垒

（一）进口关税壁垒

为保护国内劳动密集型产业，在阿根廷和巴西政府的推动下，南锥体自 2007 年 9 月

28日起将鞋类和成衣的共同对外关税（TEC）由20%上调至35%，纺织品关税由18%上调至26%。之后，阿根廷又陆续提高关税水平，涉及产品包括纺织品、鞋靴制品、玩具制成品、汽车和汽车配件。中国是阿根廷上述产品的重要来源地，该做法旨在限制中国纺织品、鞋类产品等进入阿根廷市场乃至南锥体市场，对中国相关产品对南方共同市场成员出口产生了较大影响。

（二）出口关税壁垒

在WTO所有成员中，阿根廷为征收出口关税最高的国家。除奶制品外，阿根廷对其他所有出口的产品征收5%~100%的出口关税，其征税产品范围之广、征税额度之高在全球范围内都是罕见的。一般而言，出口关税征收仅限定于少数产品，而对几乎所有出口产品征收的则很少见。自阿根廷2002年金融危机之后，出口关税这一阿根廷贸易政策中的传统工具变得越来越重要，所有出口产品被水平征收5%的税。除征收水平税收外，对动物毛皮、石油、天然气、石油衍生产品和其他矿产品等征收从量税。相关税收对产品成本造成了很大的影响。

二、进口限制

阿根廷进口限制的问题主要集中在许可审批时间过长、随意性大等方面，管理部门甚至口头向企业下达数量限制等。目前，阿根廷对大量产品实施非自动进口许可证管理，但经常不经预先告知和提醒就对非自动进口许可证清单进行调整，增加受管理的产品或修订管理规则，缺乏可预测性和透明度，从而增加了贸易活动的不确定性，给进口商和外国供应商造成了负担并容易延迟进口。例如，在2007年阿根廷有关鞋类产品进口许可证的决议中，没有列明任何关于许可证发放条件、处理申请的时间等方面的规定。决议还表示该措施是进行“临时性监控”，但未明确该措施的终止时间。这使得阿根廷进口许可证主管部门拥有很大的自由裁量权。

三、通关壁垒

根据2010年世界经济论坛发布的《2010年全球贸易促进报告》显示，阿根廷边境和海关管理对贸易造成了很多阻碍，在参评的125个国家和地区中排名第117位。

2006年，阿根廷对来自中国、中国台北、马来西亚、中美洲及巴西南部地区的纺织服装、鞋类及玩具等指定产品，规定必须通过布宜诺斯艾利斯、马德普拉塔、罗萨里奥等14个指定海关作为专用入关口进入阿根廷市场。来自上述国家和地区的指定产品，如从其他关口进入，必须通过“特别红色通道”，接受更为严格的检查。

2008年10月16日，阿根廷出台了包括新的进口“标准价格”在内的一系列措施，限制来自中国和巴西的进口产品。来自中国和巴西的120种进口产品首次被列入这一清单。受到限制的产品包括50种纺织品、50种摩托车配件和其他金属产品及20种家用电器产品。阿根廷海关会不定期公布进口“标准价格”清单，清单上的产品及其标准价格频繁修改，适用于大量的进口供应商。所谓进口“标准价格”是阿根廷海关根据当地产业部门的建议设定的进口产品最低价格，价格类型为FOB价格。根据阿海关的措施，如果进口产品的报价低于“标准价格”，海关就将加强检查和限制，这实际上是通过变相的关税壁垒将这些产品阻挡在阿根廷市场之外。

阿根廷对于其采取的限制措施主要针对中国等国家毫不避讳。阿根廷海关关长曾表示，阿根廷政府所采取的贸易保护措施，主要针对中国、印度、巴基斯坦和东南亚国家，旨在限制来自包括中国在内的亚洲国家或地区制造的低价商品。

四、卫生与动植物卫生措施

动植物安全方面，阿根廷的害虫风险评估要求过于苛刻，对贸易的限制过大。阿根廷对于动物、繁殖材料、土壤等众多产品都维持着覆盖生产和销售整个过程的追溯体系，所有的国外企业都必须接受事先检验和批准，而批准有效期仅两年。

医药卫生安全方面，2006 年，阿根廷国家药品、食品和医疗技术管理局实行新的医疗器械进口政策规定，出口至阿根廷的医疗器械必须具备美国、加拿大、澳大利亚、日本、瑞士、以色列等“卫生高度防护国家”出具的用于销往阿根廷的自由销售证书，方可在阿根廷注册和销售。美国、加拿大、澳大利亚等国的企业可以依据本国出具的自由销售证书出口医疗设备到阿根廷市场，中国企业也必须获得上述国家的自由销售证书方可对阿根廷出口。

食物安全方面，阿根廷要求饼干、面团等小麦粉制品必须加铁、叶酸、硫胺、核黄素和烟酸进行强化，而只在个案的基础上对部分产品给予豁免，且程序复杂，对相关产品进入阿根廷市场造成了阻碍。

五、服务贸易壁垒

阿根廷已经承诺允许外国非保险金融服务业设立各种形式的商业存在，也承诺向外国非保险金融服务供应商提供完全的市场准入和国民待遇。但是，目前阿根廷对本地实付资本而非母公司资本的外国银行分支机构的经营业务设置了贷款限制，这使外资银行设置分支机构并开展经营活动失去意义。阿根廷还限制非本国国籍经营者从事国内航运、私人保安公司和教育等领域的经营。

延伸阅读　　摩擦“井喷”：中阿贸易怎么了?

一、对华反倾销最频繁的国家

近年来，阿根廷对华贸易救济调查数量猛然增多，2009—2010 年，阿根廷对中国共发起 21 起反倾销调查，而中方却从未对阿使用过贸易救济工具。在拉美国家对中国发起的贸易救济调查中，阿根廷可以说占据几项“之最”头衔：发起反倾销最多、涉案产品范围最广、反倾销税率最高，从而引起不少贸易界人士关注，并不禁发问：中阿贸易出了什么状况?

“阿根廷对中国发起的贸易救济调查数量与中阿双边贸易总额极不相称。”中国社科院拉美研究所经济研究室黄志龙博士指出。早在 5 年前，他便开始深入研究中阿贸易摩擦问题。当时，中阿双边贸易总额仅有 50 亿美元左右，但阿根廷对中国发起的反倾销调查数量却接近其总数的 1/4。

如今，中国已成为阿根廷的第二大贸易伙伴，阿根廷也是中国的第三大农产品进口来源国，如此紧密的贸易关系也没能让中阿贸易摩擦的“紧张局面”有所改观。

黄志龙表示，客观地分析，中阿贸易摩擦的涉案金额和程度均较低，远不及中国与欧美国家贸易摩擦程度深。但是，阿根廷对中国反倾销频率高、国际影响大的负面效应却不容忽视。如果再把时间拉长一点，便会发现问题的严重性。2000—2010 年，阿根廷对中国发起的反倾销调查数量为41起，仅次于印度、美国和欧盟，是与中国贸易问题最严重的国家之一。黄志龙认为，这也是近年来中国与发展中国家贸易摩擦增多的主要诱因。在发展中国家中，阿根廷对中国的反倾销调查数量仅次于印度，列第二位。而从中国单位出口额面临的反倾销案件数来看，阿根廷可以称之为全球范围内对中国实行反倾销频率最高的国家。

黄志龙进一步指出，在中阿双边贸易中，阿根廷的反倾销措施力度之大，给中国企业造成了严重损失。“阿根廷对中国产品反倾销税的征收幅度在全球范围内都是极为罕见的，除个别商品在100%以下外，大部分商品反倾销税征收幅度均在100%～500%不等，个别商品甚至超过2 000%的惊人征税幅度。这种高额的反倾销税，不仅在中国遭受他国反倾销调查中是少见的，即便是在阿根廷对其他国家的反倾销调查中也是属于创纪录的水平。”黄志龙说。

相反，阿根廷对韩国、巴西、印度尼西亚、美国、意大利、巴拉圭等国家的商品反倾销调查的征税幅度一般都在100%以下，只有极个别的商品在100%以上。“从某种意义上讲，阿根廷对中国商品的反倾销调查实行的是具有明显歧视性的政策。面对如此高额的反倾销税，中国的相关出口企业根本无法承受，最后不得不退出阿根廷市场。”黄志龙直言。他还表示，由于涉案金额普遍不高、反倾销调查和应诉程序复杂等原因，很多中国企业在面临阿根廷反倾销时弃诉率较高，大部分案件都以接受反倾销裁决而告终。这种情况的最大危害是，助长了其他发展中国家对中国反倾销调查的“热情”。比如，在阿根廷对中国自行车、轴承等产品采取反倾销措施后，印度、巴西、土耳其等国家也纷纷仿效，这就导致我国企业在开拓发展中国家市场时面临更多挑战。

二、威胁与机遇的博弈

在商务部公布的中阿贸易摩擦案件信息中，有相当一部分案件的调查期限进行了延后，部分案件甚至不止一次地延后。这是什么缘故？从某种程度上讲，这种延期对中国企业是有利的。按照WTO的规定，如果案件在18个月内还不能裁决，便将自动撤销。这位业内人士据此判断，“政府层面应该做了很多协商和沟通的工作”。

黄志龙分析说，不单是阿根廷，很多拉美国家面对中国的心态都是“威胁论”和“机遇论”互相博弈。它们一方面欢迎中国商品，希望从中国的快速发展中获得机遇；另一方面又惧怕中国的快速成长会冲击本国制造业。这种矛盾的心态很可能导致这些国家在处理针对中国的贸易救济案件时有所“犹豫”。

业内人士认为，中国出口企业在面对阿根廷的贸易救济调查时往往较为分散、各自为战，这种情况不利于应诉工作。“中国企业应联合起来共同应对，这样才能更加有效地抵制阿根廷的反倾销调查。”

阿根廷国家统计局公布的报告称，2010 年中国和阿根廷的双边贸易额达到了 138.58 亿美元，和 2009 年相比猛增了 57.6%，已恢复到金融危机前的水平。与此同时，2010 年阿根廷的贸易顺差为 120.57 亿美元，同 2009 年相比减少了 28.6%。由数据可见，在中阿贸易量增大的同时，阿根廷的贸易顺差却明显减少。为此，阿根廷出台了一系列新措施限制进口产品，包括限制超市从国外进口食品、强制减少汽车及配件进口等。分析人士指出，由于阿根廷政府一直将贸易顺差和初级财政盈余视为确保宏观经济稳定的核心，上述措施的出台说明贸易顺差的下降已经引起了阿政府的重视，而在中阿双边贸易持续回暖的大趋势下，这些措施可能给两国贸易的健康发展带来阴影。

资料来源　中国新闻网，http：//www.chinanews.com/cj/2011/01-31/2823993.shtml，2011-01-31。

思考题：

1. 本案例中，中阿贸易到底怎么了？
2. 中国应该怎样处理该问题？

复习思考题

1. 阿根廷进口管理政策和出口管理政策分别有哪些？
2. 阿根廷现行的关税大致可以分为哪五类？
3. 南方共同市场成员国取消双重关税的征收将经过哪几个阶段？
4. 阿根廷有哪几种贸易壁垒？

主要参考文献

1. 白羽：《澳大利亚劳动法律制度研究》，北京，法律出版社，2011，

2. 陈会明：《欧盟REACH法规概论》，北京，化工出版社，2007。

3.《欧洲联盟基础条约：经〈里斯本条约〉修订》，程卫东、李靖堃译，北京，社会科学文献出版社，2010。

4. 陈云东：《菲律宾共和国经济贸易法律选编》，北京，中国法制出版社，2006。

5. 陈宗德、吴兆契：《撒哈拉以南非洲经济发展战略研究》，北京，北京大学出社，1987。

6. 程恩庆、张全芳、梁国营：《俄罗斯联邦国情概论》，河北，河北大学出版社，2008。

7. 邓德雄：《欧盟反倾销的法律与实践》，北京，社会科学文献出版社，2004。

8. 丁一兵：《欧盟区域政策与欧洲产业结构变迁》，长春，吉林大学出社，2008。

9. 郭娟娟：《新时期欧盟共同渔业政策的演变》，载《重庆科技学院学报（社会科学版）》，2010（16）。

10. 郭连成：《俄罗斯对外经济关系研究》，北京，经济科学出版社，2005。

11. 何茂春：《对外贸易法比较研究——兼论中国"入世"后外贸体制的全面改革》，北京，中国社会科学出版社，2000。

12. 何永江：《美国贸易政策》，天津，南开大学出版社，2008。

13. 胡立德：《国际贸易中"敏感性"产品的类别及对策思考》，载《价格月刊》，1996（4）。

14. 黄晓玲：《中国主要对外经济贸易伙伴》，北京，对外经济贸易大学出版社，2005。

15. 华欣：《东盟五国对外经贸战略研究》，北京，中国经济出版社，2010。

16. 姜明新：《土耳其对华实施反倾销等贸易救济措施的特点及其成因》，载《西亚非洲》，2009（6）。

17. 金永丽：《印度与欧盟关系：1962—2005》，北京，中国华侨出版社，2008。

18. 李计广：《欧盟贸易政策体系与互利共赢的中欧经贸关系》，北京，对外经济贸易大学出版社，2009。

19. 刘振环：《美国贸易政策研究》，北京，法律出版社，2010。

20. 罗汉伟：《WTO经典案例（16）——中国怎样赢得稀土之诉》，载《中国经济周刊》，2010（44）。

21. 罗汉伟：《WTO经典案例（22）——秩序赢了，健康输了　禁烟，印尼让美国

"低头"》，载《中国经济周刊》，2011（36）。

22. 林今淑、朴成浩：《中韩通商政策比较论》，北京，中国经济出版社，2009。

23. 李薇：《日本发展报告：2010》，北京，社会科学文献出版社，2010（5）。

24. 李元旭：《21 世纪全球经济中的新兴市场》，北京，经济管理出版社，2001。

25. 卢国正、熊业田、王红霞：《拉丁美洲国家贸易政策体系》，北京，中国商务出版社，2006。

26. 马加力：《关注印度：崛起中的大国》，天津，天津人民出版社，2002。

27. 祈希元、曲三强：《马来西亚经济贸易法律指南》，北京，中国法制出版社，2006。

28. 司马军：《印度农业》，北京，农业出版社，1986。

29. 陶明：《美国对华贸易保护——国内体制、动力机制与案例分析》，上海，格致出版社、上海人民出版社，2010。

30. 杨晶、吴翊羽：《美国对华特别保障措施制度研究》，载《法制与社会》，2010（20）。

31. 杨眉：《印度尼西亚共和国经济贸易法律指南》，北京，中国法制出版社，2006。

32. 张汉林：《2011 年世界经济贸易发展与政策展望》，北京，对外经济贸易大学出版社，2011。

33. 张向晨：《发展中国家与 WTO 的政治经济关系》，北京，法律出版社，2002。

34. 钟青：《美国贸易政策制定机构与人物》，北京，中国社会科学出版社，2011。

35. 周盱、罗旺：《从历年美对华的反倾销案看美国反倾销调查的程序》，载《黑龙江对外经贸》，2004（3）。

36. 张汉林：《WTO 主要成员贸易政策体系与对策研究》，北京，经济科学出版社，2009。

37. 张蕴岭：《世界市场与中国对外贸易发展的外部环境》，北京，中国社会科学出版社，2007。

38. 张健雄：《欧盟经济政策概论》，北京，中国社会科学出版社，2006。

39. 张海森：《中国与澳大利亚建立自由贸易区研究》，北京，对外经济贸易大学出版社，2007。

40. 郑瑞祥：《印度的崛起与中印关系》，北京，当代世界出版社，2006。

41. 中国国家统计局：《"金砖四国"联合统计手册：巴西、俄罗斯、印度、中国》，北京，中国统计出版社，2010。

42. 中国工业经济联合会解决国际贸易争端协调委员会：《应对国际贸易争端服务手册》，北京，中国纺织出版社，2006。

43. 中国科学技术促进发展研究中心：《印尼海洋渔业部建议禁止中国冻虾进入印尼市场》，载《技术性贸易措施导报》，2004（1）。

44. 中国社会科学院日本研究所本书课题组：《日本的经济体制》，长沙，湖南科学技术出版社，1988。

45. ［比］让·弗朗索瓦·百利斯、菲利普·德·贝尔：《欧盟贸易保护商务指南——反倾销、反补贴和保障措施法规、实践与程序》，岳云霞译，北京，社会科学文献出版社，2007。

46. ［美］G. M. 格罗斯曼、E. 赫尔普曼：《利益集团与贸易政策》，李增刚译，北京，中国人民大学出版社，2009。